高职交通运输与土建类专业规划教材

公路工程预算

GONG LU GONG CHENG YU SUAN

主　编　罗建华
副主编　高晶晶
主　审　王秀华

人民交通出版社
China Communications Press

内 容 提 要

本书为高职交通运输与土建类专业规划教材之一。全书共包括5部分内容,即公路工程预算定额的应用、建筑安装工程费计算、总预算编制及审查、工程量清单计价、施工结算及竣工决算。本书依据《公路工程基本建设项目概算预算编制办法》和最新预算定额,按照公路工程预算编制过程进行编写,实现课堂教学与现场需求紧密结合。

本教材适于高职高专道路桥梁工程专业及相关工程类专业学生选作教材使用,亦可供从事相关工作的工程技术人员参考使用。

图书在版编目(CIP)数据

公路工程预算 / 罗建华编. —北京:人民交通出版社,2011.8
ISBN 978-7-114-09353-1

Ⅰ.①公… Ⅱ.①罗… Ⅲ.①道路工程—建筑预算定额—高等职业教育—教材 Ⅳ.①U415.13

中国版本图书馆 CIP 数据核字(2011)第 167294 号

书　　名:	公路工程预算
著 作 者:	罗建华
责任编辑:	杜　琛
出版发行:	人民交通出版社股份有限公司
地　　址:	(100011)北京市朝阳区安定门外外馆斜街3号
网　　址:	http://www.ccpress.com.cn
销售电话:	(010) 59757973
总 经 销:	人民交通出版社股份有限公司发行部
经　　销:	各地新华书店
印　　刷:	北京市密东印刷有限公司
开　　本:	787×1092　1/16
印　　张:	18.25
字　　数:	457千
版　　次:	2011年8月第1版
印　　次:	2020年1月第4次印刷
书　　号:	ISBN 978-7-114-09353-1
印　　数:	7001—7500 册
定　　价:	33.00元

(有印刷、装订质量问题的图书由本社负责调换)

前言 Preface

本教材结合当前高等职业教育特点,按照教育部[2006]16号文件关于工学结合的要求,在进行了工作过程课程改革探索的基础上,以路基、路面、桥梁、隧道等工程项目为载体,以《公路工程基本建设项目概算预算编制办法》(JTG B06—2007)和最新预算定额为依据,按照公路工程预算编制过程来组织和编制。本书能够适应高等职业教育的教学需要,也能给公路施工现场的技术人员提供一定帮助。

根据高职学生教育培养目标和学生就业岗位群的特点,本教材对公路工程预算编制过程做了较详尽的介绍,重点介绍了公路工程预算定额的应用、建筑安装工程费计算、总预算编制及审查、工程量清单计价、施工结算及竣工决算5个项目,每一个项目又分为若干任务,每一个任务按照任务描述、任务分析、任务实施、总结归纳、知识扩展、项目实训等环节来编写,同时对相关的知识做了阐述和说明,并尽可能反映公路工程预算编制过程,以使学生在学习过程中掌握预算编制技能。

本书由罗建华担任主编,高晶晶担任副主编。具体编写分工如下:"项目一公路预算定额应用"由陕西铁路工程职业技术学院李刚(任务1、任务2)和渭南公路局蒋卫平(任务3、任务4)编写;"项目二建筑安装工程费计算"由中交二公局第六工程有限公司郭攀(任务1)和陕西铁路工程职业技术学院高晶晶(任务2~任务5)编写;"项目三总预算编制及审查"由陕西铁路工程职业技术学院刘喆编写;"项目四工程量清单计价"由陕西铁路工程职业技术学院罗建华编写;"项目五施工结算及竣工决算"由陕西铁路工程职业技术学院李秋全编写。

中交路桥华北工程有限公司王秀华审阅了本书,提出了宝贵的意见和建议,在此表示感谢。

本教材编写过程中参考了许多相关书籍、文献,在此谨向相关作者表示深深的谢意。

编者初次按照"基于工作过程"模式来编写教材,力求将行动导向的教改理念融入到教材中,但水平所限,书中错误和疏漏在所难免,敬请批评指正。

编　者
2011年3月30日

目录 | Content

绪论 ······ 1

项目一　公路工程预算定额的应用 ······ 10
　　任务 1　路基预算定额的应用 ······ 10
　　任务 2　路面预算定额的应用 ······ 36
　　任务 3　桥涵预算定额的应用 ······ 41
　　任务 4　隧道预算定额的应用 ······ 55

项目二　建筑安装工程费用计算 ······ 61
　　任务 1　列项及工程量计算 ······ 62
　　任务 2　人工、材料、机械台班数量计算 ······ 91
　　任务 3　人工、材料、机械台班预算单价计算 ······ 103
　　任务 4　直接工程费计算 ······ 127
　　任务 5　其他费用计算 ······ 128

项目三　总预算编制及审查 ······ 146
　　任务 1　建筑安装工程费用计算 ······ 149
　　任务 2　设备、工具、器具及家具购置费计算 ······ 172
　　任务 3　工程建设其他费用计算 ······ 181
　　任务 4　预备费计算 ······ 189
　　任务 5　预算审查 ······ 192

项目四　公路工程量清单计价 ······ 198
　　任务 1　工程量清单计算 ······ 199
　　任务 2　工程量清单计价 ······ 218

项目五　公路工程施工结算与竣工决算 …… 248
　　任务1　工程费用结算的编制与申报 …… 248
　　任务2　项目内部结算的编制与审核 …… 268
　　任务3　工程竣工决算的编制 …… 279

参考文献 …… 286

绪 论

一 工程造价的含义

工程造价的直意就是工程的建造价格。工程造价有两种含义，都离不开市场经济的大前提。

第一种含义：工程造价是指建设一项工程预期开支或实际开支的全部固定资产投资费用。也就是一项工程通过建设形成相应的固定资产、无形资产所需一次性费用的总和。显然，这一含义是从投资者——业主的角度来定义的。投资者选定一个投资项目，为了获得预期的效益，就要通过项目评估进行决策，然后进行设计招标、工程招标，直至竣工验收等一系列投资管理活动。在投资活动中所支付的全部费用形成了固定资产和无形资产。所有这些开支就构成了工程造价。从这个意义上说，工程造价就是工程投资费用，建设项目工程造价就是建设项目固定资产投资。

第二种含义：工程造价是指工程价格。即为建成一项工程，预计或实际在土地市场、设备市场、技术劳务市场，以及承包市场等交易活动中所形成的建筑安装工程的价格和建设工程总价格。显然，工程造价的第二种含义是以市场经济为前提的。它以工程这种特定的商品形式作为交易对象，通过招投标、承发包或其他交易方式，在进行多次性预估的基础上，最终由市场形成价格。

通常是把工程造价的第二种含义只认定为工程承发包价格。应该肯定，承发包价格是工程造价中一种重要的，也是最典型的价格形式。它是在建筑市场通过招投标，由需求主体投资者和供给主体建筑商共同认可的价格。

区别工程造价两种含义的理论意义在于，为投资者和以承包商为代表的供应商在工程建设领域的市场行为提供理论依据。当投资者提出降低工程造价时，是站在投资者的角度充当着市场需求主体的角色；当承包商提出要提高工程造价、提高利润率，并获得更多的实际利润时，是要实现市场供给主体的管理目标。这是市场运行机制的必然。不同的利益主体绝不能混为一谈。区别两重含义的现实意义在于，为实现不同的管理目标，不断充实工程造价的管理内容，完善管理方法，更好地为实现各自的目标服务，从而有利于推动全面的经济增长。

二 工程造价的职能

工程造价的职能既是价格职能的反映，又是价格职能在这一领域的特殊表现。

工程造价除具一般商品价格职能以外，它还有自己特殊的职能。

1. 预测职能

工程造价具大额性和多变性，因此无论投资者还是承包商都要对拟建工程进行预先测算。

投资者预先测算的工程造价不仅可作为项目决策依据,同时也是筹集资金、控制造价的依据。承包商对工程造价的测算,既为投标决策提供依据,又为投标报价和成本管理提供依据。

2. 控制职能

工程造价的控制职能表现在两个方面。一方面是它对投资的控制,即在投资的各个阶段,根据对造价的多次性预估,对造价进行全过程多层次的控制。另一方面,是对成本的控制。在价格一定的条件下,企业实际成本开支决定企业的盈利水平,成本越高盈利越低,成本高于价格就危及企业的生存。所以企业要以工程造价来控制成本,利用工程造价提供的信息资料作为控制成本的依据。

3. 评价职能

工程造价是评价总投资和分项投资合理性及投资效益的主要依据之一。在评价土地价格、建筑安装产品和设备价格的合理性时,就必须利用工程造价资料;在评价建设项目偿贷能力、获利能力和宏观效益时,也可依据工程造价。工程造价也是评价建筑安装企业管理水平和经营成果的重要依据。

4. 调控职能

工程建设直接关系到经济增长,也直接关系到国家重要资源分配和资金流向,对国计民生也产生重大影响。所以国家对建设规模、投资方向进行宏观调控是在任何条件下都不可缺少的,对政府投资项目进行直接调控和管理也是非常必要的。这些都要以工程造价作为经济杠杆,而对工程建设中的物质消耗水平、建设规模、投资方向等进行调控和管理的。

三　工程造价的特点

1. 工程造价的大额性

能够发挥投资效用的任何一项工程,不仅实物形体庞大,而且造价高昂。动辄数百万元、数千万元、数亿元、数十亿元,特大的工程项目造价可高达百亿元、千亿元。工程造价的大额性使它关系到有关各方面的重大经济利益,同时也会对宏观经济产生重大影响。这就决定了工程造价的特殊地位,也表现出造价管理的重要意义。

2. 工程造价的个别性、差异性

任何一项工程都有特定的用途、功能、规模。因此对每一项工程的结构、造型、空间分割、设备配置和内外装饰都有具体的要求,所以工程内容和实物形态都具有个别性、差异性。产品的差异性决定了工程造价的个别性差异。同时每项工程所处地区、地段都不相同,使这一特点得到强化。

3. 工程造价的动态性

任何一项工程从决策到竣工交付使用,都有一个较长的建设期间,而且由于不可控因素的影响,在预计工期内,许多影响工程造价的动态因素,如工程变更、设备材料价格、工资标准以及费率、利率、汇率会发生变化。这种变化必然会影响到造价的变动。所以,工程造价在整个建设期中处于不确定状态,直至竣工决算后才能最终确定工程的实际造价。

4. 工程造价的层次性

造价的层次性取决于工程的层次性。一个建设项目往往含有多项能够独立发挥设计效能的单项工程(车间、写字楼、住宅楼等)。一个单项工程又是由能够各自发挥专业效能的多个单位工程(土建工程、电气安装工程等)组成。与此相适应,工程造价有三个层次:建设项目总造价、单项工程造价和单位工程造价。如果专业分工更细,单位工程(如土建工程)的组成部分——分部、分项工程也可以成为计算对象,如大型土方工程、基础工程、装饰工程等,这样工程造价的层次就增加分部工程和分项工程而成为五个层次。即使从造价的计算和工程管理的角度看,工程造价的层次性也是非常突出的。

5. 工程造价的兼容性

造价的兼容性首先表现在它具有两种含义,其次表现在造价构成因素的广泛性和复杂性。成本因素非常复杂,包括土地征用及拆迁补偿费、项目可行性研究和规划设计费用、研究试验费、专项评估费、建筑安装工程费等;盈利的构成也较为复杂,资金成本较大。

四 公路工程管理的参与者

公路工程的技术复杂性决定了参与工程建设的各方在建设中的分工合作关系。分工有利于发挥专业特长,而合作是为了更好地完成公路工程建设。参与公路工程建设的主体有建设单位、施工单位、设计单位和工程咨询机构,它们按照各自的不同分工,在任务范围内对公路工程项目进行管理。公路工程中参与管理的部门及其职能分述如下。

1. 建设单位(业主)的公路工程管理

建设单位作为项目的发起人和投资者,是公路项目管理的主体,对公路工程的管理主要体现在重大决策上。它的主要工作有:根据对自然资源的了解和对市场的预测,以及国家的经济政策和国际贸易等情况进行投资机会研究、编制项目建议书、完成可行性研究,并报上级政府主管部门或贷款银行批准实施,实现项目的立项决策;进行土地的征迁工作,选定工程勘察单位,编制项目设计任务书,进行设计方案竞选或设计招标,对工程设计做宏观的审核工作;进行施工招标,做好施工准备工作;在施工过程中与承包商配合,做好协调和决策工作,监督审核承包商的施工情况;工程完工后督促和配合监理方、承包商做好工程结算和各种资料文件的准备和整理,申请竣工验收;进行项目的评价。

2. 施工单位(承包商)的公路工程管理

施工单位对有意投标的项目,编制既能使企业盈利又可望中标的投标书,如中标则与业主签订承包合同,进行施工准备;开工后按施工组织设计的安排组织施工,做好动态控制工作,保证预期目标的顺利实现;竣工后进行财务结算,办理工程交付手续;交工验收后按合同规定的责任期进行回访与保修。

3. 工程咨询机构的公路工程管理

工程咨询机构接受项目法人(建设单位或其他人)的委托,对建设项目从前期(立项和可行性研究)、实施(设计、施工)到竣工结算(决算)各阶段工程造价承担监督控制管理工作。

4. 工程监理

监理虽然也是工程项目中的咨询机构,但其工作又有特殊之处。通常其是受业主的委托对工程建设进行管理,同时要作为独立的第三方对业主与承包商在施工中发生的各种情况按二者达成的合同进行协调。监理是工程质量、进度、费用管理方面最主要的协调者和责任人之一。

5. 政府(交通主管部门)对公路建设项目的管理

政府(交通主管部门)一般是通过立法和执法职能来加强公路工程管理的,具体如审批项目建议书、审批可行性研究报告、管理建设用地和拆迁补偿标准、管理项目建设程序、工程质量监督以及对参与项目建设各方进行资质管理。在投资初期,对以公益为主的公路基本建设项目,可成立项目责任公司(项目法人),由项目责任公司进行商业运作。对公路项目而言,政府追逐的目标不应是项目商业利益的最大化而应是社会效益的最大化。因此,对项目公司的商业运作,仍需有一定的监管,只有这样,才能避免整个区域经济运营成本增加过多;也只有这样才能使公路基本建设资金得到有效利用,使投资取得最大的社会效益。在实施阶段,主要方式是通过质检站对公路建设项目进行管理。

五 公路工程造价的种类

为了对公路基本建设工程进行全面而有效的工程造价管理,在项目的各阶段都必须编制有关的造价文件。这些不同造价文件的投资额则要根据其主要内容要求,由不同测算单位来完成。投资额按公路工程的建设程序进行分类,有如下几种。

1. 投资估算

投资估算,一般是指在投资前期(规划、项目建议书、可行性研究报告)阶段,建设单位向国家申请拟定项目时,确定建设项目在规划、项目建议书、可行性研究报告等不同阶段的相应投资总额而编制的经济文件。

国家对任何一个拟建项目,都要通过对可行性研究报告的全面评审后,才能决定是否正式立项。在可行性研究中,除考虑国家经济发展上的需要和技术上的可行性外,还要考虑经济上的合理性。投资估算为投资决策提供数量依据,也是建设项目经济效益分析中确定成本的主要依据,因此,它是建设项目在初步设计前各阶段工作中,作为拟建项目在经济上是否合理的重要文件。它具有如下几个方面的作用:

(1)它是国家决定拟建项目是否继续进行研究的依据。

(2)它是国家审批项目建议书的依据。

(3)它是国家审批建设项目可行性研究报告的依据。

可行性研究报告被批准后,投资估算就作为控制初步设计概算的依据,也是国家对建设项目所下达的投资限额,并可作为资金筹措计划的依据。

(4)它是国家编制中长期规划和保持合理投资结构的依据。

根据投资估算的作用不同,其内容的深浅程度也不尽相同。公路工程投资估算是公路建设项目可行性研究报告中的重要内容,它可分为两类,一类是项目建议书投资估算,一类是工程可行性研究投资估算。交通运输部在2007年公布了《公路工程投资估算编制办法》和《公路工程估算指标》,在编制公路工程投资估算时,应按其规定执行,并应满足经济可行性研究和工程可行性研究的要求。

2. 概算

概算又分为设计概算和修正概算两种。设计概算是指在初步设计或技术设计阶段,由设计单位根据设计图纸、概算定额、各类费用定额、建设地区的自然条件和技术经济条件等资料,预先计算和确定建设项目从筹建至竣工验收的全部建设费用的造价文件。它是设计文件的重要组成部分,是国家确定和控制公路基本建设投资总额,安排基本建设计划,选择最优设计方案的依据。建设项目的总概算一经批准,在其随后的其他阶段是不能随意增加的。

3. 施工图预算

公路基本建设工程不论采用几个阶段设计,设计单位在施工图设计阶段均应编制施工图预算。施工图预算是以设计单位为主,必要时可邀请施工单位、建设单位参加,根据施工图设计的工程量和施工方案,按预算定额和各类费用定额所编制的反映工程造价的文件。它是考核施工图设计经济合理性的依据。对于按施工图预算承包的工程,它又是签订建筑安装工程合同、实行建设单位和施工单位投资包干和办理工程结算的依据。对于进行施工招标的工程,施工图预算也是编制工程标底的依据。同时,它也是施工单位加强经营管理,搞好经济核算的基础。

施工图预算必须以施工图图纸、说明书、施工组织设计(或施工方案)以及编制预算的法令性文件为依据。

4. 施工预算

施工预算是施工单位进行成本控制与成本核算的依据,也是施工单位进行劳动组织与安排,以及进行材料和机械管理的依据,对施工组织和施工生产有着极为重要的作用。

施工预算是指施工阶段,在施工图预算的控制下,施工单位根据施工图计算的分项工程量、施工定额、施工组织设计或分部分项工程施工过程的设计及其他有关技术资料,通过工料分析,计算和确定完成一个工程项目或一个单位工程或其中的分部分项工程所需的人工、材料、机械台班消耗的费用及其他相应费用的造价文件。施工预算所反映的是完成工程项目的成本,是成本控制的主要目标。

5. 标底编制

工程项目实行招标,按发包工程的工程内容(通常由工程量清单来明确)、设计文件、合同条件以及技术规范和有关定额等资料进行编制。标底是一项重要的投资额测算文件,是评标的一个基本依据,也是衡量投标人报价水平高低的基本指标,在招投标工作中起着关键作用。其编制一方面应遵守国家的有关规定和要求,另一方面应力求准确。标底一般以设计概算或施工图预算为基础编制,以其中的建筑安装工程费为主,且不得超过批准的概算或施工图预算的限额。

6. 报价

报价是由投标单位根据招标文件及有关定额(有时往往是投标单位根据自身的施工经验与管理水平所制订的企业定额)和招标项目所在地区的自然、社会和经济条件及施工组织方案和投标单位自身条件,计算完成招标工程所需各项费用的造价文件。报价是投标文件最重要的组成部分和主要内容,是投标工作的关键和核心,也是决定能否中标的主要依据。报价过高,中标率就会降低;报价过低,尽管中标率增大,但可能无利可图,甚至承担工程亏本的风险。因此,能否准确计算和合理确定工程报价,是施工企业在投标竞争中能否获胜的前提条件。

中标单位的报价,将直接成为工程承包合同价的主要基础,并对将来的施工过程起着严格的制约作用。承包单位和业主均不能随意更改报价。

报价同施工预算比较接近,但不同于施工预算。报价的费用组成和计算方法同概预算类似,但其编制体系和要求均不同于概预算,尤其在目前招投标工作中,一般采用单价合同,因而使报价时的费用分摊同概预算的费用计算方式有较大差别。总的看来,报价和概预算的差别主要体现在两个方面:一是概预算文件必须按国家有关规定进行编制,尤其是各费用的计算,更能体现施工单位的平均水平。二是概预算经设计单位编完后,必须经建设单位或其主管部门、建设银行等审查批准后才能作为建设单位与施工单位结算工程价款的依据;而报价则可以根据投标单位对工程和招标文件的理解程度,预算造价上下浮动,无需预先送建设单位审核。因此,报价比概预算更复杂,也比概预算更灵活。

报价与标底有极为密切的关系。标底同概预算的性质很相近,编制方式也相同,都有较为严格的要求。报价则比标底编制要灵活。虽然两者有很明显的差别,并且是从不同角度来对同一工程的价值进行预测,因而计算结果很难相同,但又有极密切的相互关系。

7. 工程结算

项目结算的主要内容包括货物结算、劳务供应结算、工程(费用)结算及其他货币资金的结算等。货物结算是指建设单位同其他经济单位之间,由于物资的采购和转移而发生的结算。劳务供应结算是指建设单位同其他单位之间,由于互相提供劳务而发生的结算。工程费用结算指建设单位同施工单位之间,由于拨付各种预付款和支付已完工程等费用而发生的结算。其他货币资金结算是指基本建设各部门,各企业和各单位之间由于资金往来以及他们同建设银行之间,因存款、放款业务而发生的结算。

工程费用结算习惯上又称为工程价款结算,是项目结算中最重要和最关键的部分,是项目结算的主体内容,占整个项目结算额的75%～80%。工程价款结算,一般以实际完成的工程量和有关合同单价以及施工过程中现场实际情况的变化资料(如工程变更通知、计日工使用记录等)计算当月应付的工程价款。施工单位将实际完成的工程量填入各种报表,按月送交驻地监理工程师验收签认,然后向建设单位提交当月工程价款结算单。根据结算应付的工程价款经总监理工程师签认支付证书后,财务部门才能转账。目前,由于各地区施工单位流动资金支付方式的差别和具体工程项目的不同,工程价款的结算方法有多种形式。建设银行自1990年起实行的《建设工程价款结算办法》第五条规定:建设工程价款结算可以根据不同情况采取多种方式:①按月结算;②竣工后一次结算;③分段结算;④约定的其他结算方式。而实行FIDIC条款的合同,则明确规定了计量支付条款,对结算内容、结算方式、结算时间、结算程序给出了明确规定,即一般是按月申报,期中支付,分段结算,最终结清。

施工单位也是根据工程结算结果,编制单位工程竣工成本决算,核算单位工程的预算成本、实际成本和成本降低额。工程结算人员经企业内部成本分析,体现经营效果,总结经验,提高经营管理水平。

8. 竣工决算

竣工决算是指在建设项目完工后竣工验收阶段,由建设单位编制的建设项目从筹建到建成投产或使用的全部实际成本的技术经济文件。它是公路建设投资管理的重要环节,是公路工程竣工验收及交付使用的重要依据,也是进行公路建设项目财务总结、银行对其实行监督的必要手段。其内容由文字说明和决算报表两部分组成。文字说明主要包括:工程概况、设计概算和基本建设规划执行情况;各项技术经济指标完成情况;各项拨款(或贷款)使用情况;建设成本和投资效果的分析以及建设过程中的主要经验;存在的问题和解决意见等。

估算、概算、预算、标底、报价和结算以及决算都是以价值形态贯穿整个投资过程。从申请建设项目,确定和控制基本建设投资额,进行基建经济管理和施工单位进行经济核算,到最后以决算形成企(事)业单位的固定资产,构成了一个有机的整体,缺一不可。因此,在一定意义上说，它们是基本建设投资活动的血液，也是联系参与项目建设活动各经济实体的纽带。申报项目要编投资估算，设计要编概算和施工图预算，招标要编标底，投标要编报价，施工前要编施工预算，施工过程之中要进行结算，施工完成要编决算，并且一般还要求决算不能超过预算，预算不能超过概算，概算则不能超出估算所允许的幅度范围，结算不能超出合同价的允许范围，合同价不能偏离报价与标底太多，而报价（指中标价）则不能超出标底的规定幅度范围，并且标底不允许超概预算。总之，各种测算环环相扣，紧密联系，共同构成对投资额的有效控制。

六 公路工程造价管理

公路工程管理的任务对于不同的参与者有所不同。通常对于业主、承包商、咨询机构、监理而言，就是在一定的约束条件下，有效地组织人力、物力、财力去逐一实现阶段目标，进而保证总目标的实现。其主要任务是做好：组织计划、合同管理、进度控制、质量控制、费用控制及财务管理和信息管理等方面的工作。在做每方面的工作时都必须首先确定目标，然后制订方案和措施并付诸实施，并在实施过程中进行跟踪检查，积累经验教训。作为政府而言，其主要职能是维护市场秩序，制订市场规则，使市场中的各个协作方能有效合作，市场运行所得结果应能体现公平与效率的原则，并应加强监管，以社会效益最大化为目标，合理控制公路运营成本。

建设工程造价的合理确定和有效控制是工程建设的重要组成部分。控制工程造价的目的不仅仅在于控制项目投资不超过批准的造价限额，更积极的意义在于合理使用人力、物力、财力，以取得最大的投资效益。

为了有效地控制工程造价，必须建立健全投资主管单位和建设、设计、施工等有关单位的全过程造价控制责任制，调动各有关单位和人员的积极性，在工程建设的各个阶段充分发挥竞争机制的作用，合理确定适合我国国情的建设方案和建设标准，努力降低工程造价，节约投资，在工程造价限额内，力求少投入多产出。

1. 工程造价分阶段的控制与管理

为了合理确定和有效地控制建设工程造价，建立和健全各有关单位的造价控制责任制，实行对工程建设全过程的造价控制和管理，提高投资效益，国家发展和改革委员会（以下简称发改委）作了如下规定：

（1）建设项目设计任务书（或可行性研究报告）的投资估算应对总造价起控制作用

建设项目设计任务书的投资估算是项目决策的重要依据之一，设计任务书一经批准，其投资估算应作为工程造价的最高限额，不得任意增加。设计任务书的编制单位必须严格按照设计任务书规定的编制深度，在优选建设方案的基础上，认真、准确地根据有关规定和估算指标合理确定投资估算，使其真正起到控制建设项目总造价的作用。各主管部门应根据国家的统一规定，结合专业特点，对投资估算的准确度、设计任务书的深度和投资估算的编制办法作出具体明确的规定。报批的建设项目任务书的投资估算必须经有资质的咨询单位提出评审意见。投资主管单位在审批设计任务书时，要认真审查估算，既要防止漏项少算，又要防止高估多算。

（2）必须加强工程设计阶段的造价控制

工程设计阶段是控制工程造价的关键环节。设计单位和设计人员必须树立经济核算的观念，克服重技术轻经济、设计保守浪费的倾向。设计人员与工程经济人员要密切配合，严格按照设计任务书规定的投资估算做好多方案的技术经济比较,要在降低和控制工程造价上下工夫。工程经济人员在设计过程中应及时地对工程造价进行分析对比,反馈造价信息,主动地影响设计,以保证有效地控制造价。积极推行限额设计,既要按照批准的设计任务书及投资估算控制初步设计概算,按照批准的初步设计总概算控制施工图设计预算;又要在保证工程功能要求的前提下,按各专业分配的造价限额进行设计,保证估算、概算起到层层控制的作用,不突破造价限额。设计单位必须保证文件的完整性。设计概预算是设计文件不可分割的组成部分。初步设计、技术简单项目的设计方案均应有概算;技术设计应有修正概算;施工图设计应有预算;概算预算均应有主要材料表。凡没有设计预算、施工图没有钢材明细表的设计不是完整的设计。不完整的设计文件不得交付建设单位。设计文件的完整性和概预算的质量应作为评选优秀设计、审定设计单位等级的重要标准之一。

(3) 投资主管单位、建设单位必须对造价控制负责

投资主管单位应通过项目招标,择优选定建设单位(工程总承包单位),签订承包合同。

签约双方应严格履行合同,管好用好投资,以保证不突破工程总造价限额。建设单位(工程总承包单位)对建设全过程造价控制负责。应认真组织设计方案招标、施工招标和设备采购招标,通过签订承包合同把设计概算落到实处,做到投资估算、设计概算、设计预算和承包合同价之间相互衔接,避免脱节。工程造价管理力量薄弱的建设单位应委托或聘请有关咨询单位或有经验的工程经济人员,协助做好工程造价控制及管理工作。对重点项目,有条件的可试行总经济师制。经过批准成立各种形式的工程造价咨询机构,可接受建设单位、投资主管单位等的委托或聘请,从事工程造价的咨询业务。受委托的咨询机构和工程经济人员必须立场公正,协助有关单位做好工程造价的控制和管理工作。要严格控制施工过程中的设计变更,健全设计变更审批制度。设计如有变更必须进行工程量及造价增减分析,并经原设计单位同意;如有突破总概算必须经设计审批单位审查同意,以切实防止通过变更设计任意增减设计内容、提高设计标准,从而提高工程造价的行为发生。

(4) 施工单位应按照承包合同控制价格

施工单位应按照与招标单位签订的承包合同价,结合本单位情况建立多层次、多形式的内部经营承包制,改进经营管理,搞好经济核算,降低工程造价,落实承包合同价,保证按合同规定的工期、质量完成施工任务。

(5) 工程造价的确定必须考虑影响造价的动态因素

投资估算、设计概预算的编制,应按当时当地的设备、材料预算价格计算。在投资估算、设计概算的预备费中应合理预测设备、材料价格的浮动因素,以及其他影响工程造价的动态因素。应研究确定工程项目设备材料价格指数,可按不同类型的设备和材料价格指数,结合工程特点、建设期限等综合计算。在施工过程中,由于设备、材料价格变动及设计修改等因素影响的工程造价增加的费用,在签订承包合同时,应区别工程特点、工期长短,合理确定包干系数,进行包干。

(6) 改进工程造价的有关基础工作

为了充分发挥市场竞争机制的作用,促进施工单位提高经营管理水平,对于实行招标承包制的工程,将原施工管理费和各种施工增加费、计划利润等费率改为竞争性费率。适应价格浮动,必须相应地改进设备材料预算价格的编制和管理。各地区除编制必要的地区或建设项目材料预算价格外,还应编制材料的供应价及运杂费计算标准,以便及时、合理调整材料预算价格。各主管部门应根据设备价格的不同情况,适当归类,制订各种设备运杂费计算标准。各地

基本建设综合管理部门应会同有关单位建立设备、材料价格信息系统,及时提供设备材料价格信息,定期发布材料价格和工程造价指数,以指导工程造价的预测和调整。

(7)必须建立工程造价资料积累制度

建立各省工程造价管理网络系统,负责本省交通建设造价资料的收集、整理,定期发布材料、机械、调价指数等价格信息;搜集、储存、分析已完工工程的造价资料,建立工程造价信息数据库,定期向交通运输部工程造价信息数据库提供信息;实施本省交通建设造价计算软件的开发和管理。

(8)加强对工程造价的管理和监督

工程建设造价管理应贯穿于工程建设项目可行性研究报告、设计、施工直至竣工交付使用(含缺陷责任期)的全过程,遵循经济规律,合理地确定工程所需费用,并观测影响建设期工程造价变化的动态因素,对工程造价实行动态管理。工程建设造价管理的主要任务是:贯彻执行国家和交通运输部等有关部委关于工程造价管理的方针、政策和规定;制订交通基本建设各个阶段合理、科学的计价规则;对建设项目的估算、概算、预算、标底、决算等进行监督审查;实行工程造价编制、审查、咨询机构及其从业人员的资质(格)管理;调解和仲裁造价争议;收集、整理、发布有关工程造价信息;制订工程造价管理长远规划,研究其发展趋势。

2.概预算定额的管理

公路工程造价的确定,包括计价定额,费用标准,劳务、材料等预算价格,计价方法及一整套概预算制度,其中概预算定额的制订、执行与修订是工程造价管理工作中的重要环节。

目前,公路建设概预算定额的管理工作业已完善并形成了建设主管部门和有关专业部门自上而下的专职定额管理体系。交通运输部公路工程定额站主管公路工程标准定额工作;各省、自治区、直辖市交通厅(局)设立定额站,行使相应的定额、工程造价的行政管理职能。

交通运输部根据基本建设的专业特点,编制和发布有关专业基本建设的标准定额、指标和相应的估算及概预算的编制办法;各级定额(工程造价)管理站为完成工程建设概预算定额、设备材料预算价格、费用定额估算指标等编制任务,可收取由国家物价局、财政部批准的定额编制管理费。工程定额编制管理费属于行政事业性收费,目前为定额建安工程费的0.17%。通用的全国统一预算定额由主管部门组织审查,报国家发改委批准颁发,其余的均由主管部门审批,报国家发改委备案。概算定额、预算定额和估算指标,分别由有关部门和各省、自治区、直辖市主管部门根据需要,在预算定额的基础上进行编制审批,报国家发改委备案。工程定额的补充工作应作为一项重要任务,经常收集整理分析有关资料,及时制订必要的补充预算定额,以适应工作的需要。费用定额按有关规定由各部门、省、自治区、直辖市制订颁布。

各部门、各地区的定额处(站)为本部门、本地区的工程造价管理机构,其职能是:制订工程造价管理制度;制订并管理工程建设的估算指标、概预算定额、费用定额、材料消耗定额;收集、储存、分析已完工程造价资料,建立数据库;掌握材料设备价格信息,预测价格上涨系数及发布价格指数;监督检查工程预算或招标承包的标底及中标价是否合理。

项目一　公路工程预算定额的应用

【项目描述】

公路工程预算定额的应用包括：路基预算定额的应用、路面预算定额的应用、桥涵预算定额的应用及隧道预算定额的应用等方面。本学习项目旨在分别针对四个不同的工程项目，按照给定的工程量和工程施工内容，确定建设项目建筑安装工程的工、料、机消耗。

【项目分析】

根据给定的建筑安装工程，查用定额，确定相应的定额标准，根据确定的标准计算实际工程所消耗的工、料、机数量。

任务1　路基预算定额的应用

1.1　相关知识

建筑安装工程是按期货方式进行交换的商品，它的生产过程不同于一般的工业产品，具有单件性和固定性的特点，即每项工程不仅在建筑规模、工程结构上有较大差别，而且其价值还受自然和经济条件的影响。因此，每项建筑产品需按特定的使用要求单独设计。由此，决定了建筑产品的特殊计价方法，即将每分项工程作为假定的产品，根据社会正常生产水平规定其人工、材料和机械的消耗标准，这个消耗标准就称为定额。因此，定额是指在正常的生产（施工）技术和组织条件下，为完成单位合格产品所规定的人工、材料、机械、资金等消耗量的标准。

1.1.1　定额的作用及特点

定额是在正常的生产技术和组织条件下，为完成单位合格产品所规定的人工、材料、机械、资金等消耗量的标准。这个标准是与社会生产力的发展水平相适应的，并且是通过严密、科学的方法测定出来的。因此，定额具有其明显的作用和特点。

(1)定额的作用

①定额是计价的依据

亦即用于计算工程造价的各项指标、费率、基础单价等，绝大多数都以定额的形式来表述。现行的公路工程定额从其作用上可分为工程定额和费用定额两种。如：《公路工程概算定额》(JTG/T B06-01—2007)(以下简称《概算定额》)、《公路工程预算定额》(JTG/T B06-02—2007)(以下简称《预算定额》)为工程定额；而《公路工程机械台班费用定额》(JTG/T B06-03—2007)(以下简称《台班费用定额》)、《公路工程基本建设项目概算预算编制办法》(JTG/T B06—2007)(以下简称《编制办法》)中规定的各项费用或费率则是费用定额。

②定额具有节约社会劳动和提高生产效率的作用

一方面，生产性的施工定额直接作用于建筑工人。企业以定额作为促使工人节约工作时间、原材料等提高劳动效率、加快工作进度的手段,以增加市场竞争能力,获取更多的利润。另一方面,作为工程造价计算依据的各类定额,又促使企业加强管理,把社会劳动的消耗控制在合理的限度内。再者,作为项目决策依据的定额指标,又在更高的层次上促使项目投资者合理而有效地利用和分配社会劳动。

③定额是国家对工程建设进行宏观调控和管理的手段

市场经济并不排斥宏观调控,即使在西方国家,政府也要利用各种手段影响和调控经济的发展。利用定额对工程建设进行宏观调控和管理主要表现在:

a. 对工程造价进行宏观管理调控;

b. 对资源配置进行预测和平衡;

c. 对经济结构,包括企业结构和所有制结构进行合理的调控,也包括对技术结构和产品结构的调控。

④定额有利于市场公平竞争

定额是对市场信息的加工,又是对市场信息的传递。定额所提供的准确的信息,为市场需求主体和供给主体之间的竞争,以及供给主体和供给主体之间的公平竞争,提供了有利条件。

⑤定额是对市场行为的规范

定额既是投资决策的依据,又是价格决策的依据。对于投资者来说,其可以利用定额来权衡自己的财务状况和支付能力、预测资金的投入和预期回报,还可以充分利用有关定额的大量信息,有效地提高其项目决策的科学性,优化其投资行为。对于建筑企业来说,由于有关定额在一定程度上制约着工程中人工、材料的消耗,因此会影响到建筑产品的价格水平。企业在投标报价时,只有充分考虑定额的要求,作出正确的价格决策,才能在市场竞争中占有优势,才能获取更多的工程项目。可见,定额在上述两个方面规范了市场主体的经济行为,因而对完善我国固定资产投资市场和建筑市场,都能起到调节作用。

⑥定额有利于完善市场的信息系统

定额管理是对大量市场信息的加工,也是对市场信息进行传递,同时也是对市场信息的反馈。信息是市场体系中不可缺少的要素,它的可靠性、完备性和灵敏性是市场成熟和市场效率的标志。在我国,应以定额形式建立和完善市场信息系统,充分体现市场经济的特色。

⑦定额有利于推广先进的施工技术和工艺

定额水平中包含着某些先进成熟的施工技术和经验,工人要达到和超过定额,就必须掌握和应用这些先进技术;如果工人要大幅度超过定额水平,它就必须创造性的劳动。第一,在自己的工作中注意改进工具和技术操作方法,注意原材料的节约,避免原材料和能源的浪费;第二,企业或主管部门为了推行施工工具和施工方法,所以贯彻定额也就意味着推广先进技术;第三,企业或主管部门为了推行定额,往往要组织技术培训,以帮助工人能达到或超过定额,这样,新技术、新工艺、新材料、新经验就很容易推广,从而大大提高全社会的劳动生产效率。

(2)定额的特点

公路工程定额具有科学性、系统性、统一性、权威性与强制性、稳定性与时效性的特点。

①科学性

公路工程定额的科学性包括两重含义:一是指定额必须与生产力发展水平相适应,反映出工程建设中生产消费的客观规律,否则它就难以作为国民经济中计划、调节、组织、预测、控制工程建设的可靠依据,难以实现它在管理中的作用。另一重含义是指定额管理在理论、方法和手段上必须科学化,以适应现代科学技术和信息社会发展的需要。

定额的科学性，首先表现在用科学的态度制订定额，尊重客观实际，力排主观臆断，力求定额水平合理；其次表现在制订定额的技术方法上，利用现代科学管理的成就，形成一套系统、完整、在实践中行之有效的方法；最后，表现为定额制订和贯彻的一体化，制订是为了提供贯彻的依据，贯彻是为了实现管理的目标，也是对定额的信息反馈。

②系统性

一种专业定额，是一个完整独立的系统，公路工程定额从测定到使用，甚至再修订都是为了全面反映公路工程所有的工程内容和项目；与公路技术标准、规范完全配套，准确反映公路工程施工工艺流程中的每一个环节。如在现行公路工程概预算定额的总说明中明确指出："本定额中所采用的施工方法和工程质量标准是根据国家现行的公路工程施工技术及验收规范、质量评定标准及安全操作规程取定的。除定额中允许换算者外，均不得因具体工程的施工组织、操作方法和材料消耗定额的规定不同而变更定额。"

公路定额是为公路建设这个庞大的实体系统服务的，公路项目可以分解出成千上万道工序，而内部却层次分明，如项、目、节的划分。任何一个分部分项工程，在公路工程定额中都能给予确定，如概算定额中共有七章定额，它将所有公路工程的内容分割、包容。而且在编制定额的过程中，每一个不同工作都有不同的计算规则或计算模型，他们互相协调组成一个完整的系统。

③统一性

定额的统一性，主要是由国家对经济发展的有计划的宏观调控职能决定的。为了使国民经济按照既定的目标发展，就需要借助于某些标准、定额、参数等，对工程建设进行规划、组织、调节、控制。而这些标准、定额、参数必须在一定范围内是一种统一的尺度，才能实现上述职能，才能利用它对项目的决策、设计方案、投标报价、成本控制进行比选和评价。

公路工程定额，由初期借助于国家统一的技术标准、规范，到现在依据交通行业的统一标准、规范，在交通运输部定额站的统一领导和协调下，按照定额的制订、颁布和贯彻执行的原则，使定额编制及定额的管理工作有统一的程序、统一的原则、统一的要求、统一的用途。

④权威性和强制性

政府主管部门通过一定程序，审批、颁发的工程定额，具有权威性，这种权威性在一些情况下具有经济法规性质和执行的强制性。权威性反映了统一的意志和统一的要求，也反映信誉和信赖程度。强制性反映刚性约束，反映定额的严肃性。

定额的权威性和强制性的客观基础是定额的科学性，只有科学的定额才具有权威。但是，科学的、有权威的定额并不一定能很好地得到遵循和贯彻。因为工程建设定额虽然反映了生产消费的客观规律，但在社会主义市场经济条件下，它必然涉及各有关方面的经济关系和利益关系。赋予工程建设定额以一定的强制性，这就意味着在规定的范围内，对于定额的使用者和执行者来说，无论主观上愿不愿意，都必须按定额的规定执行。赋予工程定额以强制性是十分重要的，它不仅是定额作用得以发挥的有力保证，而且也有利于理顺工程建设有关各方的经济关系和利益关系。需要说明的是，这种强制性也有相对的一面。在竞争机制引入工程建设的情况下，定额的水平必然会受市场供求的影响，从而在执行中可能产生定额水平的浮动。准确地说，这种强制性不过是一种限制，一种对生产消费水平的合理限制，而不是降低生产消费水平的限制，不是生产力发展的限制。

应该提出的是，在社会主义市场经济条件下，对定额的权威性和强制性不是绝对化的。定额的权威性虽有其客观基础，但定额毕竟是主观对客观的反映，定额的科学性会受到人们认识的局限。与此相关,定额的权威性也会受到削弱,定额的强制性也受到了新的挑战。更为重要的是,在社会主义市场经济条件下,随着投资体制的改革和投资主体多元化格局的形成,企业可以根据市场的变化和自身的情况,自主调整自己的决策行为。在这里,一些与经营决策有关的工程建设定额的强制性特征,自然也就弱化了。但直接与施工生产相关的定额,其权威性和强制性必须进一步强化。

⑤稳定性和时效性

定额是一定时期技术发展和管理的反映,因而在一段时期内都表现出稳定的状态。根据具体情况不同,稳定的时间有长有短,一般在5~10年。但现行公路工程概预算定额与之前的定额相距15年之久,是跨世纪的修订。保持定额的稳定性是维护定额的权威性所必需的,更是有效地贯彻定额所必需的。如果某种定额处于经常修改变动之中,那就必然造成执行中的困难和混乱,使人们感到没有必要去认真对待它,很容易导致定额权威性的丧失。

定额的不稳定也会给定额的编制工作带来极大的困难。编制或修改定额是一项十分繁重的工作,它需要动员和组织大量的人力和物力,收集大量的资料、数据,进行反复的调查研究、测算、比较、平衡、审查、批准,以至印刷、发行等。而这些工作的完成,往往需要很长的周期。所以,经常修改定额在人力和技术上几乎是不可能的。

但是定额的稳定性是相对的。任何一种定额,都只能反映一定时期的生产力水平,当生产力向前发展了,定额就会与已经发展了的生产力不相适应。这样,它原有的作用就会逐步减弱以至消失,甚至产生负效应。所以,定额在具有稳定性特点的同时,也具有显著的时效性。当定额不再能起到促进生产力发展的作用时,定额就要重新编制或修订。

因此,从一段时期来看,定额是稳定的;长远来看定额是变动的。

1.1.2 定额的种类

公路工程定额一般可分为两类,即按生产因素分类和按定额用途分类,其中按生产因素分类是最基本的。按用途分类的定额,实际上已经包括了生产因素分类的基本因素。现行公路工程定额的分类如图1-1所示。

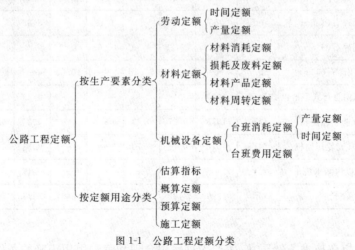

图1-1 公路工程定额分类

(1)劳动定额

在施工生产中起重要作用的三大要素是劳动力、材料和施工机械(简称工、料、机),公路工程定额是按照实物量法编制的定额,因此,工、料、机定额是公路工程概预算定额的主要内容。

劳动定额是指在正常的生产技术和生产组织条件下,为完成单位合格产品所规定的劳动消耗标准量。

劳动定额有两种表现形式,即时间定额和产量定额。

①时间定额

时间定额是指在技术条件正常、生产工具使用合理和劳动组织正确的条件下,工人为生产单位合格产品消耗的劳动时间,包括准备与结束的时间、基本生产时间、辅助生产时间、不可避免的中断时间及工人必需的休息时间。时间定额以工日为单位,1个工日相当于1个工人工作8h的劳动量(其中潜水工作按6h计算,隧道工作按7h计算)。时间定额计算见式(1-1)。

$$时间定额 = 耗用工时数量 / 完成单位合格产品数量 \qquad (1-1)$$

例如,《预算定额》(2-2-1-1)(表1-1)中,人工摊铺压实厚8cm的泥结碎石路面,每完成1000m² 合格产品消耗的人工时间定额为27.4 工日,其工程内容包括:清扫整理下承层、铺料、整平、调浆、灌浆、撒铺嵌缝料、整形、洒水、碾压、找补。

2-2-1 泥结碎石路面 表1-1

工程内容 1)清扫整理下承层;2)铺料,整平;3)调浆,灌浆;4)撒铺嵌缝料,整形,洒水,碾压,找补。

单位:1000m²

顺序号	项目	单位	代号	人工摊铺				机械摊铺			
				压实厚度8cm		每增加1cm		压实厚度8cm		每增加1cm	
				面层	基层	面层	基层	面层	基层	面层	基层
				1	2	3	4	5	6	7	8
1	人工	工日	1	27.4	27.4	3.0	3.0	14.7	14.6	1.6	1.6
2	水	m³	866	21	21	3	3	—	—	—	—
3	黏土	m³	911	22.62	22.62	2.83	2.83	22.62	22.62	2.83	2.83
4	石屑	m³	961	8.83	8.83	1.10	1.10	8.83	8.83	1.10	1.10
5	路面用碎石(1.5cm)	m³	965	8.88	—	1.11	—	8.88	—	1.11	—
6	路面用碎石(3.5cm)	m³	967	80.28	8.88	10.03	1.11	80.28	8.88	10.03	1.11
7	路面用碎石(6cm)	m³	969	—	80.28	—	10.03	—	80.28	—	10.03
8	120kW以内自行式平地机	台班	1057					0.29	0.17		
9	6~8t光轮压路机	台班	1075	0.27	0.27			0.27	0.27		
10	12~15t光轮压路机	台班	1078	0.73	0.73			0.73	0.73		
11	6000L以内洒水汽车	台班	1405	—	—			0.46	0.46	0.06	0.06
12	基价	元	1999	8122	7301	948	845	7987	7052	908	806

②产量定额

产量定额是指在技术条件正常、生产工具使用合理和劳动组织正确的条件下,工人在单位时间内完成合格产品的数量。产量定额计算见式(1-2)。

$$产量定额 = 完成合格产品数量 \div 耗用时间数量 \qquad (1-2)$$

如上例所示,完成每1000m² 泥结碎石路面的时间定额为27.4 工日,则每工日的产量定

额为 $1000 \div 27.4 = 36.5 (m^2 / 工日)$。由此可见,时间定额与产量定额是互为倒数的关系,见式(1-3)。

$$时间定额 = 1 \div 产量定额 \tag{1-3}$$

(2)材料消耗定额

材料消耗定额是指在节约和合理使用材料的前提下,为生产单位数量合格产品所规定消耗的一定规格的建筑材料、半成品、配件、构件等的数量标准。它包括材料的净值消耗量和必要的工艺性损耗量。例如浇筑混凝土构件,所需混凝土在拌制、运输及浇筑中必然有损耗,所以规定浇筑 $1m^3$ 构件需消耗 $1.01\sim1.02m^3$ 混凝土。

材料消耗定额还有两种表现形式,即材料产品定额和材料周转定额。

材料产品定额是指一定规格的原材料,在合理的操作前提下,规定完成合格产品的数量,这种定额形式在公路工程中应用较少。

材料周转定额,即周转性材料(如模板、支架的木料)的周转定额,是周转性材料在施工过程中合理使用的次数和用量标准。

周转性材料消耗一般与下列四个因素有关:

①第一次制造时的材料消耗(一次使用量);

②每周转使用一次材料的损耗(第二次使用时需要补充);

③周转使用次数;

④周转材料的最终回收折价。

定额中材料周转消耗量的指标,应当用一次使用量和摊销量两个指标表示。一次使用量是指周转性材料在不重复使用的一次使用量,供施工企业组织施工用。摊销量是指周转性材料退出使用,应分摊到每一计量单位的结构构件的周转材料消耗量,供施工企业成本核算或预算用。

$$一次使用量 = 净用量 \times (1 + 操作损耗率) \tag{1-4}$$

(3)机械设备定额

根据公路工程概预算编制要求,公路机械设备定额分为两大类,一类是机械台班消耗定额,另一类是机械台班费用定额。

①机械台班消耗定额

机械台班消耗定额是指在正常施工条件下,合理组织和利用某种机械完成单位合格产品所必需的机械台班消耗的标准,或在单位时间内机械完成的产品数量。机械台班消耗定额也有时间定额和产量定额两种表达方式。

a.时间定额

时间定额是指在正常施工条件和组织条件下,使用某种机械,完成单位合格产品所必须消耗的台班数量。

时间定额的单位是"台班",1个台班相当于1台机械工作 8h 的劳动量。其中潜水设备每台班按 6h 计算,变压器和配电设备每台班按 24h 计算。

b.产量定额

产量定额是指在正常施工条件和劳动组织条件下,某种机械一个台班时间内必须完成合格产品的数量标准。

在编制概预算时,台班消耗定额常用的表达方式是时间定额,即"台班"。"台班"的消耗量可直接在概预算定额中查取。

例如,《预算定额》(2-1-3-1)(见表1-2)中,每1000m² 石灰稳定基层,需消耗6~8t光轮压路机0.27台班,12-15t光轮压路机1.27台班。

2-1-3 路拌法石灰稳定土基层 表1-2

工程内容 1)清扫整理下承层;2)消解石灰;3)铺料,铺灰,洒水,拌和;4)整形,碾压,找补;5)初期养护。

Ⅰ.人工沿路拌和 单位:1000m²

顺序号	项目	单位	代号	石灰土			
				筛拌法		翻拌法	
				石灰剂量10%			
				压实厚度15cm	每增减1cm	压实15cm厚度	每增减1cm
				1	2	3	4
1	人工	工日	1	143.1	8.9	148.7	9.2
2	水	m³	866	49	2	49	2
3	生石灰	t	891	24.046	1.603	24.046	1.603
4	土	m³	895	195.80	13.05	195.80	13.05
5	6~8t 光轮压路机	台班	1075	0.27	—	0.27	—
6	12~15t 光轮压路机	台班	1078	1.27	—	1.27	—
7	基价	元	1999	11747	712	12023	726

②机械台班费用定额

《台班费用定额》于2008年1月1日起由交通运输部颁布执行。

台班费用定额是以一个"台班"为单位,规定其所消耗的工时、燃料、费用等数量标准。它是编制公路工程概预算的依据,也是经济核算和结算的依据。

《台班费用定额》根据公路工程施工机械的类别,共分为11大类,即:土石方工程机械,路面工程机械,混凝土及灰浆机械,水平运输机械,起重及垂直运输机械,打桩、钻孔机械,泵类机械,金属、木、石料加工机械,动力机械,工程船舶,其他机械等。每一类机械按其型号、规格不同,又分为不同的子目,每一个子目对应一个代号,共746个子目。

《台班费用定额》内容由以下部分组成:

a.序号。机械名称的顺序号,起简化说明的作用。

b.代号。计算机软件对各种不同规格、型号的施工机械的识别符号,每一个子目对应一个代号。如代号1085,即为6t以内振动压路机。

c.费用项目。

③机械台班费用组成

机械台班费用由不变费用和可变费用两大部分组成。

a.不变费用

是指编制机械台班单价时,除青海、新疆、西藏等边远地区外,应直接采用的费用。对于边远地区因维修工资、配件材料等差价较大而需调整不变费用时,可根据具体情况,由省、自治区交通厅制订系数,并报交通运输部公路局备案后执行。不变费用由以下四项组成。

ⅰ.折旧费:指机械设备在规定的使用期限内陆续收回其原值的费用。

ii. 大修理费：指机械设备按规定的大修理间隔台班必须进行大修理，以恢复其正常功能所需的费用。

iii. 经常修理费：指机械设备除大修理以外的各级保养（包括一、二、三级保养）及为排除临时故障所需的费用；为保障机械正常运转所需替换设备、随机使用工具、器具摊销和维护的费用；机械运转与日常保养所需的润滑油脂、擦拭材料（布及棉纱等）费用和机械在规定年工作台班以外的维护、保养费用等。

iv. 安装拆卸及辅助设施费：包括安置机械的基础、底座及固定锚桩等费用。打桩、钻孔机械在施工过程中的过墩、移位等所发生的安装及拆卸费包括在工程项目费用之内。稳定土厂拌和设备、沥青乳化设备、黑色粒料拌和机、沥青混合料拌和设备、混凝土搅拌站（楼）、塔式起重机、施工电梯的安装、拆卸以及拌和设备、大型发电机的混凝土基础、沉淀池、散热池等辅助设施和机械操作所需的轨道、工作台的设置费用不在此项费用内，在工程项目中另行计算。

b. 可变费用

可变费用是指费用随当地物价水平而变化的费用。在可变费用中，《台班费用定额》只给出了各种资源的消耗量标准，即数量指标。将这些数量指标乘以相应的单价，才能得到相应的费用。由于各地的物价水平不一样，因此，在相同的定额消耗量指标下，各地的费用数值是不同的。即定额值是不变量，而各地的物价是变量，由此，二者相乘的积则是可变量。

构成可变费用的资源主要有人工、燃料、水、电、养路费及车船使用税等。在计算台班单价时，随机操作人员数量及动力、物资消耗量应以定额中的数值为准，工资标准按《编制办法》的规定执行，工程船舶和潜水设备的工日单价按当地有关部门规定计算。动力燃料按当地物资的工地预算价格计算。养路费及车船使用税，如需缴纳时，就按各省、自治区、直辖市及国务院有关部门规定的标准，按机械的年工作台班计入台班费中。

④ 机械台班费用定额的作用

a. 计算机械台班单价

台班单价是编制概、预算必不可少的依据。《台班费用定额》是以一个台班为单位，规定了其不变费用及可变费用中各种资源的消耗量。根据这些并结合当地相应的物价，即可计算机械台班的单价。

例 1-1 已知柴油 7.8 元/kg，试计算 6～8t 光轮压路机的台班单价。

解 查《机械台班费用定额》可知，该机械的代号为 1075，其中：

不变费用：107.57 元

可变费用：人工费 $=1\times 49.20=49.20$ 元

柴油费 $=19.33\times 7.8=150.77$ 元

台班单价 $=107.57+49.20+150.77=307.54$ 元/台班

b. 分析台班消耗的人工、燃料等实物量

在编制概预算时，不仅要计算费用而且还要统计施工机械所消耗的人工、燃料等各种资源的实物消耗数量，《台班费用定额》为此提供了计算依据。

例 1-2 某工程需 5t 载货汽车 15 台班，试求其所需资源的消耗数量。

解 查《台班费用定额》可知，该机械的代号为 1373，15 台班的资源消耗量为：

人工：$1\times 15=15$ 工日

汽油：$43.10\times 15=646.5$ kg

1.1.3 定额的组成结构及查用方法

(1)组成结构

现行的《概算定额》和《预算定额》其组成部分主要有以下几方面：

① 定额的颁发文件

定额的颁发文件是指刊印在《概算定额》和《预算定额》前部，由政府主管部门(交通部)颁发的关于定额执行日期、定额性质、适用范围及负责解释的部门等法令性文件。

② 总说明

总说明综合阐述定额的编制原则、指导思想、编制依据和适用范围，依据涉及定额使用方面的全面性的规律和解释，是各章说明的总纲，具有统管全局的作用。

③ 目录

目录位于总说明之后，目录简明扼要地反映定额的全部内容及相应的页号，对查用定额起索引作用。

④ 章节说明

《预算定额》由上、下两册组成。上册共有4章，分别是路基工程、路面工程、隧道工程和桥涵工程的第一节至第六节。下册由5章和4个附录组成。5章分别是桥涵工程第七节至第十一节、防护工程、交通工程及沿线设施、临时工程、材料采集及加工、材料运输。4个附录分别是路面材料计算基础数据，材料的周转及摊销，定额基价，人工、材料单位质量和单价表，并在每章、每节的首页都有章说明和节说明。

⑤ 定额表

定额表是各类定额的主要组成部分，是定额各指标数额的具体体现。《概算定额》和《预算定额》的表格形式基本相同，主要内容如下。

a. 表号及定额表名称

定额是由大量的定额表组成，每张定额表都具有自己唯一的表号和名称。如《预算定额》第53页表，如表1-3所示。表上方"1-1-14"为表号，其含意是第1章第1节第14表。"人工开炸石方"是表的名称。

1-1-14 人工开炸石方 表1-3

工程内容 1)选炮位，打眼；2)装药，填塞；3)安全警戒；4)引爆及检查结果；5)排险；6)撬落，解小，撬移；7)清运，装，卸石方；8)空回。

单位：1000m³ 天然密石方

顺序号	项目	单位	代号	第一个20m开炸运			每增运10m	
				软石	次坚石	坚石	人工挑抬	手推车
				1	2	3	4	5
1	人工	工日	1	270.5	388.2	552.1	39.3	15.7
2	钢钎	kg	211	18.0	36.0	45.0	—	—
3	硝胺炸药	kg	841	132.5	180.0	228.3	—	—
4	导火线	m	842	338	503	635	—	—
5	普通雷管	个	845	268	385	461	—	—

续上表

顺序号	项目	单位	代号	第一个20m开炸运			每增运10m	
				软石	次坚石	坚石	人工挑抬	手推车
				1	2	3	4	5
6	煤	t	864	0.171	0.270	0.270	—	—
7	其他材料费	元	996	12.5	18.2	22.9		
8	基价	元	1999	14721	21127	29711	1934	772

注：1.孤石按坚石计算；
　　2.当采用人工开炸、装车、机动翻斗车运输时，其开炸、装车所需的工料消耗按第一个20m开炸运定额减去50个工日计算；
　　3.当采用人工开炸、装车、手扶拖拉机运输时，其开炸、装车、卸车所需的工料按第一个20m开炸运定额计算。

b.工程内容
工程内容位于定额表的左上方。工程内容主要说明本定额表所包括的主要操作内容。查定额时，必须将实际发生的操作内容与表中的工程内容相对照，若不一致时，应按章节说明中的规定进行调整。

c.定额单位
定额单位位于定额表的右上方，如表1-3的定额单位为"1000m^3 天然石方"。定额单位是合格产品的计量单位，实际的工程数量应是定额单位的倍数。

d.顺序号是定额表中的第1列内容，如表中"1、2、3…"，顺序号表征人工、材料、机械及费用的顺序号，起简化说明的作用。

e.项目
项目是定额表中第2列内容，如表1-3中的"人工、钢钎、硝铵炸药…"。项目是表中定额所需的人工、材料、机具、费用的名称和规格。

f.代号
当采用电算方法编制工程概、预算时，可引用表中代号作为工、料、机名称的识别符。

g.工程细目表
本定额所包括的具体内容，如表1-3中"软石、坚石"等。

h.栏号
栏号指工程细目的编号，如表1-3"第1个20m开炸运"中"软石"栏号为"1"，"次坚石"栏号为"2"。

i.定额值
定额值就是定额表中各种资源的数值。其中括号内的数值表示基价中未包括其价值。

j.基价
基价是指该工程细目的工程价格，是该工程细目在指定时间与地点（预算定额基价采用北京市2007年的相应价格）的工程价格。

k.注解
有些定额表在其下方列有注解，如表1-3中"注"。"注"是对定额表中内容的补充说明，使用时必须仔细阅读，以免发生错误。

(2)查用方法

公路工程是一个庞大的系统工程,与之对应的定额也是内容繁多,复杂多变。因此,查用定额不仅工作量大,而且十分繁琐。

为了能够正确地运用定额,首先,必须反复学习定额,熟练地掌握定额,在查用方法上应按如下步骤进行。

①确定定额种类

公路工程定额按基建程序的不同阶段,已形成一套完整的定额体系,如《概算定额》、《预算定额》和《施工定额》等。在查用定额时,应根据运用定额的目的,确定定额的种类,明确是查《概算定额》还是《预算定额》。

②确定定额表号

定额表号是概预算定额中每一工程细目的唯一编号。在概、预算定额中,定额表号一般是用[页-表-栏]表示的,每一个定额表号只对应一个工程细目。因此,在查用定额时,首先应将实际的工程内容与定额表中的工程内容相对照,鉴别该工程属于定额表中哪一类工程,特别是施工工艺相似、施工内容也类似的工程,切不能混淆,查用定额时应特别仔细。

在编制预算文件时,计算表格中均要列出所选用定额表号,其目的是可以快捷查找,核对所选用定额的准确性;另一方面是便于计算机识别和运算。

定额表号的编写方法主要有三种:

a.(页-表-栏)式

(页-表-栏)式的特点是容易查找、复核,检查方便,不易出错,但书写比较麻烦。例如,《预算定额》中定额表号(23-1-1-14-1)如表1-3所示,就是指第23页,第一章第一节第十四表第一栏,即第一个20m人工开炸运软石。

b.(表-栏)式

这种编号方法是舍去页码数,只用"表-栏"表示。(表-栏)式虽然书写简单,但查找不便。如上例,其定额表号为(1-1-14-1)。

c.数码式

在用计算机软件编制概、预算文件时,预算定额表号是用8位数数码编制的,即章占1位,节占2位,表占2位,栏占3位。如上例,其定额表号为10114001。概算定额是用7位数码表示,即章占1位,节占1位,表占2位,栏占3位。例如,《概算定额》第107页第1栏的定额,即(107-2-1-1-1),当用数码表示时,则为2101001。

例1-3 试确定下列工程预算定额表号。

(1)干砌片石锥坡;

(2)干砌片石护脚。

解 上述两项工程细目,虽然都是相同的干砌片石工艺,但由于其工程类别不同。其定额表号也不相同。其中前者为桥涵工程,定额表号(4-5-1-2);后者为防护工程,定额表号为(5-1-16-1)。

③阅读说明

在查到定额表号后,应详细阅读总说明和章、节说明,并核对定额表左上方的"工程内容"及表下方的"注",目的有二,如下:

a.检查所确定的定额表号是否有误。如"浆砌块石护拱"与"浆砌块石护坡"虽然都是"浆砌块石"工程,但前者为"桥涵工程",预算定额表号为(4-5-3-2),后者为"防护工程",预算定额表号为(5-1-10-3)。

b.确定定额值。在确定定额表号无误后,根据上述各种说明、工作内容及注的要求,看定额值是否需要调整。若不需要调整,就直接抄录。若需要调整还应做下一步工作。

④定额抽换(换算)

当设计内容或实际内容与定额表中规定的内容不完全相符时,应根据说明及注的规定调整定额值,即定额抽换。在抽换前应再仔细阅读总说明和章、节说明及注解,确定是否需要抽换,以及怎样抽换。关于定额抽换的方法,可参见本教材相关内容及计算示例。

重复上述步骤即可查用下一项工程的定额值。

1.1.4 路基工程预算定额的说明及应用

在路基工程中,设计图纸给出的土、石方数量,是按照几何尺寸计算出来的。其中挖方按"天然密实方"计算,填方按"压实方"计算。由于天然土、石方的种类、存在形式及天然密度各不相同,而且设计要求的填方密实度也不相同,所以,天然密实方与压实方之间必然存在一定的差异,并且相互间的换算系数也不是定值。为了取得换算的一致性,概、预算定额的章说明都有明确规定,即除定额中另有说明者外,土方挖方按天然密实体积计算,填方按压实后的体积计算;石方爆破按天然密实体积计算。当以填方压实体积为工程量,采用以天然密实方为计算单位的定额时,所采用的定额应乘以表1-4所示的系数。

土方换算系数 表1-4

公路等级 \ 土类	土方			石方
	松土	普通土	硬土	
二级及以上公路	1.23	1.16	1.09	0.92
三、四级公路	1.11	1.05	1.00	0.84

其中,推土机、铲运机施工土方的增运定额按普通土栏目的系数计算;人工挖运土方的增运定额和机械翻斗车、手扶拖拉机运输土方、自卸汽车运输土方定额在上表的基础上增加0.03的土方运输损耗,但弃方运输不用运输损耗。

另外,各类土、石方在进行路基土、石调配时,其定额、计量单位、计价等可按如下规定进行:

(1)挖方:按土质分类分别套用相应的定额,定额单位为天然密实方。

(2)填方:套用相应的压实定额,定额单位为压实方。

(3)本桩利用:不参与费用的计算,其挖运已在"挖方"内计算,其填已在"填方"内计算。

(4)远运利用:只计算其调配运输费用,其挖已在其他断面的"挖方"内计算,其填已在"填方"内计算。

(5)借方:计算其挖、装、运的费用,其填已在"填方"内计算。

(6)弃方:只计算其运输费用,其挖已在"挖方"内计算。

例1-4 某高速公路一路段挖方1000m³(其中松土200m³,普通土600m³,硬土200m³),填方数量为1200m³。本断面挖方可利用方量为900m³(松土100m³、普通土600m³、硬土200m³),远运利用方量为普通土200m³(天然方),且远运土方和借方都采用自卸汽车运输,求其计价土方。

解 本桩利用方(压实方)为:$100 \div (1.23+0.03)+600 \div (1.16+0.03)+200 \div (1.09+0.03) = 79.4+504.2+178.6 = 766.2 m^3$

远运利用方(压实方)为:200÷(1.16+0.03)=168.1m³
借方(压实方)为:1200-766.2-168.1=265.7m³
弃方(天然方)为:100m³
计价方:挖(天然)+借(压实)=1000+265.7=1265.7m³
或:挖(天然)+填(压实)-利用方(压实)=1000+1200-(766.2+168.1)=1265.7m³

1.2 任务提出

某高速公路路基填方全部为借方,设计断面借方为58000m³(硬土),采用2m³挖掘机配合20t自卸汽车运输,运距6km。

1.3 任务描述

该高速公路路基工程为路基填方,全部是借方,无利用方,应先选择取土坑位置,采用2m³挖掘机配合20t自卸汽车运输,运距6km,分别计算人工、材料、机械台班消耗量。

1.4 任务分析

根据《预算定额》及有关规定进行计算。分析填挖平衡情况,计算借方和外运土方数量,计算计价土方数量,计算人工、材料、机械台班数量。

1.5 任务实施

关于本实训项目的路基部分,根据《预算定额》路基工程第一节说明8(1),硬土换算系数为1.09,并由定额表1-1-9查得:

人工数量=5.0×1.09×58000÷1000=316.1工日
2.0m³以内履带式单斗挖掘机数量=1.09×1.29×58000÷1000=81.55台班
20t自卸汽车数量=(4.27+0.48×10)×(1.09+0.03)×58000÷1000=589.19台班。
清除表土、路基整修等工程量计算。(略)

1.6 知识拓展

1.6.1 路基排水工程预算定额的说明及应用

(1)说明要点

①边沟、排水沟、截水沟的挖基费用,按人工挖截水沟、排水沟定额计算,其他排水工程的挖基费用按土石方工程的相关定额计算。
②边沟、排水沟、截水沟、急流槽定额均不包括做垫层的费用,需要时按有关定额另计。
③雨水箅子的规格与定额不同时,可按设计用量抽换定额中铸铁箅子的消耗。

(2)工程量计算规则

①定额中砌筑工程的工程量,是砌体的实际体积,包括构成砌体的砂浆体积。
②定额中预制混凝土构件的工程量,为预制构件的实际体积,不包括预制构件中空心部分的体积。

③挖排水沟、截水沟的工程量为:设计水沟断面积×排水沟长度+排水沟坞工体积。

④路基盲沟的工程量为设计盲沟的长度。

⑤轻型井点降水定额按50根井管为一套,不足50根的按一套计。井点使用天数按日历天数计算,使用时间按施工组织设计确定。遇到天然水源可利用时,不计水费。

1.6.2 软土地基处理工程量计算规则

(1)袋装砂井及塑料排水板处理软土地基,工程量为设计深度,定额材料消耗中已包括砂袋或塑料排水板的预留长度。

(2)振冲碎石桩定额中,不包括污泥排放处理的费用,需要时另行计算。

(3)挤密砂桩和石灰砂桩处理软土地基,定额的工程量为设计桩断面积乘以设计桩长。

(4)粉体喷射搅拌桩和高压旋喷处理软土地基,定额的工程量为设计桩长。

(5)高压旋喷桩,定额中的浆液系按普通水泥浆编制的,当设计采用添加剂或水泥用量与定额不同时,可按设计要求进行抽换。

(6)土工布的铺设面积,为锚固沟外边缘所包围的面积,包括锚固沟的底面积和侧面积。定额中不包括排水内容,需要时另行计算。

(7)强夯定额,适用于处理松、软的碎石土、砂土、低饱和度的粉土与黏性土、湿陷性黄土、杂填土和素填土等地基。定额中已综合考虑夯坑的排水费用,使用定额时不得另行增加费用。夯击遍数应根据地基土的性质由设计确定,低能量满夯不作为夯击遍数计算。

(8)堆载预压定额中,包括了堆载四面的放坡,沉降观测,修坡道增加的工、料、机消耗以及施工中测量放线,定位的工,料消耗,使用定额时均不得另行计算。

(9)袋装砂井处理软土地基定额,是按砂井直径7cm编制的,如砂井直径不同时,可按砂井截面积的比例关系调整中(粗)砂的用量,其他不予调整。

(10)本定额的CFG桩处理软土地基,系指将水泥(Cement)、粉煤灰(Flash)、碎石(Grael)加水搅拌形成高黏强度桩来处理软土地基的方法,它们三者及外加剂的多少对其强度有较大影响。作为参考定额,使用时可根据情况调整。

1.6.3 公路工程估算指标

为了对公路基本建设工程进行全面而有效的工程经济管理,在项目的各阶段都必须编制有关的经济文件,这些不同的经济文件要根据其主要内容和要求,由不同测算工作来完成。其对应不同的估价方式和体系。比如本章前述的预算在施工图设计阶段要通过预算定额体系由设计方来完成相应的估价工作,而在施工阶段要通过预算定额或者相应的企业定额体系由施工方来完成估价工作。在此我们补充在项目可行性论证、投资分析阶段对应的估价指标、测算方法及其作用,并给出实例,以便对公路工程估价体系及公路基本项目建设程序有一个更全面的认识。

(1)估算指标的概念

估算指标是以独立的建设项目、单项工程或单位工程为标定对象,完成单位合格产品所必须消耗的工、料、机数量(或费用)标准。

(2)估算指标的作用及分类

①估算指标的作用

在编制项目建议书和可行性研究报告阶段,是多方案比选、优化设计方案、正确编制投资估算、合理确定项目投资额的重要基础;在建设项目评价、决策过程中,是评价建设项目投资可行性、分析投资效益的主要经济指标;在实施阶段,是限额设计和工程造价确定与控制的依据。

②估算指标的分类

估算指标是编制和确定项目建议书和可行性研究报告投资估算的基础和依据,按其用途和表现形式分"综合指标"和"分项指标"两大类。

综合指标适用于编制项目建议书投资估算。主要用于建设项目经济上的研究、项目的选择及合理性研究,建设规模和编制公路建设发展规划的研究。其项目按各省区、公路等级、地形地貌区的类型进行划分,以 km 为单位。

分项指标适用于编制公路建设项目可行性研究报告投资估算,主要用于建设项目投资效益、经济可行性研究,方案的经济比选和建设成本的确定。其项目划分与概算定额相似,包括路基工程、路面工程、隧道工程、涵洞工程、小桥、标准跨径小于 20m 的中桥、标准跨径大于 20m 的中桥及大桥、交叉工程及沿线设施。

(3)估算指标的编制程序和工作内容

①成立估算编制工作组;

②制订"指标编制工作大纲"和"指标编制工作细则";

③确定估算指标的项目划分和综合的范围;

④确定估算指标项目的工程数量;

⑤完成数据准备表;

⑥填写指标编制说明书;

⑦写出各章、节的使用说明,包括工程量的计算规则;

⑧整理各种表格,装订成册,编写目录,完成指标初稿;

⑨广泛征求意见,并讨论修改,提出指标修订稿;

⑩起草指标编制说明;

⑪测算指标,完成指标送审稿;

⑫编写送审报告;

⑬报送上级主管部门审查。

(4)公路工程估算指标的组成

公路工程估算指标是以主要工程的人工、主要材料和以"元"表示的其他材料费、设备摊销费、机械使用费消耗量以及指标基价为表现形式的。

现行的《公路工程估算指标》是由总说明、第一部分综合指标、第二部分分项指标以及附录构成。综合指标适用于项目建议书投资估算的编制;分项指标适用于可行性研究报告投资估算的编制;附录主要用来补充和抽换指标。

例 1-5 陕西省境内某三级公路改建工程,属平原微丘区,路线全长 28km。项目建议书提供的工程数量为:路基土方 72220m³;排水及防护工程 10544m³;路面工程 50030m³;大中桥 476m³。试确定本工程项目建议书投资估算,主要工程的工、料、机消耗数量及指标直接费。

解 (1)确定工、料、机消耗数量

查《公路工程估算指标》中的综合指标:表(5-1-22) 三级公路、平原微丘区、陕西,定额单位:km;

查附录五:综合指标所含主要工程项目工程量,并与本工程项目的工程数量进行比较;

采用 5-Ⅲ 三级公路、调整指标；调整后，确定的工、料、机消耗数量如下：

人工：$[7657+(72.220-14.88)\times 165+(0-1.12)\times 456+(105.44-2.5)\times$
　　　$342+(50.030-7.35)\times 209+(4.76-0.26)\times 1618]\times 0.8\times 28$
　　　$=1523513(工日)$

原木：$[2.45+(105.44-2.5)\times 0.11+(4.76-0.26)\times 0.72]\times 0.8\times 28$
　　　$=381.10(m^3)$

锯材：$[4.00+(105.44-2.5)\times 0.06+(50.030-7.35)\times 0.04+(4.76-$
　　　$0.26)\times 3.35]\times 0.8\times 28=604(m^3)$

光圆钢筋：$[2.19+(4.76-0.26)\times 3.44]\times 0.8\times 28=395.81(t)$

带肋钢筋：$[3.08+(4.76-0.26)\times 6.02]\times 0.8\times 28=675.81(t)$

钢绞线：$[0.36+(4.76-0.26)\times 1.15]\times 0.8\times 28=123.98(t)$

钢材：$[5.23+(0-1.12)\times 0.02+(4.76-0.26)\times 0.93]\times 0.8\times 28$
　　　$=210.39(t)$

加工钢材：$[0.59+(4.76-0.26)\times 0.93]\times 0.8\times 28=106.96(t)$

钢板标志：$0.65\times 0.8\times 28=14.56(t)$

水泥：$[107.33+(105.44-2.5)\times 8.09+(50.030-7.35)\times 0.98+$
　　　$(4.76-0.26)\times 59.94]\times 0.8\times 28=28037.43(t)$

石油沥青：$[45.02+(50.030-7.35)\times 6.09+(4.76-0.26)\times$
　　　$0.75]\times 0.8\times 28=6906.28(t)$

生石灰：$[62.25+(50.030-7.35)\times 7.80]\times 0.8\times 28=8851.45(t)$

砂、砂砾：$[2018.1+(105.44-2.5)\times 67.6+(50.030-7.35)\times 232.8+$
　　　$(4.76-0.26)\times 133.3]\times 0.8\times 28=437082.8(m^3)$

片石：$[370.4+(105.44-2.5)\times 103.3+(50.030-7.35)\times 0.2+$
　　　$(4.76-0.26)\times 31.2]\times 0.8\times 28=249828.1(m^3)$

碎(砾)石：$[1321.1+(72.220-14.88)\times 0.9+(105.44-2.5)\times 0.4+$
　　　$(50.030-7.35)\times 172.3+(4.76-0.26)\times 122.5]\times 0.8\times 28$
　　　$=208743.3(m^3)$

块石：$[99.7+(105.44-2.5)\times 11.3+(50.030-7.35)\times 0.2+$
　　　$(4.76-0.26)\times 15.8]\times 0.8\times 28=30073.3(m^3)$

其他材料费：$[23529+(72.220-14.88)\times 6+(0-1.12)\times 1732+$
　　　$(105.44-2.5)\times 203+(50.030-7.35)\times 704+$
　　　$(4.76-0.26)\times 14470]\times 0.8\times 28=3091015(元)$

设备摊销费：$[1034+(50.030-7.35)\times 56+(4.76-0.26)\times 2387]\times$
　　　$0.8\times 28=317309(元)$

机械使用费：$[197777+(72.220-14.88)\times 9637+(0-1.12)\times 10172+$
　　　$(105.44-2.5)\times 71+(50.030-7.35)\times 3400+$
　　　$(4.76-0.26)\times 42136]\times 0.8\times 28=24214460(元)$

(2)确定指标直接费

查《公路工程估算指标》附录二：材料预算价格的规格取定表，根据表中的材料基价和本工程的消耗数量计算指标直接费：

指标直接费＝1523513×16.02＋381.10×850.00＋604×1200.00＋395.81×2700.00＋675.81×2850.00＋123.98×7000.00＋210.39×3000.00＋106.96×5000.00＋14.56×7000.00＋28037.4×350.00＋6906.28×1400.00＋8851.45×70.00＋437082.8×24.20＋249828.1×25.00＋208743.3×28.33＋30073.3×52.00＋3091015＋317309＋24214460＝102610669(元)

1.6.4 公路工程概算定额

概算定额是在预算定额基础上以主要工序为准，综合相关分项的扩大定额，是按主要分项工程规定的计量单位及综合相关工序的劳动、材料和机械台班的消耗标准。其定额水平低于预算定额，采用的产品单位较预算定额大，小桥以座，桥梁上部构造以10m跨径、1000m² 黑色碎石路面、公路公里等单位表示。概算定额是编制设计概算、修正概算的主要依据，是进行设计方案和施工方案经济比较的依据，是编制主要材料供应量的基础，是编制建设项目投资估算指标的基础。

概算定额在性质上与预算定额是相同的。在基本建设程序中，概算文件是国家对工程项目造价进行宏观控制，国民经济部门对资金流向进行控制的主要依据。因此，概算定额与预算定额同样重要，只是偏重面和编制的阶段不同。

(1)概算定额的项目划分

概算定额只编列了初步设计或技术审计所能提供的主要工程项目，在主要工程项目中综合了初步设计或技术设计中难以提供的次要工程项目和施工现场设施，以避免漏项；但考虑到概算要控制投资的要求，对某些定额项目适当加深，以提高计算的准确性。对这些在初步设计阶段或技术设计阶段一般难以提供工程量的项目，在定额中尽可能在章、节说明或附注中按常量列出，供编制概算时参考。

在概算定额编制中主要的项目有：①路基工程；②路面工程；③隧道工程；④涵洞工程；⑤桥梁工程。

(2)概算定额的组成和运用

现行《公路工程概算定额》由说明和定额项目表两部分组成，与《公路工程预算定额》相比，没有附录部分。

①概算定额的总说明及各章、节说明

a.总说明的内容：概算定额的适用范围及包括的内容；对各章、节都适用的统一规定；概算定额所采用的标准及抽换的统一规定；概算定额的材料名称在预算定额的基础上综合情况的说明，以及对应于预算定额材料名称的统一规定；概算定额中未包括的内容、项目，需编制补充定额的规定。

b.章、节说明：包括各章、节的内容，工程项目的统一规定，工程量的计算规则。

②概算定额项目表

a.工程项目名称及定额单位；

b.工程项目包括的工程内容；

c.完成定额单位工程的人工、材料、机械的名称、单位、代号、数量；

d.完成定额单位工程的定额基价；

e.有些定额项目下还列有在章、节说明中未包括的使用本概算定额项目的注解。

③定额运用方法

与《预算定额》类似,《概算定额》的运用方法也可分为定额的直接套用、定额的抽换、定额的补充三种。因为《概算定额》是在《预算定额》的基础之上编制的,因此,两者在表现形式和应用方法上有许多相同之处:对于引用定额表号,可采用[页-表-栏]、[章-表-栏]和数字编号法;不同的是《概算定额》采用六位数字编号法,前一位数字表示"章",中间两位数字表示"表",最后三位数字表示"栏"。

例 1-6 某三级公路路基工程总长 15km,山岭重丘区,其中包括整修路拱 112500 m^2、人工挖土质台阶 5000 m^2、人工挖截水沟 800 m^3、40cm×40cm 路基碎石料盲沟 95m、填前压实 60000 m^2。试列出其人工概算定额,并计算人工劳动量。

解 查《概算定额》第一章路基工程,根据章说明 9 的规定,可知这些工程项目都属于"路基零星工程",编概算时不应单独列项,由定额表号[31-(1-16)-6](表 1-5)知定额计量单位为 1km。因此该工程项目所需人工总劳动量为:15×360.00=5400 工日。

1-16 路基零星工程 表 1-5

工程内容 1)整修路拱;2)整修边坡;3)挖截水沟;4)挖土质台阶;5)修筑盲沟;6)挖淤泥;7)填前压实;8)零星回填土方。

单位:1km

顺序号	项 目	单位	代号	高速、一级公路		二级公路		三、四级公路	
				平原微丘区	山岭重丘区	平原微丘区	山岭重丘区	平原微丘区	山岭重丘区
				1	2	3	4	5	6
1	人工	工日	1	595.5	689.8	493.4	692.3	341.7	360.0
2	钢钎	kg	37	0.1	3.9	0.1	6.5	0.1	2.6
3	硝铵炸药	kg	250	0.7	39.9	0.9	66.9	0.9	26.6
4	煤	t	266	—	0.022	0.001	0.038	0.001	0.015
5	黏土	m^3	290	16.02	8.01	8.01	4.01	5.34	2.67
6	砾石(6cm)	m^3	302	34.26	17.13	17.13	8.57	11.42	5.71
7	草皮	m^2	370	52.80	26.40	26.40	13.20	17.60	8.80
8	其他材料费	元	391	1.7	97.6	2.2	163.6	2.2	65.0
9	材料总重量	t	394	84.0	42.1	42.0	21.1	28.0	14.1
10	机械使用费	元	400	(1097)	(660)	(484)	(194)	(6)	
11	120kW 以内自行式平地机	台班	444	2.86	1.77	1.26	0.52	—	—
12	75kW 以内履带式拖拉机	台班	447	—	—	—	—	0.05	

1.6.5 基本定额的应用

(1)基本定额定义和组成

基本定额是指在合理的条件下,为生产单位数量合格半成品、中间半成品、中间产品所规定的各种资源(工、料、机、费用等)消耗量标准。该标准在《预算定额》附录二中查取,其分类与组成如图 1-2 所示。

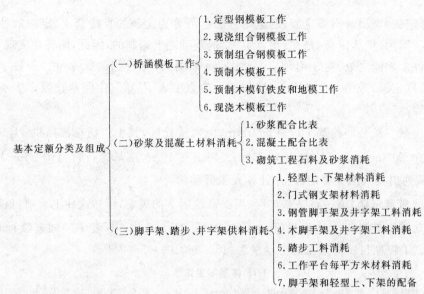

图 1-2 基本定额的组成

(2)基本定额的作用

①分析分项工程或半成品所需人工、材料、机械消耗量。如新型结构桥梁中的混凝土构件在定额中查不到,此时即可通过基本定额来计算所需人工、机械、材料数量。

例 1-7 求某 T 形梁预制木模板工作的预算定额。

解 预制 T 梁木模板工作属于基本定额,在《预算定额》第1003页,定额表如表1-6所示。

预制木模板工作("基本定额"摘要) 表 1-6

工程内容 模板制作、安装、拆除、修理、涂脱模剂,材料50m 以内搬用、堆放。

单位:$10m^2$ 模板接触面积

顺序号	项目	单位	基础、下部构造					上部构造					
								板			梁		
			薄壁浮运沉井	支撑梁	方桩立桩	墩台管节	护筒	矩形板连续板	空心板	微弯板	桁架梁	箱形梁	T形梁	I形梁
			1	2	3	4	5	6	7	8	9	10	11	12
1	人工	工日	5.43	2.71	1.64	2.31	2.39	1.86	2.56	2.04	4.42	4.99	2.73	2.73
2	原木	m^3	0.003	—	—	—	—	0.014	—	—	—	—	—	—
3	锯材	m^3	0.057	0.043	0.043	0.046	0.046	0.044	0.037	0.054	0.018	0.134	0.089	0.111
4	铁件	kg	0.1	1.6	1.6	1.04	1.04	0.92	1.57	4.38	—	1.26	2.85	3.79
5	铁钉	kg	0.71	0.61	0.61	0.65	0.65	0.65	0.49	1.47	1.18	0.65	0.98	0.47
6	其他材料费	元	2	2	2	2	2	2	2	2	2	2	2	2
7	小型机具使用费	元	1.27	0.48	0.45	1.34	1.19	0.31	0.53	0.82	1.88	1.81	1.47	1.47

由表 1-6 可知,预制 T 形梁木模板每 $10m^2$ 接触面积的预算定额值为:

人工:2.73 工日;

锯材:$0.089m^3$;

铁件:2.85kg;
铁钉:0.98kg;
其他材料费:2元;
小型机具使用费:1.47元。

当已知木模板的实际工程数量时,可依据这些定额值分析,测算工、料、机的实际消耗量。

②定额抽换

在工程中有些材料具有两面性,既是材料又是成品。如水泥混凝土和砂浆,其本身是由水泥、砂、石、水等多种基本原材料组合而成的,混凝土相对于水泥、砂、石来说是成品,但相对于路面、桥涵结构物来说又是材料。因此,通常将混凝土、砂浆一类材料称为半成品或中间产品。材料基本定额是指生产单位数量半成品或中间产品所规定的各种基本原材料(如水泥、砂、石)的消耗量标准。由于混凝土和砂浆都分别有各自不同的强度等级,而在《预算定额》中,混凝土和砂浆的强度等级不相符时,组成混凝土、砂浆的基本材料(如水泥、砂、石等)的消耗量应根据《预算定额》"附录二"的基本定额进行抽换。

例 1-8 某跨径为6m的实体式轻型墩台,混凝土的设计强度等级为C25,试确定混凝土组成材料的预算定额。

解 由《预算定额》可知,该工程的定额表号为(4-6-2-3)定额表,如表1-7所示。

4-6-2 墩、台身　　　　　　　　　　　　　　　　　　　　　　　　表1-7

工程内容 1)搭、拆脚手架及轻型上下架;2)组合钢模块拼拆机安装、拆除、修理、涂脱模剂、堆放;3)定型钢模安装、拆除、修理、涂脱模剂、堆放;4)提升钢模块拼拆及安装、提升、拆除、修理、涂脱模剂、堆放;5)钢筋除锈、制作、电焊、绑扎及骨架吊装入模;6)混凝土运输、浇筑、捣固及养生。

Ⅰ 实体式墩台　　　　　　　　　单位:10m³ 实体及1t 钢筋

顺序号	项目	单位	代号	钢筋混凝土墩台	混凝土墩台 跨径(m)		梁板桥 高度		钢筋
					4以内	8以内	10以内	50以内	
				1	2	3	4	5	8
1	人工	工日	1	20.2	18.8	17	14.1	14.4	7.6
2	C15 片石混凝土	m³	12	—	—	—	(10.20)	(10.20)	—
3	C15 水泥混凝土	m³	17	—	—	—	—	—	—
4	C50 水泥混凝土	m³	18	—	(10.20)	(10.20)	—	—	—
5	C55 水泥混凝土	m³	19	(10.20)	—	—	—	—	—
6	原木	m³	101	0.122	0.092	0.072	0.022	0.014	—
7	锯材	m³	102	0.131	0.082	0.070	0.053	0.031	—
8	光圆钢筋	t	111	0.001	—	—	0.001	0.001	0.159
9	带肋钢筋	t	112	—	—	—	—	—	0.866
10	型钢	t	182	0.020	0.015	0.012	0.052	0.034	—
11	钢管	t	191	0.017	0.008	0.008	0.009	0.006	—
12	钢丝绳	t	221	0.001	—	—	—	—	—

续上表

顺序号	项 目	单位	代号	混凝土					钢筋
				轻型墩台			实体式墩台		
				钢筋混凝土墩台	混凝土墩台		梁板桥		
					跨径(m)		高度		
					4以内	8以内	10以内	50以内	
				1	2	3	4	5	8
13	电焊条	kg	231	—	—	—	—	—	3.5
14	组合钢模板	t	272	0.045	0.034	0.026	0.023	0.015	—
15	铁件	kg	651	26	19.5	15.3	46	59.7	
16	铁钉	kg	653	0.5	0.2	0.2	0.1	0.1	
17	8～15号钢丝	kg	655	0.6	0.3	0.3	0.1	0.1	
18	50~55号铁丝	kg	656	—	—	—	—	—	2.6
19	32.5级水泥	t	832	3.417	3.040	3.040	2.193	2.193	
20	水	m³	866	12	12	12	12	12	
21	中(粗)砂	m³	899	4.9	5.00	5.00	4.79	4.79	
22	片石	m³	931	—	—	—	2.19	2.19	
23	碎石(4cm)	m³	952	8.47	8.57	8.57	—	—	
24	碎石(8cm)	m³	954	—	—	—	7.24	7.24	
25	其他材料费	元	996	86.2	65.1	51.4	55.2	36.5	

由表1-7可知,定额表中混凝土的需要量为10.2m³,但由于定额表中混凝土的强度等级为C20,与实际设计的强度等级C25不相符,故应进行抽换。

由《预算定额》:"附录二",如表1-8所示,1m³混凝土所需水泥、砂、石的预算定额值为:

32.5水泥 = 0.335×10.2 = 3.417t

中(粗)砂 = 0.48×10.2 = 4.90m³

碎石(4cm) = 0.83×10.2 = 8.47m³

混凝土配合比表("基本定额"摘要)   表1-8

单位:1m³混凝土

顺序号	项目	单位	普通混凝土										
			碎(砾)石最大粒径(mm)										
			40										
			混凝土强度等级										
			C10	C15	C20	C25	C30		C35		C40		
			水泥强度等级										
			32.5	32.5	32.5	32.5	32.5	42.5	32.5	42.5	32.5	42.5	52.5
			18	19	20	21	22	23	24	25	26	27	28
1	水泥	kg	225	267	298	335	377	355	418	372	461	415	359
2	中(粗)砂	m³	0.51	0.5	0.49	0.48	0.46	0.46	0.45	0.46	0.43	0.44	0.46
3	碎(砾)石	m³	0.87	0.85	0.84	0.83	0.83	0.84	0.82	0.83	0.81	0.83	0.84
4	片石	m³	—										

用上述定额值替代原定额(4-6-2-3)中相应的定额值[如表1-8所示:32.5级水泥3.040t,中(粗)砂5.00 m³,4cm碎石8.57 m³],即为定额抽换。

例1-9 预制某矩形板,跨径为8m,砂浆设计强度为M15,试确定水泥混凝土及砂浆组成材料的预算定额。

解 由《预算定额》可知,该工程定额表号为(4-7-9-2),定额表如表1-9所示,同理,由于砂浆的实际强度等级M15与定额表中强度等级M10不符,故应抽换。

由《预算定额》附录二"砂浆基本定额",如表1-10所示,故M15砂浆组成材料的预算定额为:

32.5级水泥 $= 0.393 \times 0.37 = 0.145$ t

中(粗)砂 $= 1.06 \times 0.37 = 0.39$ m³

由于《预算定额》(4-7-9-2)定额表中(表1-9),32.5级水泥3.927t及中(粗)砂5.04 m³是C30水泥混凝土(10.1m³)及M10砂浆(0.37m³)的共同消耗量,故将砂浆强度等级M10改为M15后(表1-10),(4-7-9-2)定额中水泥、中(粗)砂的定额为:

32.5级水泥:$0.377 \times 10.1 + 0.145 = 3.953$ t

中(粗)砂:$0.46 \times 10.1 + 0.39 = 5.04$ m³

其中,0.377及0.46分别为1m³ C30水泥混凝土消耗32.5级水泥及中(粗)砂的用量,如表1-8所示。10.1为C30水泥混凝土的消耗量,如表1-9所示。

用32.5级水泥3.953t,中(粗)砂4.80m³替换(4-7-9-2)定额表中相应定额值,(如表1-9所示:32.5级水泥3.927t,中砂5.04m³),即为定额抽换。

4-7-9 预制矩形板、空心板、少筋微弯板 表1-9

工程内容 1)地底模制作、修理、铺塑料薄膜;2)组合钢模组拼拆及安装、拆除、修理、涂脱模剂、堆放;3)空心板端芯头封固;4)钢筋除锈、制作、绑扎、焊接;5)混凝土浇筑、捣固、养生。

Ⅰ.矩形板　　　　　　　　　　　　　　　　单位:10m³ 实体及1t钢筋

顺序号	项目	单位	代号	混凝土 跨径(m)		钢筋
				4以内	8以内	
				10m³		t
				1	2	3
1	人工	工日	1	23.5	18.7	6.9
2	C30混凝土水泥	m³	20	(10.10)	(10.10)	—
3	M10水泥砂浆	m³	67	(0.59)	(0.37)	—
4	原木	m³	101	0.008	0.006	—
5	锯材	m³	102	0.031	0.025	—
6	光圆钢筋	t	111	—	—	0.269
7	带肋钢筋	t	112	—	—	0.765
8	型钢	t	182	0.012	0.010	—
9	电焊条	kg	231	—	—	0.9
10	组合钢模板	t	272	0.015	0.012	—
11	铁件	kg	651	5.4	4.3	—

续上表

顺序号	项目	单位	代号	混凝土		钢筋
				跨径(m)		
				4以内	8以内	
				$10m^3$		t
				1	2	3
12	20～22号铁丝	t	656	—	—	4.4
13	32.5级水泥	m^3	832	3.998	3.927	—
14	水	m^3	866	17	17	—
15	中(粗)砂	m^3	899	5.28	5.04	—
16	碎石(4cm)	元	952	8.38	8.38	—

砂浆配合比表(“附录二”摘要) 表1-10

顺序号	项目	单位	水泥砂浆									
			砂浆强度等级									
			M5	M7.5	M12.5	M10	M15	M20	M25	M30	M35	M40
			1	2	3	4	5	6	7	8	9	10
1	32.5级水泥	kg	218	266	311	345	393	448	727	612	693	760
2	生石灰	kg	—	—	—	—	—	—	—	—	—	—
3	中(粗)砂	m^3	1.12	1.09	1.07	1.07	1.06	1.02	0.99	0.98	0.95	

注:表列用量已包括场内运输及材料损耗。

1.6.6 材料周转定额的应用

(1)概述

在工程中使用的材料,按其使用的次数可以分为两类。一类是只能一次性使用的材料,如水泥、砂、石等;另一类是能够多次使用的材料,如模板、支架、拱盔等。对于能够多次使用的材料,我们称其为周转性材料。材料周转定额就是为周转性材料制定的,它规定了各种周转性材料(模板、拱盔、支架等),在施工中合理使用的周转或摊销的次数。其分类与组成如图1-3所示。

- 材料周转定额
  - 混凝土和钢筋混凝土构件、块件模板材料周转及摊销次数
    - 现浇混凝土的模板及支架、拱盔、隧道支撑
    - 预制混凝土构件的木模板
    - 组合钢模板材料的周转次数
    - 定型钢模板材料的周转次数
  - 脚手架、踏步、井字架、金属门式吊架、吊盘等摊销次数
  - 临时轨道铺设材料摊销次数
  - 吊装设备材料摊销

图1-3 材料周转与摊销分类及组成

在预算定额附录中编有“材料的周转及摊销”定额,其用途主要是:

①规定各种周转性材料的周转、摊销次数。

②对达不到规定周转次数的材料定额进行抽换。换算公式如下:

$$E' = E \times k \tag{1-5}$$

式中:E'——实际周转次数的周转性材料定额;

E——定额规定的周转性材料定额;

k——换算系数,$k=n/n'$;

n——规定的材料周转次数;

n'——实际的材料周转次数。

在应用周转定额时,应着重注意以下问题。

(2)材料定额与定额用量

①材料周转定额规定了周转性材料在施工中合理使用的周转或摊销的次数。该次数是在《预算定额》"附录三"中查取的,如表1-11所示。由该表可知每种材料正常使用或摊销的次数。

预制混凝土构件的木模板　　　　　　　　　　　　　表1-11

顺序号	材料名称	单位	工料机代号	沉井、桁架梁、桁架拱、箱型拱、薄壳拱、箱涵、板拱、双曲拱肋	箱型梁、T形梁、I形梁	矩形板、连续板、空心板、微弯板、方柱、墩台管节、管桩、护筒、立柱	圆管涵拱坡、预制块、护栏杆、栏杆、人行道、里程碑及其他小型构件
				1	2	3	4
1	木料	次数	—	10	12	17	25
2	螺栓、拉杆	次数	—	20	20	20	25
3	铁件	次数	651	10	10	10	12
4	铁钉	次数	653	5	5	5	5
5	8~12号铁丝	次数	655	1	1	1	1

注:预制构件模板钉有铁皮者,木料周转次数应提高50%。

②定额用量

定额用量是指周转性材料使用一次应承担的摊销数量。即:

$$\text{定额用量} = [\text{图纸一次使用} \times (1 + \text{场内运输及操作损耗})] / \text{周转次数} \quad (1-6)$$

由式(1-6)可知,定额用量不是周转性材料的实际用量,而是每周转使用一次应分摊的消耗量。定额用量不是在(预算定额)"附录三"中查取,而是在《预算定额》(页-表-栏)中查取。例如,《预算定额》(4-7-11-1),如表1-12所示,表中组合钢模板、铁件的定额用量分别为0.041t及14.7kg。

4-7-11 预制、安装连续板　　　　　　　　　　　　　表1-12

工程内容　预制:1)地底模制作、修理、铺塑料薄膜;2)组合钢模组拼拆及安装、安拆、修理、涂脱模剂、堆放;3)钢筋除锈、制作、绑扎、焊接;4)混凝土浇筑、捣固、养生。

　　　　　安装:1)构件整修;2)埋设及拆除地笼;3)扒杆、起重机、单导梁、拐脚门架、托架纵移过墩;4)构件吊装。

单位:10m³ 实体及1t钢筋

顺序号	项目	单位	代号	预制		安装		
						安装方法		
				混凝土	钢筋	木扒杆	起重机	单导梁
				10m³	1t	10m³		
				1	2	3	4	5
1	人工	工日	1	29.6	7.8	12.5	3.8	8.5
2	预制构件	m³		—	—	(10.00)	(10.00)	(10.00)
3	C25水泥混凝土	m³	19	(0.31)	—	—	—	—

续上表

顺序号	项 目	单位	代号	预 制		安 装		
				混凝土	钢筋	安装方法		
						木扒杆	起重机	单导梁
				10m³	1t	10m³		
				1	2	3	4	5
4	C30 水泥混凝土	m³	20	(10.10)	—	—	—	—
5	M10 水泥砂浆	m³	67	(0.21)	—	—	—	—
6	原木	m³	101	0.021	—	—	—	—
7	锯材	m³	102	0.084	—	—	—	—
8	光圆钢筋	t	111	0.206	—	—	—	—
9	带肋钢筋	t	112	—	0.819	—	—	—
10	型钢	t	182	0.034	—	—	—	—
11	电焊条	kg	231		3.9	—	—	—
12	组合钢模板	t	272	0.041	—	—	—	—
13	铁件	kg	651	14.7	—	—	—	—
14	20～22 号铁丝	kg	656	—	3.2	—	—	—
15	32.5 级水泥	t	832	4.014	—	—	—	—
16	水	m³	866	17	—	—	—	—
17	中(粗)砂	m³	899	5.13	—	—	—	—
18	碎石(4cm)	m³	952	8.64	—	—	—	—

(3)定额抽换

定额抽换是指周转性材料当其实际周转次数达不到规定的周转次数时,应按照《预算定额》总说明第八条的规定,对定额用量进行抽换,抽换时应注意以下问题。

①抽换原则

按《预算定额》总说明第八条规定:"本定额中周转性的材料、模板、支撑、手脚杆、手脚板、挡土板等的数量,已考虑了材料的正常周转次数并计入定额内,其中就地浇筑钢筋混凝土梁用的支架及拱圈用的拱盔、支架,如确因施工安排达不到规定的周转次数时,可根据具体情况进行换算并按规定计算回收,其余工程一般不予抽换。"

由此可见,定额抽换不是对所有达不到规定周转次数的材料都可以进行定额抽换,而只限于就地浇筑钢筋混凝土梁用的支架及拱圈的拱盔、支架。确因施工安排达不到规定的周转次数时,方可进行定额抽换,并计算回收,这一原则必须坚持。

②抽换方法

对于以上材料当其实际周转次数达不到规定的周转次数时,定额表中周转材料的定额用量应予抽换,即按照实际的周转次数重新计算其实际的定额用量,即:

$$实际定额用量 = \frac{[图纸一次用量 \times (1 + 场内运输及操作的损耗)]}{实际周转次数(或摊销次数)} \tag{1-7}$$

对于同一工程,由于"图纸一次用量×(1+场外运输及操作损耗率)"是固定不变的,因此,由式(1-6)及式(1-7)得:

$$实际定额用量 = 周转次数 \times 定额用量 \div 实际周转次数 \tag{1-8}$$

例 1-10 某3孔现浇钢筋混凝土梁用满堂式木支架一套,墩台高10m。试确定其实际周转次数的实际定额用量。

解 由《预算定额》(4-9-3-2)(表1-13),查得每10m² 立面积周转性材料的定额用量及《预算定额》"附录二"(表1-14)中的周转定额分别列入表1-15中,从而求得实际定额用量,见表1-15。

4-9-3 桥梁支架 表1-13

工程内容 木支架:1)支架制作、安装与拆卸;2)构成包括踏步、工作台的制作、搭设与拆除、地锚埋设、拆除、缆风架设、拆除。
钢支架:1)地梁、轻型门式钢支架、钢管等安、拆;2)支架上帽梁的安装、拆除。

I 木支架单位:10m² 立面积及1孔

顺序号	项目	单位	代号	满堂式(10m²)		构式(1孔)			
				墩台高度(m)					
				6以内	12以内	3以内	6以内	9以内	12以内
				1	2	3	4	5	6
1	人工	工日	1	8.4	12.0	46.7	65.3	95.3	121.8
2	原木	m³	101	0.486	0.687	1.008	1.646	3.176	4.575
3	锯材	m³	102	0.049	0.069	0.889	1.373	1.598	1.718
4	钢丝绳	t	221	—	—	0.010	0.015	0.015	0.020
5	铁件	kg	651	6.6	10.0	37.6	75.2	97.5	127.8
6	铁钉	kg	653	0.1	0.1	0.9	1.1	1.8	2.2
7	8~15号铁丝	kg	655	0.3	0.5	19.1	19.1	35.4	56.2
8	φ500mm以内木工圆锯机	台班	1710	0.12	0.17	0.32	0.55	0.88	1.15
9	小型机具使用费	元	1998	1.5	1.9	6.3	9.2	12.9	15.8
10	基价	元	1999	1065	1514	5002	7500	11222	14565

材料周转及摊销("附录二"摘要) 表1-14

顺序号	材料名称	单位	工料机代号	空心墩及索塔钢模板	悬浇箱形梁钢模	悬浇箱形梁、T形钢构、连续梁木模板	其他混凝土的木模板及支架、拱盔、隧道开挖衬砌用木支撑等	水泥混凝土路面
				1	2	3	4	5
1	木料	次数	—			8	5	20
2	螺栓、拉杆	次数	—	12	12	12	8	20
3	铁件	次数	651	10	10	10	5	20
4	铁钉	次数	653	4	4	4	4	4
5	8~15号铁丝	次数	655	1	1	1	1	1
6	钢模	次数	271	100	80			

注:模板钉有铁皮者,木料周转次数应提高50%。打入混凝土中不抽出的拉杆及预埋螺栓周转次数按1次计。

实际定额用量计算表 表1-15

材料名称	定额用量(表1-13)	周转定额(表1-14)	实际周转次数(例1-10已知)	实际定额用量
原木	0.687m³	5次	3次	0.687×5/3=1.145 m³
锯材	0.069 m³	5次	3次	0.069×5/3=0.115 m³
铁件	10.0 kg	5次	3次	10.0×5/3=16.66 kg
铁钉	0.1 kg	4次	3次	0.1×4/3=0.133 kg

1.7 项目实训

(1)某路基工程采用挖掘机挖装土方,但机械无法操作之处,需采用人工挖装土方(普通土、天然密实),机动翻斗车运输,工程量为 6500m³,试问:工人操作的定额如何确定?实际采用的计算定额值为多少?其所需劳动量为多少?

(2)某高速公路:长 13km、宽 28m,挖土方:116000m³(Ⅱ)、21800m³(Ⅲ);利用土方:100000 m³(Ⅱ)、10000m³(Ⅲ);借土填方:200000 m³(运距 4km);弃土运距 5.6km。试确定相应路基项目的定额。

任务 2　路面预算定额的应用

2.1 相关知识

2.1.1 路面工程章说明的运用

路面工程预算定额包括:路面基层及垫层;路面面层;路面附属工程。路面工程预算定额总说明的主要内容如下:

(1)定额包括各种类型路面以及路槽、路肩、垫层、基层等,除沥青混合料路面、厂拌基层稳定土混合料运输以 1000m³ 路面实体为计算单位外,其他均以 1000m² 为计算单位。

(2)路面项目中的厚度均为压实厚度,培路肩厚度为净培路肩的夯实厚度。

(3)定额中混合料系按最佳含水量编制,定额中已包括养生用水并适当扣除材料天然含水量,但山西、青海、甘肃、宁夏、新疆、西藏等省、自治区,由于湿度偏低,用水量可根据具体情况,在定额数量的基础上酌情增加。

(4)定额中凡列有洒水汽车的子目,均按 5km 范围内洒水汽车在水源处自吸水编制,不计水费。如工地附近无天然水源可利用,必须采用供水部门供水(如自来水)时,可根据定额子目中洒水汽车的台班数量,按每台班 35m³ 计算定额用水量,乘以供水部门规定的水价增列水费。洒水汽车取水的平均运距超过 5km 时,可按路基工程的洒水汽车洒水定额中的增运定额,增加洒水汽车的台班消耗,但增加的洒水汽车台班消耗量不得再计水费。

(5)定额中的水泥混凝土均已包括其拌和的费用,使用定额时不得再另行计算。

(6)压路机台班按行驶速度,即两轮光轮压路机为 2.0km/h、三轮光轮压路机为2.5km/h、轮胎式压路机为 5.0km/h、振动压路机为 3.0km/h 进行编制。如设计为单车道路面宽度时,两轮光轮压路机乘以 1.14 的系数、三轮光轮压路机乘以 1.33 的系数、轮胎式压路机和振动压路机乘以 1.29 的系数。

(7)自卸汽车运输稳定土混合料、沥青混合料和水泥混凝土定额项目,仅适用于平均运距在 15km 以内的混合料运输,当平均运距超过 15km 时,应按社会运输的有关规定计算其运输费用。当运距超过第一个定额运距单位时,其运距尾数不足一个增运定额单位的半数时不计,等于或超过半数时按一个增运定额运距单位计算。

2.1.2 路面基层及垫层预算定额的应用

(1)各类稳定土基层、级配碎石、级配砾石基层的压实厚度在 15cm 以内,填隙碎石一层的压实厚度在 12cm 以内,垫层、其他种类的基层和底基层压实厚度在 20cm 以内,拖拉机、平地机和压路机的台班消耗按定额数量计算。如超过上述压实厚度进行分层拌和、碾压时,拖拉机、平地机和压路机的台班消耗按定额数量加倍计算,每1000m² 增加3个工日。

(2)各类稳定土基层定额中的材料消耗系按一定配合比编制的,当设计配合比与定额标明的配合比不同时,有关材料可按下式进行换算:

$$C_i = [C_d + B_d \times (H - H_0)] \times L_i / L_d \tag{1-9}$$

式中:C_i——按设计配合比换算后的材料数量;
  C_d——定额中基本压实厚度的材料数量;
  B_d——定额中压实厚度每增减1cm的材料数量;
  H_0——定额的基本压实厚度;
  H——设计的压实厚度;
  L_i——设计配合比的材料百分率;
  L_d——定额中标明的材料百分率。

例1-11 某人工沿路拌和石灰煤渣稳定土基层厚20cm,筛拌法分层拌和,石灰:煤渣为18:82,试计算定额值。

解 该项目的定额表号为(2-1-5-1,2),如表1-16所示。根据章、节说明规定,当厚度大于15cm,采用分层拌和时,拖拉机、平地机和压路机台班消耗按定额数量加倍计算,且每1000m² 增加3个工日,故该定额值为:

人工=96.8+5.8×5+3=128.8 工日
水=54+3×5=69m³
生石灰=35.597+2.373×5=47.462t
煤渣=200.74+13.38×5=267.64m³
6~8t 光轮压路机=0.27×2=0.54 台班
12~15t 光轮压路机=1.27×2=2.54 台班
基价=12330+750×5+3×49.2+0.27×251.49(元/台班)+1.27×411.77(元/台班)=16818 元

2-1-5 路拌法石灰、煤渣稳定土基层　　　　　　　　　　　　　　　　表1-16

工程内容　1)清扫整理下承层;2)消解石灰;3)铺料、铺灰、洒水、拌和;4)整形、碾压、找补;5)初期养护。

Ⅰ.人工沿路拌和　　　　　　　　　　　　　　　　　　　　　单位:1000m²

顺序号	项目	单位	代号	筛拌法				翻拌法			
				石灰煤渣		石灰煤渣土		石灰煤渣		石灰煤渣土	
				石灰:煤渣 18:82		石灰:煤渣:土 15:30:55		石灰:煤渣 18:82		石灰:煤渣:土 15:30:55	
				压实厚度 15cm	每增减 1cm	压实厚度 15cm	每增减 1cm	压实厚度 15cm	每增减 1cm	压实厚度 15cm	每增减 1cm
				1	2	3	4	5	6	7	8
1	人工	工日	1	96.8	5.8	126.4	7.7	102.5	6.1	132.1	8.1
2	水	m³	866	54	3	63	3	54	3	63	3
3	生石灰	t	891	35.597	2.373	34.299	2.287	35.597	2.373	34.299	2.287
4	土	m³	895	—	—	102.41	6.83	—	—	102.41	6.83
5	煤渣	m³	937	200.74	13.38	84.92	5.66	200.74	13.38	84.92	5.66
6	6~8t 光轮压路机	台班	1075	0.27		0.41		0.27		0.41	
7	12~15t 光轮压路机	台班	1078	1.27		1.27		1.27		1.27	
8	基价	元	1999	12330	750	12656	766	12610	765	12936	785

例 1-12 石灰粉煤灰稳定碎石基层,定额取定的配合比为 5:15:80,基本压实厚度为 15cm;设计配合比为 4:12:84,设计厚度为 13cm,求各种材料调整后数量。

解 根据定额说明,水泥、石灰稳定类基层定额中的水泥或石灰与其他材料系按一定配合比编制的,当设计配合比与定额标明的配合比不同时,有关材料可分别按式(1-9)换算。

查定额(2-1-7-31,32),计算如下:

石灰=[15.987+1.066×(13-15)]×4/5=11.084t

粉煤灰=[63.95+4.26×(13-15)]×12/15=44.34m³

碎石=[166.54+11.10×(13-15)]×84/80=151.56m³

2.1.3 路面面层预算定额的应用

(1)泥结碎石、级配碎石、级配砾石、天然砂砾、粒料改良土壤路面面层,其压实厚度在 15cm 以内,用于施工的拖拉机、平地机和压路机的台班消耗按本定额数量计算。如超过上述压实厚度进行分层拌和、碾压时,拖拉机、平地机和压路机的台班消耗按定额数量加倍计算,每 1000m² 增加 3 个工日。

(2)泥结碎石及级配碎石、级配砾石面层定额中,均未包括磨耗层和保护层,需要时应按磨耗层和保护层定额另行计算。

(3)沥青表面处治路面、沥青贯入式路面和沥青上拌下贯式路面的下贯层以及透层、黏层、封层定额中已计入热化、熬制沥青用的锅、灶等设备的费用,使用定额时,不得另行计算。

(4)沥青碎石混合料、沥青混凝土和沥青碎石玛蹄脂混合料路面定额中,均已包括混合料拌和、运输、摊铺作业时的损耗因素,路面实体按路面设计面积乘以压实厚度计算。

(5)沥青路面定额中均未包括透层、黏层和封层,需要时可按有关定额另行计算。

(6)沥青路面定额中的乳化沥青和改性沥青,均按外购成品料进行编制;如在现场自行配制时,其配制费用计入材料预算价格中。

(7)如沥青玛蹄脂碎石混合料设计,采用的纤维稳定剂的掺加比例与定额不同时,可按设计用量调整定额中纤维稳定剂的消耗。

(8)沥青路面定额中,均未考虑为保证石料与沥青的黏附性而采用的抗剥离措施的费用,需要时应根据石料的性质,按设计提出的抗剥离措施计算其费用。

(9)在冬五区、冬六区采用层铺法施工沥青路面时,其沥青用量可按定额用量乘以下列系数:

沥青表面处治:1.05;沥青贯入式基层:1.02;面层:1.028;沥青上拌下贯式下贯部分:1.043。

(10)定额系按一定的油石比编制的。当设计采用的油石比与定额不同时,可按设计油石比调整定额中的沥青用量。计算公式如下:

$$S_i = S_d \times L_i / L_d \tag{1-10}$$

式中:S_i——按设计油石比换算后的沥青数量;

S_d——定额中的沥青数量;

L_i——定额中标明的油石比;

L_d——设计采用的油石比。

例 1-13 某冬五区沥青贯入式面层工程,路面宽 9.0m、铺装长度 8km,设计厚度 6cm,

需铺黏层，试求其总劳动量和总用油量。

解 根据要求，查《预算定额》(2-2-8-3)和《预算定额》(2-2-16-5)的面层人工定额：17.7 工日/1000m²、石油沥青定额：6.283t/1000m²；黏层人工定额：0.7 工日/1000m²、石油沥青定额：0.412t/1000m²。

(1)根据《预算定额》第二章第二节说明第 9 条或本书 2.3.3 中第(9)条的规定，面层定额用油量应乘以 1.028 系数；

(2)面层人工劳动量＝9.0×8000×17.7÷1000＝1274.4 工日；

(3)面层用油量＝9.0×8000×6.283÷1000×1.028＝465.04t；

(4)黏层人工劳动量＝9.0×8000×0.7÷1000＝50.4 工日；

(5)黏层用油量＝9.0×8000×0.412÷1000＝29.66t。

2.2 任务提出

路面基层采用石灰粉煤灰砂砾铺筑，路拌法施工，稳定土拌和机拌和混合料，压实厚度为 20cm。已知石灰、粉煤灰、砂砾设计配合比为 4：12：84，确定其工、料、机消耗量。

2.3 任务描述

根据前述项目描述，此高速公路项目路面基层采用石灰粉煤灰砂砾铺筑，路拌法施工，稳定土拌和机拌和混合料，压实厚度为 20cm，已知石灰、粉煤灰、砂砾设计配合比为 4：12：84，确定其工、料、机消耗量。

2.4 任务分析

根据《预算定额》及有关规定进行计算，查找定额表号，确定混合料运输距离，检查实际配合比与定额配合比是否相符，如果不符则需要进行定额换算。

2.5 任务实施

由《预算定额》可知，该路面基层项目定额号为(93-2-1-4-33,34)如表 1-17 所示。根据上述规定，故该工程的预算定额值为：

人工＝20.8＋1.1×5＋3＝29.3 工日

生石灰＝(15.311＋1.021×5)×4/5＝16.333t

砂砾＝(147.03＋9.8×5)×84/80＝205.83m³

粉煤灰＝(61.24＋4.08×5)×12/15＝65.315m³

120kW 以内自行式平地机＝0.51×2＝1.02 台班

6～8t 光轮压路机＝0.41×2＝0.82 台班

12～15t 光轮压路机＝1.27×2＝2.54 台班

235kW 以内稳定土拌和机＝0.29＋0.02×5＝0.39 台班

6000L 以内洒水汽车＝1.03＋0.05×5＝1.28 台班

基价(略)

2-1-4 路拌法石灰、粉煤灰稳定土基层 表 1-17

工程内容 1)清扫整理下承层;2)消解石灰;3)铺料,铺灰,洒水,拌和;4)整形,碾压,找补;5)初期养护。

Ⅲ. 稳定土拌和机拌和 单位:1000m²

顺序号	项目	单位	代号	石灰粉煤灰 石灰:粉煤灰 20:80		石灰粉煤灰 石灰:粉煤灰:土 12:35:53		石灰粉煤灰 石灰:粉煤灰:砂 10:20:70		石灰粉煤灰 石灰:粉煤灰:砂砾 5:15:80	
				压实度15cm	每增减1cm	压实度15cm	每增减1cm	压实度15cm	每增减1cm	压实度15cm	每增减1cm
				27	28	29	30	31	32	33	34
1	人工	工日	1	41.6	2.4	33.3	1.9	31.3	1.8	20.8	1.1
2	生石灰	t	891	36.153	2.410	27.884	1.829	25.956	1.730	15.311	1.021
3	土	m³	895	—	—	100.28	6.69	—	—	—	—
4	砂	m³	897	—	—	—	—	121.49	8.10	—	—
5	砂砾	m³	902	—	—	—	—	—	—	147.03	9.80
6	煤矸石	m³	936								
7	矿渣	m³	938								
8	粉煤灰	m³	945	192.82	12.85	108.44	7.23	69.22	4.61	61.24	4.08
9	碎石	m³	958								
10	120kW 以内自行式平地机	台班	1057	0.37	—	0.51	—	0.51	—	0.51	—
11	6~8t 光轮压路机	台班	1075	0.27	—	0.41	—	0.41	—	0.41	—
12	12~15t 光轮压路机	台班	1078	1.27	—	1.27	—	1.27	—	1.27	—
13	235kW 以内稳定土拌和机	台班	1155	0.29	0.02	0.29	0.02	0.29	0.02	0.29	0.02
14	6000L 以内洒水汽车	台班	1405	1.32	0.07	1.16	0.06	1.03	0.05	1.03	0.05

2.6 知识拓展

路面附属工程预算定额的应用

(1)整修和挖除旧路面,按设计提出的需要整修的旧路面面积和需要挖除的旧路面体积计算。

(2)整修旧路面定额中,砂石路面均按整修厚度 6.5cm 计算,沥青表面处理层按整修厚度 2cm 计算,沥青混凝土面层按整修厚度 4cm 计算,路面基层的整修厚度按 6.5cm 计算。

(3)硬路肩工程项目,根据其不同设计层次结构,分别采用不同的路面定额项目进行计算。

(4)铺砌水泥混凝土预制块人行道、路缘石、沥青路面镶边和硬土路肩加固定额中,均已包括水泥混凝土预制块的预制,使用定额时不另行计算。

2.7 项目实训

（1）某路拌法石灰粉煤灰稳定碎石基层，稳定土拌和机拌和定额表明的配合比为石灰∶粉煤灰∶碎石＝5∶15∶80，基本压实厚度为15cm；设计配合比为石灰∶粉煤灰∶碎石＝4∶11∶85，设计压实厚度为18cm，试计算各种材料调整后的数量。

（2）某沥青混合料路面基层摊铺工程，基层为厚20cm水泥稳定碎石，路面宽22.5m，路段长18km，基层较面层每侧加宽0.25m，按厂拌水泥稳定碎石，机械铺筑，平地机功率按120kW以内，试计算其所需人工数量及平地机、压路机等台班数量。

（3）某级配砾石路面，长10km，路面设计宽度为3.5m，面层厚度8cm，采用机械摊铺，平地机拌和，求其人工、机械定额。

（4）某路拌法二灰碎石基层，设计配合比为石灰∶粉煤灰∶碎石＝4∶11∶85，设计压实厚度为18cm，工程量为180000m²，计算人工、机械台班数量。

（5）某沥青混凝土路面，路面宽9m，铺装长度8km，设计厚度6cm，中粒式沥青混凝土，其下为石灰稳定基层，M7.5浆砌片石护脚360m³，计算人工、机械台班数量。

任务3 桥涵预算定额的应用

3.1 相关知识

桥涵工程是概、预算定额中内容最多，结构最复杂，施工方法也是最多的工程。在《预算定额》中，桥梁、涵洞合并在同一章中，即第四章"桥涵工程"中。而在《概算定额》中，桥梁、涵洞则是分开的，即第四章为"涵洞工程"，第五章为"桥梁工程"。现以《预算定额》为例，介绍相关章、节说明的有关规定。

《预算定额》第四章桥涵工程共包括：开挖基坑；筑岛、围堰、沉井工程；打桩工程；灌注桩工程；砌筑工程；现浇混凝土及钢筋混凝土；预制、安装混凝土及钢筋混凝土构件；构件运输；拱盔、支架工程、钢结构工程；杂项工程。共十一节，各节均有"说明"。

3.1.1 桥涵工程章说明的运用

（1）混凝土工程

①定额中混凝土强度等级均按一般图纸选用，其施工方法除小型构件采用人拌人捣外，其他均按机拌机捣计算。

②定额中混凝土工程除小型构件、大型预制构件底座、混凝土搅拌站安拆和钢桁架桥式码头项目中已考虑混凝土的拌和费用外，其他混凝土项目中均未考虑混凝土的拌和费用，应按有关定额另行计算。

③定额中混凝土均按露天养生考虑，如采用蒸汽养生时，应从各有关定额扣减人工1.5个工日及其他材料费4元，并按蒸汽养生有关定额计算。

④定额中混凝土工程均已包括操作范围内的混凝土运输。现浇混凝土工程的混凝土平均运距超过50m时，可根据施工组织设计的混凝土平均运距，按第十一节杂项工程中混凝土运输定额增列混凝土运输。

⑤定额中采用泵送混凝土的项目均已包括水平和向上垂直泵送所消耗的人工、机械，当

水平泵送距离超过定额综合范围时,可按表1-18增列人工及机械消耗量。向上垂直泵送不得调整。

增列人工及机械消耗量　　　　　　　　　　　　　　表1-18

项　　目		定额综合的水平泵送距离(m)	每100m³混凝土每增加水平距离50m增列数量	
			人工(工日)	混凝土输送泵(台班)
基础	灌注桩	100	1.55	0.27
	其他	100	1.27	0.18
上、下部构造		50	2.82	0.36
桥面铺装		250	2.82	0.36

⑥凡预埋在混凝土中的钢板、型钢、钢管等预埋件,均作为附属材料列入混凝土定额内。连接用的钢板、型钢等则包括在安装定额内。

⑦大体积混凝土项目必须采用埋设冷却管来降低混凝土水化热时,可根据实际需要另行计算。

⑧除另有说明外,混凝土定额中均已综合脚手架、上下架、爬梯及安全围护等搭拆及摊销费用,使用定额时不得另行计算。

(2)钢筋工程

①定额中凡钢筋直径在10mm以上的接头,除注明为钢套筒连接外,均采用电弧搭接焊或电阻对接焊。

②定额中的钢筋按选用图纸分为光圆钢筋、带肋钢筋,如设计图纸的钢筋比例与定额有出入时,可调整钢筋品种的比例关系。

③定额中的钢筋是按一般规定长度计算的,如设计提供的钢筋连接用套筒数量与定额有出入时,可按设计数量调整定额中钢套筒的消耗,其他消耗不调整。

(3)模板工程

①模板不单列项目。混凝土工程中所需的模板包括钢模板、组合钢模板、木模板,均按其周转摊销量计入混凝土定额中。

②定额中的模板均为常规模板,当设计或施工对混凝土结构的外观有特殊要求,需要对模板进行特殊处理时,可根据定额中所列的混凝土模板接触面积增列相应的特殊模板材料的费用。

③定额中所列的钢模板材料指工厂加工的适用于某种构件的定型钢模板,其质量包括立模时所需的钢支撑及有关配件;组合钢模板材料指市场供应的各种型号的组合钢模板,其质量仅为组合钢模板的质量,不包括立模所需的支撑、拉杆等配件,定额中已计入所需配件材料的摊销量;木模板按工地制作编制,定额中将制作所需工、料、机械台班消耗按周转摊销量计算。

④定额中均已包括各种模板的维修、保养所需的工、料及费用。

(4)设备摊销费

定额中设备摊销费的设备指属于固定资产的金属设备,包括万能杆件、装配式钢桥桁架及有关配件拼装的金属架桥设备。设备摊销费按设备质量每吨90元计算(除设备本身折旧费用外,还包括设备的维修、保养等费用)。各项目中凡注明允许调整的,可按计划使用时间调整。

(5)工程量计算一般规则

①现浇混凝土、预制混凝土、构件安装的工程量为构筑物或预制构件的实际体积,不包括

其中空心部分的体积,钢筋混凝土项目的工程量不扣除钢筋(钢丝、钢绞线)、预埋件和预留孔道所占的体积。

②安装定额中在括号内所列的构件体积数量,表示安装时需要备制的构件数量。

③钢筋工程量为钢筋的设计质量,定额中已计入施工操作损耗,一般钢筋因接长所需增加的钢筋质量已包括在定额中,不得将这部分质量计入钢筋设计质量内。但对于某些特殊工程,必须在施工现场分段施工采用搭接接长时,其搭接长度的钢筋质量未包括在定额中,应在钢筋的设计质量内计算。

例 1-14 某拱桥现浇实体式桥台混凝土 60m³,采用混凝土搅拌机集中拌和施工,平均运距 500m。1t 以内机动翻斗车运输。试求(1)浇注实体式桥台所需人工、机械台班的数量。(2)混凝土需搅拌多少数量,250L 以内混凝土搅拌机台班、人工数以及运输混凝土机械台班数。

解 (1)《预算定额》表号为(4-6-2-7)

人工=11.8×6=70.8 工日

12t 以内汽车式起重机:0.35×6=2.1 台班

(2)实体式桥台混凝浇注施工,不包括混凝土拌和、运输的定额,需按本章第"十一节杂项工程"(4-11-11)的内容另行计算。

250L 搅拌机需拌和混凝土的数量为:10.2×6=61.2m³

人工=2.7×6.12=16.52 工日

250L 搅拌机=0.45×6.12=2.75 台班

(3)由于运距为 500m,故应根据章说明的规定,按"4-11-11/Ⅴ混凝土运输"增运定额。

1t 以内机动翻斗车=(2.94+4×1.09)×0.612=4.47 台班

例 1-15 某桥预制等截面箱梁的设计图纸中光圆钢筋为 2.5t,带肋钢筋为 8.2t,试确定该分项工程的钢筋定额。

解 (1)该分项工程应采用的定额号为(4-7-16),由表中查得光圆钢筋和带肋钢筋的比例为 0.156:0.869=0.180;

(2)设计图纸中的钢筋的比例为 2.5:8.2=0.305;

(3)由预算定额附录四可知,光圆、带肋钢筋的场内运输及操作损耗为 2.5%;

(4)实用定额为(1t 钢筋):

光圆钢筋 $=\dfrac{2.5}{2.5+8.2}(1+0.025)=0.239t$

带肋钢筋 $=\dfrac{8.2}{2.5+8.2}(1+0.025)=0.786t$

例 1-16 某大桥箱梁纵向预应力钢绞线设计采用锚具型号 17 孔,为 $\phi15.24-17$,即每束 17 股,每股 7 丝,共 340 束,总长 8106.2m,总质量为 169419.6kg,试确定该分项工程的钢绞线群锚定额。

解 (1)首先了解关于钢绞线的几个概念:

根(或丝):指一根钢丝;

股:指由几根钢丝组成一股钢绞线;

束:预应力构件截面中见到的钢绞线束数量,每一束配两个锚具;

束长：一次张拉的长度；

每吨××束：指在标准张拉长度内，每吨钢绞线折合成多少束。所以说它不一定是整数。

(2)该钢绞线每吨=340束/169.42吨=2.01束/吨,平均设计束长=8106/240=33.775m,考虑施工张拉长度,根据定额设计采用锚具型号为17孔,套用定额的型号为19孔。选用定额为：《预算定额》(4-7-20-33,34)(钢绞线束长40m以内,19孔,每吨2.01束)。即钢绞线锚具定额为2.88+2.02×0.6=4.09。

(3)一般设计单位的图纸上只有锚具的型号和用量,此时需要换算,一定要换算成为束/吨的形式,然后再套用与其相近的定额即可。每吨钢绞线束数=锚具束(套)÷2÷钢绞线(t),再套定额即可。套完定额之后注意调换锚具型号。

例1-17 某混凝土灌注桩工程,采用桩径250cm回旋钻成孔,施工组织设计的混凝土水平泵送距离为200m,求其泵送人工和台班定额。

解 选用《预算定额》(4-4-7-18),其人工和混凝土输送泵的消耗量应调整为：

人工：1.8+1.55÷10×(200−100)÷50=2.11 工日/10m³

混凝土输送泵：0.09+0.27÷10×(200−100)÷50=0.144 台班/10m³

例1-18 某连续梁桥为空心板梁桥,C40水泥混凝土500m³,试确定32.5级水泥、中(粗)砂、碎石(4cm)的消耗量。

解 选用定额(4-6-8-3),定额表中所列混凝土为10.2m³C30水泥混凝土,即对应的32.5级水泥、中(粗)砂、碎石(4cm)的数量为10.2m³C30水泥混凝土所需的数量,而现在实际中使用的是C40水泥混凝土,则需要对32.5水泥、中(粗)砂、碎石(4cm)的定额值进行抽换。

32.5水泥=10.2×461÷1000×(500÷10)=235.11t

中(粗)砂=10.2×0.43×(500÷10)=219.3m³

碎石(4cm)=10.2×0.81×(500÷10)=413.1m³

3.1.2 开挖基坑的说明及定额表运用

(1)干处挖基,指开挖无地面水及地下水位以上部分的土壤。湿处挖基,指开挖在施工水位以下部分的土壤。挖基坑石方、淤泥、流沙不分干处、湿处均采用同一定额。

(2)开挖基坑土、石方运输按弃土于坑外10m范围内考虑,如坑上水平运距超过10m时,另按路基土、石方增运定额计算。

(3)基坑深度为坑的顶面中心高程至底面的数值。在同一基坑内,不论开挖哪一深度均执行该基坑的全深度定额。

(4)开挖基坑定额中,已综合了基底夯实、基坑回填及整平石质基底用工,湿处挖基还包括挖边沟、挖集水井及排水作业用工,使用定额时,不得另行计算。

(5)开挖基坑定额中,不包括挡土板,需要时应据实按有关定额另行计算。

(6)机械挖基定额中,已综合了基底高程以上20cm范围内采用人工开挖和基底修整用工。

(7)本节基坑开挖定额均按原土回填考虑,若采用取土回填时,应按路基工程有关定额另计取费用。

(8)挖基定额中未包括水泵台班,挖基及基础、墩台修筑所需的水泵台班按"基坑水泵台班消耗表"的规定计算,并计入挖基项目中。

3.1.3 筑岛、围堰及沉井工程节说明及定额表运用

(1)围堰是保证基础工程开挖、砌筑等的临时挡水构筑物,可分为:土石围堰、板桩围堰、钢套箱围堰和双壁围堰四种。定额适用于挖基围堰和筑岛围堰。

(2)草土、草(麻)袋、竹笼、木笼铁丝围堰定额中,已包括50m以内人工挖运土方的工日数量,定额括号内所列"土"的数量不计价,仅限于取土运距超过50m时,按人工挖运土方的增运定额,增加运输用工。

(3)沉井制作分钢筋混凝土重力式沉井、钢丝网水泥薄壁浮运沉井、钢壳浮运沉井三种。沉井浮运、落床、下沉、填塞定额,均适用于以上三种沉井。

(4)沉井下沉用的工作台、三角架、运土坡道、卷扬机工作台均已包括在定额中。井下爆破材料除硝铵炸药外,其他列入"其他材料费"中。

(5)沉井浮运定额仅适用于只有一节的沉井或多节沉井的底节,分节施工的沉井除底节外的其余各节的浮运、接高均应执行沉井接高定额。

(6)导向船、定位船船体本身加固所需的工、料、机消耗及沉井定位落床所需的锚绳均已综合在定额中,使用定额时,不得另行计算。

(7)无导向船定位落床定额,已将所需的地笼、锚碇等的工、料、机消耗综合在定额中,使用定额时,不得另行计算,有导向船定位落床定额未综合锚碇系统,应根据施工组织设计的需要按有关定额另行计算。

(8)锚碇系统定额均已将锚链的消耗计入定额中,并已将抛锚、起锚所需的工、料、机消耗综合在定额中,使用定额时,不得随意进行抽换。

例 1-19 某桥的草袋围堰工程,装草袋土的运距为150m,手推车运输;围堰高2.5m;试确定该工程预算定额值。

解 由《预算定额》"筑岛、围堰及沉井工程"节说明2可知,当运距大于50m时,应按"人工挖运土方"的增运定额,增加运输用工。查定额(4-2-2-7)的定额如下(每10m围堰):

人工:$51.9+7.3\times(150-50)\div10\div1000\times88.4=58.35$ 工日

草袋:1498 个

土:$88.4m^3$

增列的超运距用工,系按《预算定额》(1-1-6)和(4-2-2-7)计算的。

3.1.4 打桩工程节说明及定额表运算

(1)本定额的打入桩,主要是指钢筋混凝土桩、预应力混凝土桩和钢板桩。适用于陆地上、打桩工作平台上、船上打桥涵墩台基础桩,以及其他基础工程和临时工程中的打桩工作。

(2)土质划分:打桩工程土壤分为Ⅰ、Ⅱ两组。

Ⅰ组土——较易穿过的土壤,如轻亚黏土、亚黏土、砂类土、腐殖土、湿的及松散的黄土等。

Ⅱ组土——较难穿过的土壤,如黏土、干的固结黄土、砂砾、砾石、卵石等。

当穿过两组土层时,如打入Ⅱ组土各层厚度之和等于或大于土层总厚度的50%或打入Ⅱ组土连续厚度大于1.5m时,按Ⅱ组土计,不足上述厚度时,则按Ⅰ组土计。

(3)打桩定额中,均按在已搭好的工作平台上操作,但未包括打桩用的工作平台的搭设和拆除等的工、料消耗,需要时应按打桩工作平台定额另行计算。

(4)打桩定额中已包括打导桩、打送桩及打桩架的安、拆工作,并将打桩架、送桩、导桩及导桩夹木等的工料按摊销方式计入定额中,编制预算时,不得另行计算。但定额中均未包括拔

桩。破桩头工作,已计入承台定额中。

(5)打桩定额均为打直桩,如打斜桩时,机械乘 1.20 的系数,人工乘 1.08 的系数。

(6)利用打桩时搭设的工作平台拔桩时,不得另计搭设工作平台的工、料消耗。如需搭设工作平台时,可根据施工组织设计规定的面积,按打桩工作平台人工消耗的 50% 计算人工消耗,但各种材料一律不计。

(7)打每组钢板桩时,用的夹板材料及钢板桩的截头、连强(接头)、整形等的材料已按摊销方式,将其工、料计入定额中,使用定额时,不得另行计算。

(8)钢板桩木支撑的制作、试拼、安装的工、料消耗,均已计入打桩定额中,拆除的工、料消耗已计入拔桩定额中。

(9)打钢板桩、钢管桩定额中未包括钢板桩、钢管桩的防锈工作,如需进行防锈处理,另按相应定额计算。

(10)打钢管桩工程如设计钢管桩数量与本定额不相同时,可按设计数量抽换定额中的钢管桩消耗,但定额中的其他消耗量不变。

(11)工程量计算规则:

①打预制钢筋混凝土方桩和管桩的工程量,应根据设计尺寸及长度以体积计算(管桩的空心部分应予以扣除)。设计中规定凿去的桩头部分的数量,应计入设计工程量内。

②钢筋混凝土方桩的预制工程量,应为打桩定额中括号内的备制数量。

③拔桩工程量按实际需要数量计算。

④打钢板桩的工程量按设计需要的钢板桩质量计算。

⑤打桩用的工作平台的工程量,按施工组织设计所需的面积计算。

⑥船上打桩工作平台的工程量,根据施工组织设计,按一座桥梁实际需要打桩机的台数和每台打桩机需要的船上工作平台面积的总和计算。

例 1-20 某桥采用在水中工作平台上打桩基础。已知地基土层次为亚黏土 8.0m、黏土 2.0m、干的固结黄土;设计垂直桩入土深为 11.0m,斜桩入土深为 12m,设计规定凿去桩头 1.00m,打桩工作平台 $160m^2$。试确定打钢筋混凝土方桩及工作平台的预算定额。

解 (1)由题意可知打钢筋混凝土方桩的定额为由《预算定额》(4-3-1)表查得。

(2)根据《预算定额》第四章第三节打桩工程说明 2,由于本例打入黏土和干的黄土中连续长度 3m>1.5m,故应按 II 类计算。

(3)根据《预算定额》第四章第三节说明 5 的规定,打斜桩时机械乘 1.20 系数、人工乘 1.08 系数。

(4)根据《预算定额》第四章第三节说明 4,破桩头工作已计入承台定额,这里不再计列。但根据节说明 11"工程量计算规则"的规定,凿去桩头的数量应计入打桩的工程量中。

(5)根据上列各项,确定打钢筋混凝土方桩的定额($10m^3$ 及 10 个接头):

①斜桩

人工:$23.2 \times 1.08 = 25.07$ 工日

锯材:$0.024m^3$;钢丝绳:$0.001t$;其他材料费:45.4 元

12t 以内汽车式起重机:$0.17 \times 1.20 = 0.204$ 台班

1.8t 以内柴油打桩机:$2.18 \times 1.20 = 2.62$ 台班

221kW 以内内燃拖轮:$0.60 \times 1.20 = 2.72$ 台班

220t 以内工程驳船:1.34×1.20＝1.61 台班

②直桩

人工:33.2 工日

材料:同斜桩(略)

机械:同斜桩,未乘 1.20 系数,各值(略)

(6)工作平台定额。根据打桩工程定额节说明 3 的规定,应按《预算定额》(4-3-7)另列打桩工作平台定额(按水上打桩,其他打桩机械,每 100m²)为:

人工:51.2 工日

材料:锯材 1.466m³、型钢 0 971t、电焊条 16.4kg、铁件 17.1kg、铁钉 2.5kg、其他材料费 83.7 元、设备摊销费 154.8 元

机械:50kN 以内单筒慢速卷扬机 2.42 台班;30kV 以内交流电焊机 2.02 台班。小型机具使用费 213.4 元

3.1.5 灌注桩工程节说明及定额表运用

(1)灌注桩成孔,按井孔中土(钻渣)的取出方法不同,根据造孔的难易程度,相应的将土质分为八种。

①砂土:粒径不大于 2mm 的砂类土,包括淤泥、轻亚黏土。

②黏土:亚黏土、黏土、黄土,包括土状风化。

③砂砾:粒径 2～20mm 的角砾、圆砾含量(指质量比,下同)小于或等于 50%,包括礓石及粒状风化。

④砾石:粒径 2～20mm 的角砾、圆砾含量大于 50%,有时还包括粒径 20～200mm 的碎石、卵石,其含量在 10% 以内,包括块状风化。

⑤卵石:粒径 20～200mm 的碎石、卵石含量大于 10%,有时还包括块石、漂石,其含量在 10% 以内,包括块状风化。

⑥软石:饱和单轴极限抗压强度在 40MPa 以下的各类松软岩石,如盐岩,胶结不紧的砾岩、泥质页岩、砂岩、较坚实的泥灰岩、块石土及漂石土、软而节理较多的石灰岩等。

⑦次坚石:饱和单轴极限抗压强度在 40～100MPa 的各类较坚硬的岩石,如硅质页岩、硅质砂岩、白云岩、石灰岩、坚实的泥灰岩、软玄武岩、片麻岩、正长岩、花岗岩等。

⑧坚石:饱和单轴极限抗压强度在 100MPa 以上的各类较坚硬的岩石,如硬玄武岩、坚实的石灰岩、白云岩、大理岩、石英岩、闪长岩、粗粒花岗岩、正长岩等。

(2)灌注桩成孔定额分为人工挖孔、卷扬机带冲抓锥冲孔、卷扬机带冲击锥冲孔、冲击钻机钻孔、回旋钻机钻孔、潜水钻机钻孔等六种。定额中已按摊销方式计入钻架的制作、拼装、移位、拆除及钻头维修所耗用的工、料、机数量,钻头的费用已计入设备摊销费中,使用本节定额时,不得另行计算。

(3)灌注桩混凝土定额按机械拌和、工作平台上导管浇注水下混凝土编制,定额中已包括混凝土灌注设备(如导管等)摊销的工、料费用及扩孔增加的混凝土数量,使用定额时,不得另行计算。

(4)钢护筒定额中,干处埋设按护筒设计质量的周转摊销量计入定额中,使用定额时,不得另行计算。水中埋设按护筒全部设计质量计入定额中,可根据设计确定的回收量按规定计算回收金额。

(5)护筒定额中,已包括陆地上埋设护筒用的黏土或水中埋设护筒定位用的导向架及钢质

或钢筋混凝土护筒接头用的铁件、硫磺胶泥等埋设时用的材料、设备消耗,使用定额时,不得另行计算。

(6)浮箱工作平台定额中,每只浮箱的工作面积为 $3 \times 6 = 18m^2$。

(7)使用成孔定额时,应根据施工组织设计的需要合理选用定额子目,当不采用泥浆船的方式进行水中灌桩施工时,除按 90kW 以内内燃拖轮数量的一半保留拖轮和驳船的数量外,其余拖轮和驳船的消耗应扣除。

(8)在河滩、水中采用筑岛方法施工时,应采用陆地上成孔定额计算。

(9)本定额系按一般黏土造浆进行编制的,如实际采用膨润土造浆时,其膨润土的用量可按定额中黏土用量乘系数进行计算。即:

$$Q = 0.095 \times V \times 1000 \tag{1-11}$$

式中:Q——膨润土的用量,kg;

V——黏土的用量,m^3。

(10)当设计桩径与定额采用桩径不同时,可按表 1-19 系数调整。

调 整 系 数 表 表 1-19

桩径(cm)	130	140	160	170	180	190	210	220	230	240
调整系数	0.94	0.97	0.70	0.79	0.89	0.95	0.93	0.94	0.96	0.98
计算基数	桩径150cm以内		桩径200cm以内				桩径250cm以内			

(11)工程量计算规则:

①灌注桩成孔工程量,按设计入土深度计算。定额中的孔深指护筒顶至桩底(设计标高)的深度。造孔定额中同一孔内的不同土质,不论其所在深度如何,均采用总孔深定额。

②人工挖孔的工程量,按护筒(护壁)外缘所包围的面积乘设计孔深计算。

③浇筑水下混凝土的工程量,按设计桩径横断面面积乘设计桩长计算,不得将扩孔因素计入工程量。

④灌注桩工作平台的工程量,按施工组织设计需要的面积计算。

⑤钢护筒的工程量,按护筒的设计质量计算。设计质量为加工后的成品质量,包括加劲肋及连接用法兰盘等全部钢材的质量。当设计提供不出钢护筒的质量时,可参考表 1-20 的质量。

护筒单位质量表 表 1-20

桩径(cm)	100	120	150	200	250	300	350
护筒单位质量(kg)	170.2	238.2	289.3	499.1	612.6	907.5	1259.2

例 1-21 某桥的回旋钻机钻孔工程设计桩深 25m、直径 100cm,地层由上至下为黏土 6m、粒径 2~20mm 的砂砾 15m 以及松软的页岩。试确定该项目陆地钻孔预算定额,并按《预算定额》有关规定估算钢护筒(2m)的设计重量。

解 (1)该项目定额在《预算定额》(4-4-5)表中。

(2)由《预算定额》第四章第四节说明 1 的钻孔土质分类方法可知,成孔土质层次为黏土 6m、砂砾 15m、软岩 25-6-15=4m;孔深<30m(参见《预算定额》第四章第三节说明 11(1)之规定)。

(3)确定钻孔定额为(每 10m):

①人工:$(6 \times 9.6 + 15 \times 14.3 + 4 \times 36) \div 25 = 16.64$ 工日

②材料：

锯材：$(0.01×6+0.01×15+0.01×4)÷25=0.01m^3$

电焊条：$(0.2×6+0.3×15+1.0×4)÷25=0.39kg$

铁件：$(0.1×6+0.1×15+0.1×4)÷25=0.1kg$

水：$(18×6+31×15+27×4)÷25=27.3m^3$

黏土：$(2.98×6+5.96×15+5.22×4)÷25=5.13m^3$

③机械：

$1m^3$以内履带式单斗挖掘机：$0.03×(6+15+4)÷25=0.03$台班

15t以内载货汽车：$0.11×(6+15+4)÷25=0.11$台班

15t以内履带式起重机：$0.1×(6+15+4)÷25=0.1$台班

(4) 估算钢护筒重量。根据节说明11有关重量计算规则的规定，参考该说明提供的表，算得2m高的钢护筒重量$=170.2×2.0=340.4kg$。

3.1.6 砌筑工程节说明及定额表运用

(1) 定额中的M5、M7.5、M12.5水泥砂浆为砌筑用砂浆，M10、M15水泥砂浆为勾缝用砂浆。

(2) 定额中已按砌体的总高度配置了脚手架，高度在10m以内的配踏步，高度大于10m的配井字架，并计入搭拆用工，其材料用量均以摊销方式计入定额中。

(3) 浆砌混凝土预制块定额中，未包括预制块的预制，应按定额中括号内所列预制块数量，另按预制混凝土构件的有关定额计算。

(4) 浆砌料石或混凝土预制块作镶面时，其内部应按填腹石定额计算。

(5) 桥涵拱圈定额中，未包括拱盔和支架，需要时应按《预算定额》第九节"拱盔、支架工程"中有关定额另行计算。

(6) 定额中均未包括垫层及拱背、台背填料和砂浆抹面，需要时应按《预算定额》第十一节"杂项工程"中有关定额另行计算。

(7) 砌筑工程的工程量为砌体的实际体积，包括构成砌体的砂浆体积。

3.1.7 现浇混凝土及钢筋混凝土节说明与运用

(1) 定额中未包括现浇混凝土及钢筋混凝土上部构造所需的拱盔、支架，需要时按有关定额另行计算。

(2) 定额中片石混凝土中片石含量均按15%计算。

(3) 有底模承台适用于高桩承台施工。

(4) 使用套箱围堰浇筑承台混凝土时，应采用无底模承台的定额。

(5) 定额中均未包括扒杆、提升模架、拐脚门架、悬浇挂篮、移动模架等金属设备，需要时，应按有关定额另行计算。

(6) 桥面铺装定额中，橡胶沥青混凝土仅适用于钢桥桥面铺装。

(7) 墩台高度为基础顶、承台顶或系梁底到盖梁顶、墩台帽顶或0号块件底的高度。

(8) 索台高度为基础顶、承台顶或系梁底到索塔顶的高度。当塔墩固结时，工程量为基础顶面或承台顶面以上至塔顶的全部数量；当塔墩分离时，工程量应为桥面顶部以上至塔顶的数量，桥面顶部以下部分的数量应按墩台定额计算。

(9) 斜拉索锚固套筒定额中，已综合加劲钢板和钢筋的数量，其工程量以混凝土箱梁中锚固套筒钢管的质量计算。

(10)斜拉索钢锚箱的工程量为钢锚箱钢板、剪力钉、定位件的质量之和,不包括钢管和型钢的质量。

例 1-22 某桥下部构造为高桩承台、上部构造为钢桁架。试确定用起重机配吊斗施工的高桩承台预算定额和行车道铺装的预算定额。

解 (1)高桩承台预算定额的确定

由"现浇混凝土及钢筋混凝土"的节说明 3 可知,高桩承台混凝土定额应按(4-6-1)表中的有底模栏确定。定额编号为(4-6-1-6,13)。

(2)行车道铺装的基价

由于本例未直接说明行车道铺装的种类,但根据节说明 6"橡胶沥青混凝土仅适用于钢桥桥面铺装",故应选用定额表(4-6-13-8,11)栏,可查得橡胶沥青混凝土桥面铺装的人工:44.5+11=55.5 工日。材料:氯化胶乳:223.8kg;石油沥青:1.572t;煤:0.539t;矿粉:1.639t(略)。

(3)说明

本定额中未包括混凝土拌和的费用,应按有关规定另行计算。本定额的计价工程量按设计混凝土体积或钢筋质量进行计算。

3.1.8 预制混凝土及安装钢筋混凝土构件说明及定额表运用

(1)预制钢筋混凝土上部构造中,矩形板、空心板、连续板、少筋微弯板、预应力桁架梁、顶推预应力连续梁、桁架拱、刚架拱均已包括底模板,其余系按配合底座(或台座)施工考虑。

(2)顶进立交箱涵、圆管涵的顶进靠背由于形式很多,宜根据不同的地形、地质情况设计,定额中未单独编列子目,需要时可根据施工图纸采用有关定额另行计算。

(3)顶进立交箱涵、圆管涵定额根据全部顶进的施工方法编制。顶进设备未包括在顶进定额中,应按顶进设备定额另行计算。

(4)预制立交箱涵、箱梁的内模、翼板的门式支架等工、料已包括在定额中。

(5)顶推预应力连续梁按多点顶推的施工工艺编制,顶推使用的滑道单独编列子目,其他滑块、拉杆、拉锚器及顶推用的机具、预制箱梁的工作平台均摊入顶推定额中。顶推的导梁及工作平台,底模顶上千斤顶以下的工程,本定额中未计入,应按有关定额另行计算。

(6)构件安装系指从架设孔起附至安装就位,整体化完成的全部施工工序。本节定额中除安装矩形板、空心板及连续板等项目的现浇混凝土可套用桥面铺装定额计算外,其他安装上部构造定额中均单独编列有现浇混凝土子目。

(7)本节定额中凡采用金属结构吊装设备或缆索吊装设备安装的项目,均未包括吊装设备的费用,应按有关定额另行计算。

(8)制作、张拉预应力钢筋、钢丝束定额,是按不同的锚头形式分别编制的,当每 t 钢丝的束数或每 t 钢筋的根数有变化时,可根据定额进行抽换。定额中的"××锚"是指金属加工部件的质量,锚头所用其他材料已分别列入定额中有关材料或其他材料费内。定额中的束长为一次张拉的长度。

(9)预应力钢筋、钢丝束及钢绞线定额中均已计入预应力管道及压浆的消耗量,使用定额时不得另行计算。镦头锚的锚具质量可按设计数量进行调整。

3.1.9 构件运输节说明及定额表运用

本节的各种运输距离以 10m、50m、1km 为计算单位,不足第一个 10m、50m、1km 者,均按 10m、50m、1km 计;超过第一个定额运距单位时,其运距尾数不足一个定额单位的半数时不计,超过半数时按一个定额运距单位计算。

运输便道、轨道的铺设,栈桥码头、扒杆、龙门架、缆索的架设等,均包括在定额内,应按有关章节定额另行计算。

本节定额未单列构件出坑堆放的定额,如需出坑堆放,可按相应构件运输第一个运距单位定额计列。

凡以手摇卷扬机和电动卷扬机配合运输的构件重载升坡时,第一个定额运距单位不增加人工及机械,每增加定额单位运距按规定乘以换算系数。

3.1.10 拱盔、支架工程节说明及定额表运用

(1)桥梁拱盔、木支架及简单支架均按有效宽度8.5m计,钢支架按有效宽度12.0m计,如实际宽度与定额不同时可按比例换算。

(2)木结构制作按机械配合人工编制,配备的木工机械均已计入定额中。结构中的半圆木构件,用圆木对剖加工所需的工日及机械台班均已计入定额内。

(3)所有拱盔均包括底模板及工作台的材料,但不包括现浇混凝土的侧模板。

(4)桁构式拱盔安装、拆除用的人字扒杆、地锚移动用工及拱盔缆风设备工料已计入定额,但不包括扒杆制作的工、料,扒杆数量根据施工组织设计另行计算。

(5)桁构式支架定额中已包括了墩台两旁支撑排架及中间拼装、拆除用支撑架,支撑架已加计了拱矢高度并考虑了缆风设备。定额以孔为计量单位。

(6)木支架及轻型门式钢支架的帽梁和地梁已计入定额中,地梁以下的基础工程未计入定额中,如需要时,应按有关相应定额另行计算。

(7)简单支架定额适用于安装钢筋混凝土双曲拱桥拱肋及其他桥梁需增设的临时支架。稳定支架的缆风设施已计入本定额内。

(8)涵洞拱盔支架、板涵支架定额单位的平面投影面积为涵洞长度乘以净跨径。

(9)桥梁拱盔定额单位的立面积系指起拱线以上的弓形侧面积,其工程量按下式计算:

$$F = K \times (净跨)^2 \qquad (1-12)$$

例 1-23 某桥拱盔宽度18m,净跨径30m,拱矢比1/4,起拱线至地面高度12m、全桥共5孔。试计算2孔的拱盔立面积、支架立面积和该桥的满堂式木拱盔人工、基价预算定额。

解 (1)拱盔立面积(2孔)

按《预算定额》"拱盔、支架工程"节说明9,拱盔立面工程量 $F = 2 \times K \times (净跨)^2 = 2 \times 0.172 \times 30^2 = 2 \times 154.8 = 309.6 \text{m}^2$。

(2)支架立面积工程量(2孔)

按"拱盔、支架工程"节说明10,支架立面工程量 $F = 30 \times 12 \times 2 = 720 \text{m}^2$。

(3)定额值

按"拱盔、支架工程"节说明1之规定,因拱盔宽度18m>8.5m,应按比例换算定额值。

由目录查得本例定额在(4-9-2)表中,并算得定额值(每10m² 立面积):

人工:$37.9 \times (18 \div 8.5) = 80.26$ 工日,其他略。

3.1.11 钢结构工程节说明及定额表运用

(1)本节钢桁梁桥定额是按高强螺栓栓接、连孔拖拉架设法编制的,钢索吊桥的加劲桁拼装定额也是按高强螺栓栓接编制的,如采用其他方法施工,应另行计算。

(2)钢桁架桥中的钢桁梁,施工用的导梁钢桁和连接及加固杆件,钢索吊桥中的钢桁、钢纵

横梁、悬吊系统构件、套筒及拉杆构件均为半成品,使用定额时应按半成品价格计算。

(3)主索锚碇除套筒及拉杆、承托板以外,其他项目如锚洞开挖、衬砌、护索罩的预制、安装、检查井的砌筑等,应按其他章节有关定额另计。

(4)钢索吊桥定额中已综合了缆索吊装设备及钢桁油漆项目,使用定额时不得另行计算。

(5)抗风缆结构安装定额中未包括锚碇部分,使用定额时应按有关定额另行计算。

(6)安装金属栏杆的工程量系指钢管的质量。至于栏杆座钢板、插销等均以材料数量综合在定额内。

(7)定额中成品构件单价构成:工厂化生产,无需施工企业自行加工的产品为成品构件,以材料单价的形式进入定额。其材料单价为出厂价格+运输至施工场地的费用。

(8)施工电梯、施工塔式起重机未计入定额中。需要时根据施工组织设计另行计算其安拆及使用费。

(9)钢管拱桥定额中未计入塔架、扣塔、地锚、索道的费用,应根据施工组织设计套用《预算定额》第七节相关定额另行计算。

(10)悬索桥的主缆、吊索、索夹、检修道定额未包括涂装防护,应另行计算。

例 1-24 某钢桁梁桥,系采用高强螺栓栓接、连孔拖拉架设,金属栏杆钢管安装(重 25t、栏杆座钢板重 3t),试确定该下承式钢桁桥高强螺栓栓接、连孔拖拉架设全部内容的人工预算定额;以及安装金属栏杆的人工和机械消耗量。

解 (1)根据题意,本桥的连接、架设预算定额涉及(4-10-1)、(4-10-2)表(每 10t)

人工:66.7+152.9+243.2=462.8 工日。

(2)安装金属栏杆人工和机械劳动量

根据本节定额节说明6,安装金属栏杆的工程应为钢管总重(不应包括栏杆座钢板等重量)。

按《预算定额》(4-10-6)表查得定额并计算如下:

人工:$35.1 \times 25 \div 10 = 87.75$ 工日

机械:32kVA 以内交流电弧焊机 $0.35 \times 25 \div 10 = 0.875$ 台班。

3.1.12 杂项工程节说明及定额表运用

杂项工程包括平整场地、锥坡填土、拱上填料及台背排水、土牛(拱)胎、防水层、涵管基础垫层、水泥砂浆勾缝及抹面、伸缩缝及泄水管、混凝土构件蒸汽养生室建筑及蒸汽养生、预制构件底座、先张法预应力张拉台座、混凝土搅拌站及混凝土运输、船上混凝土搅拌台及泥浆循环系统、钢桁架栈桥式码头、施工电梯安拆、拆除旧建筑物等项目,本节定额适用于桥涵及其他构造物工程。

构件底座定额分为平面底座和曲面底座两项。

平面底座定额适用于 T 形梁、I 形梁等截面箱梁,每根梁底座面积的工程量按下式计算:

底座面积=(梁长+2.00m)×(梁宽+1.00m)

曲面底座定额适用于梁底为曲面的箱形梁(如 T 形刚构等),每根梁底座面积的工程量按下式计算:

座面积=构件下弧长×底座实际修建宽度

蒸汽养生室面积按有效面积计算,其工程量按每一养生室安置两片梁,其梁间距离为 0.8m,并按长度每端增加 1.5m,宽度每边各增加 1.0m 考虑。定额中已将其附属工程及设备,按摊销量计入定额中,编制预算时不得另行计算。

3.2 任务提出

某预制厂预制 T 梁,梁长 19.96m,梁肋底宽 0.18m,翼板宽 1.6m,共 12 个底座。求:①12 片梁底座的总面积;②12 片梁所需蒸汽养生室的建筑面积及所需 32.5 级水泥的数量。

3.3 任务描述

熟练运用预算定额,确定桥涵工程相关量的消耗。

3.4 任务分析

结合前述运用定额的基础知识,分析工程数量,查找对应的定额子目,是否需要进行定额换算,计算人工、材料、机械台班消耗量。

3.5 任务实施

(1)根据《预算定额》可知该定额表号为(4-11-8-1)如表 1-21 所示。

4-11-8 蒸汽养生室建筑及蒸汽养生   表 1-21

工程内容 蒸汽养生室建筑:挖填坑体土方、坑底及坑壁砌筑、勾缝、抹平、养生、坑盖及保温门制作、安装、拆除、管道安装、拆除及保养。
蒸汽养生:卷扬机、坑盖,用草袋覆盖坑盖缝隙,按时测温、测湿、喷水、检查管道部件等全部操作。

单位:表列单位

顺序号	项目	单位	代号	蒸汽养生室建筑 $10m^2$	混凝土构件蒸汽养生 $10m^3$
				1	2
1	人工	工日	1	51.6	8.1
2	M5 水泥砂浆	m^3	65	(2.29)	—
3	M10 水泥砂浆	m^3	67	(0.17)	—
4	原木	m^3	101	0.007	
5	锯材	m^3	102	0.141	
6	型钢	t	182	0.002	
7	钢管	t	191	0.025	
8	铁件	kg	651	1.1	
9	铁钉	kg	653	1.1	
10	油毛毡	m^2	825	63.5	—
11	32.5 级水泥	t	832	0.554	
12	水	m^3	866	13	
13	青(红)砖	千块	877	2.16	
14	中(粗)砂	m^3	899	2.75	
15	片石	m^3	931	4.32	—

注:本定额未包括混凝土预制构件底座。

由《预算定额》679 页说明②规定：大型预制构件底座定额分为平面底座和曲面底座两项。

平面底座面积=（梁长+2.00m）×（梁宽+1.00 m），则：

每片梁底面积=(19.96+2)×(0.18+1)=25.91m²

12 片梁底座总面积=25.91×12=310.92m²

(2)根据预算定额第 679 页说明4)规定：蒸气养生室面积按有效面积计算，其工程量按每一养生室安置两片梁，其梁间距离为 0.8 m，并按长度每端增加 1.5 m，宽度每边增加 1.0m 考虑。故：

每 2 片梁养生室面积=(19.96+2×1.5)×(2×1.6+0.8+2×1.0)=137.76m²

12 片梁养生室面积=137.76m²×6=826.56m²

由表 1-21 可知：

32.5 级水泥需要量=0.554×826.56÷10=45.791t

由以上例题可以看出定额是计算人工费、材料费、机械使用费的依据，是正确计算直接工程费的基础。定额中 80%以上内容是为了直接工程费服务的，各章、节说明也最多。因此，在应用定额时，必须熟悉定额，仔细阅读各种说明。正确查用定额是概、预算编制人员的一个基本技能。

3.6 项目实训

(1)某桥预制构件重 40t，采用轨道平车运输，卷扬机牵引，龙门架装车运 80m，载重升坡 0.8%，试计算其预算定额值。

(2)某拱桥宽 20m，净跨径为 40m，拱矢度为 1/5，求制备 1 孔满堂式木拱盔的立面积及预算定额值。

(3)现浇钢筋混凝土灌注桩，光圆钢筋为 0.870t，带肋钢筋为 1.100t，求钢筋工程定额值。

(4)某大桥预应力 T 形梁，采用锥型锚、胶管成孔。设计图纸预应力钢丝为每片 T 形梁 7 束重 0.802t，求后张法制作、张拉预应力钢丝束定额值。

(5)某 2 孔跨径 50m 石拱桥，制备 1 孔满堂式木拱盔，若实际周转次数为 3 次，试确定其实际周转次数的周转性材料预算定额值。

(6)某桥下部构造为高桩承台、上部构造为钢桁架，用起重机配吊斗施工，实体量 100m³，用橡胶沥青混凝土做行车道铺装，铺装实体量 40m³，试求工、料、机消耗量。

(7)某省拟新建一条六车道高速公路，地处平原微丘，有一座钢筋混凝土盖板涵，标准跨径 4.00m，涵高 3.00m，八字墙，路基宽度 35.00m，其施工图设计主要工程量如表 1-22 所示。

试列出本题中各工程细目对应的预算定额表号。

钢筋混凝土盖板涵主要工程量表　　　　表 1-22

序 号	项 目	单 位	序 号	项 目	单 位
1	挖基坑土方（干处）	m³	4	混凝土帽石	m³
2	浆砌石基础、护底、截水墙	m³	5	矩形板混凝土	m³
3	浆砌片石台、墙	m³	6	矩形板钢筋	t

(8)某钢桁架桥,采用高强螺栓栓接,连孔推拉架设,共计重35t,金属钢栏杆钢管重10t,试确定该下承式钢桥的工、料、机消耗以及金属栏杆部分的人工、机械消耗量。

(9)某路有浆砌片石挡土墙5处,其中墙身采用M7.5浆砌片石560m³,基础采用M7.5浆砌片石400m³,试计算工、料、机消耗量。

(10)浆砌块石拱圈工程,跨径50m以内,砂浆M10,水泥42.5级。问编制预算是否要抽换?怎样抽换?

(11)浆砌片石基础工程56.71 m³,设计采用与定额相同编号的砂浆。其用量为M7.5砂浆3.5 m³/10 m³砌体,每1 m³ M7.5砂浆需32.5级水泥292kg,中粗砂1.09m³。试计算该工程中水泥和中粗砂的用量。

任务4 隧道预算定额的应用

4.1 相关知识

4.1.1 隧道工程章说明的运用

隧道工程定额包括开挖、支护、防排水、衬砌、装饰、照明、通风及消防设施、洞门及辅助坑道等项目。定额是按照一般凿岩机钻爆法施工的开挖方法进行编制的,适用于新建隧道工程,改(扩)建及公路大中修工程可参照使用。总的要求是:

(1)定额按现行隧道设计、施工技术规范将围岩分为六级,即Ⅰ~Ⅵ级。

(2)定额中混凝土工程均未考虑拌和的费用,应按桥涵工程相关定额另行计算。

(3)开挖定额中已综合考虑超挖及预留变形因素。

(4)洞内出渣运输定额,已综合洞门外500m运距,当洞门外运距超过此运距时,可按照路基工程自卸汽车运输土石方的增运定额加计增运部分的费用。

(5)定额中均未包括混凝土及预制块的运输,需要时应按有关定额另行计算。

(6)定额未考虑地震、坍塌、溶洞及大量地下水处理,以及其他特殊情况所需的费用,需要时可根据设计另行计算。

(7)定额未考虑施工时所需进行的监控量测以及超前地质预报的费用,监控量测的费用已在《编制办法》的施工辅助费中综合考虑,使用定额时不得另行计算,超前地质预报的费用可根据需要另行计算。

(8)隧道工程项目采用其他章节定额的规定:

①洞门挖基、仰坡及天沟开挖、明洞明挖土石方等,应使用其他章节有关定额计算。

②洞内工程项目如需采用其他章节的有关项目时,所采用定额的人工工日、机械台班数量及小型机具使用费,应乘1.26的系数。

(9)公路隧道常用上下导洞开挖法和下导洞扩大开挖法两种,本定额系按两种方法综合考虑。

本定额中已综合考虑了爆破、施工通风、照明及临时管线路、施工排水、木支撑、出渣等的消耗,使用定额时不应再另行计算。

本定额的计价工程量按设计断面方数量(即成洞断面加衬砌断面)进行计算,包括洞身与所有洞室的数量,但不可将超挖数量计入工程量内。

4.1.2 洞身工程

洞身狭义上是指隧道的衬砌,广义上是指包括围岩在内的隧道承载结构。隧道洞身可以是开挖出的裸洞,也可以是埋置地下的隧管,还可以是经支护衬砌被覆的隧道,洞身是隧道工程的主要组成部分,按其所处地形及施工方法的不同,分为隧道洞身、明洞洞身和棚洞洞身。

(1)定额人工开挖、机械开挖轻轨斗车运输项目,系按上导洞、扩大、马口开挖编制的,也综合了下导洞扇形扩大开挖方法,并综合了木支撑和出渣、通风及临时管线的工、料、机消耗。

(2)定额正洞机械开挖、自卸汽车运输定额,系按开挖、出渣运输分别编制,部分工程部位(即拱部、边墙、仰拱、底板、沟槽、洞室)均使用本定额。施工通风及高压风水管和照明电线路单独编制定额项目。

(3)定额连拱隧道中导洞、侧导洞开挖和中隔墙衬砌,是按连拱隧道施工方法编制的,除此以外的其他部分的开挖、衬砌、支护可套用本节其他定额。

(4)隔栅钢架和型钢钢架均按永久性支护编制,如作为临时支护使用时,应按规定计取回收。定额中已综合连接钢筋的数量。

(5)喷射混凝土定额中已综合考虑混凝土的回弹量;钢纤维混凝土中钢纤维掺入量按喷射混凝土质量的3%掺入。当设计采用的钢纤维掺入量与本定额不同或采用其他材料时,可进行抽换。

(6)洞身衬砌项目,按现浇混凝土衬砌,石料、混凝土预制块衬砌分别编制,不分工程部位(即拱部、边墙、仰拱、底板、沟槽、洞室)均使用本定额。定额中已综合考虑超挖回填因素,当设计采用的混凝土强度等级与定额采用的不符时或采用特殊混凝土时,可根据具体情况对混凝土配合比进行抽换。

(7)定额中凡是按不同隧道长度编制的项目,均只编制到隧道长度在4000m以内。当隧道长度超过4000m时,应按以下规定计算:

①洞身开挖:以隧道长度4000m以内定额为基础,与隧道长度4000m以上每增加1000m定额叠加使用。

②正洞出渣运输:通过隧道进出口开挖正洞,以换算隧道长度套用相应的出渣定额计算。换算隧道长度计算公式为:

$$换算隧道长度 = 全隧道长度 - 通过辅助坑道开挖正洞的长度$$

当换算隧道长度超过4000m时,以隧道长度4000m以内定额为基础,与隧道长度4000m以上每增加1000m定额叠加使用。

通过斜井开挖正洞,出渣运输按正洞和斜井两段分别计算,二者叠加使用。

③通风、管线路定额,按正洞隧道长度综合编制,当隧道长度超过4000m时,以隧道长度4000m以内定额为基础,与隧道长度4000m以上每增加1000m定额叠加使用。

(8)混凝土运输定额仅适用于洞内混凝土运输,洞外运输应按桥涵工程有关定额计算。

(9)洞内排水定额仅适用于反坡排水的情况,排水量按$10m^3/h$以内编制,超过此排水量时,抽水机台班按表1-23中的系数调整:

调 整 系 数 表1-23

涌水量(m³/h)	10以内	15以内	20以内
调整系数	1.00	1.20	1.35

注：当排水量超过20m³/h时，根据采取治水措施后的排水量采用上表系数调整。

正洞内排水系按全隧道长度综合编制，当隧道长度超过4000m时，以隧道长度4000m以内定额为基础，与隧道长度4000m以上每增加1000m定额叠加使用。

(10) 照明设施，为隧道营运所需的洞内永久性设施。定额中的洞口段包括引入段、适应段、过渡段和出口段，其他段均为基本段。本定额中不包括洞外线路，需要时应另行计算。属于设备的变压器、发电设备等，其购置费用应列入预算第二部分"设备及工具、器具购置费"中。

(11) 工程量计算规则：

①本定额所指隧道长度均指隧道进出口(不含与隧道相连的明洞)洞门端墙墙面之间的距离，即两端端墙面与路面的交线同路线中线交点间的距离。双线隧道按上、下行隧道长度的平均值计算。例如：某隧道工程设计长度为2590m，构成为：50m(明洞)+2500m(正洞)+40m(明洞)，注意采用定额时，其工程量应为2500m，不应为2590m。

②洞身开挖、出渣工程量按设计断面数量(成洞断面加衬砌断面)计算，包含洞身及所有附属洞室的数量，定额中已考虑超挖因素，不得将超挖数量计入工程量。

③现浇混凝土衬砌中浇筑、运输的工程量，均按设计断面衬砌数量计算，包含洞身及所有附属洞室的衬砌数量。定额中已综合因超挖及预留变形需回填的混凝土数量，不得将上述因素的工程量计入计价工程量中。

④防水板、明洞防水层的工程数量，按设计敷设面积计算。

⑤止水带(条)、盲沟、透水管的工程数量，均按设计数量计算。

⑥拱顶压浆的工程数量，按设计数量计算，设计时可按每延长米0.25m³综合考虑。

⑦喷射混凝土的工程量，按设计厚度乘以喷射面积计算，喷射面积按设计外轮廓线计算。

⑧砂浆锚杆工程量，为锚杆、垫板及螺母等材料质量之和；中空注浆锚杆、自进式锚杆的工程量按锚杆设计长度计算。

⑨格栅钢架、型钢钢架工程数量，按钢架的设计质量计算，连接钢筋的数量不得作为工程量计算。

⑩管棚、小导管的工程量，按设计钢管长度计算，当管径与定额不同时，可调整定额中钢管的消耗量。

⑪横向塑料排水管每处为单洞两侧的工程数量；纵向弹簧管按隧道纵向每侧铺设长度之和计算；环向盲沟按隧道横断面敷设长度计算。

⑫洞内通风、风水管及照明、管线路的工程量，按隧道设计长度计算。

⑬对于长度在500m以内的短隧道工程，不计正洞施工通风费用。

例1-25 某隧道工程，采用喷射混凝土做衬砌，设计厚度8cm，喷射面积6000m²，其洞内预制混凝土沟槽数量50m³，试确定其工、料、机消耗量。

解 (1) 喷射混凝土工程量：$0.08 \times 6000 = 480 \text{m}^3$

(2) 由定额(214-3-1-8-1)计算得：

人工：$48 \times 31.5 = 1512$ 工日

锯材：$48 \times 0.009 = 0.432 \text{m}^3$

32.5 水泥:48×5.628＝210.14t(其他略)

例 1-26 某土质隧道内路面基层采用 15cm 的二灰碎石,数量为 10000m²,试确定其工、料、机消耗量及基价。

解 预算定额第三章"隧道工程"中无洞内路面的相关定额,章说明规定:"洞内工程若采用其他章节的有关项目时,所采用定额的人工工日、机械台班数量及小型机具使用费应乘以 1.26 系数",此时洞内的路面工程可以按此办理。

查定额(2-1-4-21),定额的单位为 1000m²,由此可得:

人工:37.3 工日×10000÷1000×1.26＝49.98 工日

粉煤灰:59.33m³×10000÷1000＝593.3 m³

碎石:162.07 m³×10000÷1000＝1620.7 m³

设备摊销费:1.4 元×10000÷1000＝14 元

120kW 以内自行式平地机:0.82 台班×10000÷1000×1.26＝10.322 台班

75kW 以内履带式拖拉机:0.31 台班×10000÷1000×1.26＝3.096 台班

6～8t 钢轮压路机:1.54 台班×10000÷1000×1.26＝6.804 台班

12～15t 钢轮压路机:1.50 台班×10000÷1000×1.26＝18.9 台班

6000L 以内洒水汽车:1.16 台班×10000÷1000×1＝11.6 台班

基价:8924×10000/1000＋增加的人工费和机械使用费

4.1.3 洞门工程

洞门指为稳定隧道洞口、美化洞口环境、降低洞口亮度而设置的构造物。它是隧道外露的唯一部分,起着保护洞口,保证边坡和仰坡稳定,美化和诱导作用。隧道门有翼墙式、端墙式、柱式、遮光和遮阳式等不同形式。

公路隧道一般采用翼墙式。构筑洞门常用的材料有混凝土、钢筋混凝土、浆砌片石、镶面料石等。

(1)隧道定额中本部分内容包括隧道洞门墙砌筑、现浇混凝土洞门墙、洞门墙装修。

(2)洞门墙工程量为主墙和翼墙等圬工体积之和。包括构成砌体的砂浆的体积,使用时应注意混凝土预制块预制工程量与砌筑工程量的差异。

(3)仰坡、截水沟等应按有关定额另行计算。

(4)定额的工程量均按设计工程数量计算。

(5)洞门墙的开挖和混凝土拌和的费用,需要时应按路基土石方开挖定额和桥涵工程有关定额另行计算。

(6)洞门墙装修,是在洞门墙圬工结构表面镶贴一层薄层结构物,起到美化洞门的作用。其计价工程量按需要装饰的洞门墙的面积计算。

4.1.4 辅助坑道

辅助坑道是指为利于隧道洞身开挖而设置的平行导洞、斜井、竖井等设施。

平行导洞指平行于隧道、在隧道开挖断面以外、超前开挖的地下通道。施工期间可用于探明地质、疏排地下水、运送施工物质、进行试验研究,工程完成后,作为截水洞、排水洞、通风洞、逃生洞等使用。

斜井指在垂面上按一定倾斜角度开挖的地下通道。使用斜井的目的是增加隧道的作业面、通风道、排水道、逃生道。

竖井指垂直开挖的坑道,可作为隧道与地面间的连通道、通风道、排水道等。常用于长隧道,以增加作业面,缩短搬运距离;增加换气和排水口,减短通风排水距离。竖井施工有自上向下或自下向上掘进方法,前者使用吊盘、吊桶、抓渣机等,竖井直径可达9m左右,深度可达百米以上,一般需修筑到达井位的便道;后者使用掘进机,竖井直径3m左右,深度不限,但需隧道掘进能够到达竖井位底部。

(1)斜井项目按开挖、出渣、通风及管线路分别编制。竖井项目定额中已综合了出渣、通风及管线路。

(2)斜井相关定额项目系按斜井长度800m以内综合编制的,已含斜井建成后,通过斜井进行正洞作业时,斜井内通风及管线路的摊销部分。

(3)斜井支护按正洞相关定额计算。

(4)工程量计算规则:

①开挖、出渣工程量按设计断面数量(成洞断面加衬砌断面)计算,定额中已考虑超挖因素,不得将超挖数量计入工程量。

②现浇混凝土衬砌工程量均按设计断面衬砌数量计算。

③喷射混凝土工程量按设计厚度乘以喷射面积计算,喷射面积按设计外轮廓线计算。

④锚杆工程量为锚杆、垫板及螺母等材料质量之和。

⑤斜井洞内通风、风水管、照明及管线路的工程量按斜井设计长度计算。

4.1.5 通风及消防设施安装

(1)隧道内保持良好的空气是行车安全的必要条件,隧道的通风方式有机械通风和自然通风两种。交通量小的中、短隧道可采用自然通风,交通量大的长隧道采用机械通风。采用机械通风时,常采用纵向通风形式,配以射流风机,并按正常通风量的50%配置备用通风机。

(2)定额中不含通风机、消火栓、消防水泵接合器、水流指示器、电气信号装置、气压水罐、泡沫比例混合器、自动报警系统装置、防火门等的购置费用,如计算,应按规定列入预算第二部分"设备及工具、器具购置费"中。

(3)通风机预埋件,按设计为完成通风机安装而需预埋的一切金属构件的质量计算数量,包括钢拱架、通风机拱部钢筋、通风机支座及各部分连接件等。

(4)洞内预埋件工程数量,按设计预埋件的敷设长度计算,定额中已综合了预留管线的数量。

4.2 任务提出

某隧道工程,土质为Ⅴ级,隧道长度5000m,洞外运距800m,正洞采用机械开挖,自卸汽车运输施工,试确定其人工和汽车运输定额。

4.3 任务描述

熟练运用预算定额,确定隧道工程相关量的消耗。

4.4 任务分析

结合前述运用定额的基础知识,分析工程数量,查找对应的定额子目,是否需要进行定额换算,计算人工、材料、机械台班消耗量。

4.5 任务实施

(1)正洞开挖工程应采用的定额号为(3-1-3-23,29)。
(2)出渣采用自卸汽车运输,定额(3-1-3-47,50)且包括洞外500m运距。
(3)出渣运距在洞外大于500m时,应按照路基工程自卸汽车运输土石方的增运定额(1-1-11-46),加计增运部分的费用。
(4)确定定额值:
人工数量＝(61.3＋2.4)＋(8.5＋0.7)＝72.9工日
汽车(12t自卸)数量＝(1.41＋0.14)＋2×1.38＝4.31台班
(其他略)

4.6 项目实训

(1)某隧道全长900m,10t自卸汽车,正洞开挖Ⅳ类围岩12800m³,Ⅴ类围岩18500m³,Ⅱ类围岩78000m³。注浆锚杆4800m,钢支撑28t,喷射混凝土厚12cm,面积7600m²,钢筋网58t,现浇C35混凝土衬砌580m³,混凝土运输车6m³,运距2.8km。计算人工、材料、机械台班数量。

(2)某段路基石方工程,采用抛坍爆破法施工,已知条件如下:

地面横坡度(°)	30°	20°~27°	60°	45°~50°
路段长度(m)	42	58	70	48
工程数量(m³)	500	1900	1400	1400

计算人工、材料、机械台班数量。

(3)某隧道全长1200m,20t自卸汽车(无轨)运输,正洞开挖Ⅵ类围岩65800m³,Ⅲ类围岩98000m³。自锚式锚杆5800m,喷射混凝土厚10cm,面积9600m²,钢筋网88t,现浇C35混凝土衬砌980m³,混凝土运输车6m³,运距2.4km。计算人工、材料、机械台班数量。

项目二 建筑安装工程费用计算

【项目描述】

××预应力混凝土连续梁桥,桥跨组合为 50+3×80+50,桥梁全长 345.50m,桥宽度为 25.00m。基础为钻孔灌注桩,采用回旋钻机施工,桥墩为每排三根共 6 根 2.50m 的桩,桥台为 8 根 2.50m 的桩。承台尺寸为 8.00m×20.00m×3.00m。除桥台为干处施工外,其余均为水中施工(水深 4~5m)。混凝土均要求采用集中拌和、泵送施工,水上混凝土施工考虑搭便桥的方法,便桥费用不计。本工程计划工期为 18 个月。其施工图设计的主要工程数量见表 2-1。

××预应力混凝土连续梁桥工程数量表   表 2-1

项 目		钻孔深度(m)				钢筋(t)
		砂土	砂砾	软石	次坚石	
灌注桩	桥墩	87	862	176	27	329
	桥台	67	333	160	—	
承台		封底混凝土(m³)		承台混凝土(m³)		钢筋(t)
		640		1920		91

问题:请根据上述资料计算该桥的建筑安装工程费。

【项目分析】

本项目属于一个桥涵工程建筑安装工程费的计算。建筑安装费用包括直接费、间接费、利润与税金。要计算项目的建筑安装费用,就必须首先弄清楚建筑安装工程费的组成。根据 2008 年实施的《编制办法》,建筑安装工程费构成如图 2-1。在这些费用当中,首先初编 08 表(分项工程概预算表)计算出人工、材料、机械台班的数量,然后编制 09 表(材料预算单价计算表)、10 表(自采材料料场价格计算表)、11 表(机械台班单价计算表)与 12 表(辅助生产工、料、机械台班单位数量表),计算出材料预算单价和机械台班预算单价。再续编 08 表(分项工程概预算表),最后编 03 表(建筑安装工程费计算表),计算出建筑安装费用的各项。

其中:人工费是规费的计算基数。人工费和机械使用费之和是高原地区施工增加费、风沙地区施工增加费和行车干扰工程施工增加费的计算基数。直接工程费其他工程费(高原地区施工增加费、风沙地区施工增加费和行车干扰工程施工增加费除外)的计算基数。直接费是计算企业管理费的计算基数。

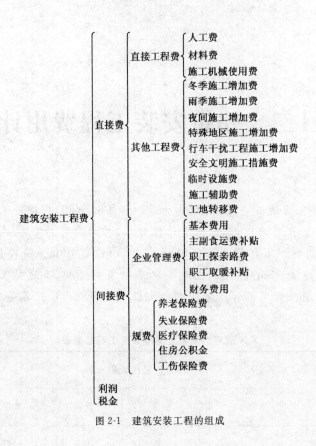

图 2-1 建筑安装工程的组成

任务1 列项及工程量计算

1.1 相关知识

1.1.1 计算体系

公路工程基本建设项目全部费用,以其基本造价表示。编制概算、预算时应分别以《公路工程概算定额》和《公路工程预算定额》为依据,按其规定的工程项目的人工、材料、机械台班消耗量和《编制办法》规定的工程所在地的人工费工日单价,材料预算单价和机械台班单价计算出各工程项目的工、料、机费用,再按《编制办法》的规定计算其他各项费用。概预算的材料、机械台班单价及各项费用的计算都应通过规定的表格反映出来。各种表格的计算顺序和相互关系见图2-2所示。

1.1.2 概预算文件的组成

概预算文件由封面及目录,概预算编制说明及全部概预算表格组成。

(1)封面及目录

概预算文件的封面和扉页应按《编制办法》中的规定制作,扉页的次页应有建设项目名称,编制单位,编制、复核人员姓名并加盖职业(从业)资格印章,编制日期及第几册等内容。目录应按概预算表的表号顺序编排。

(2)概预算编制说明

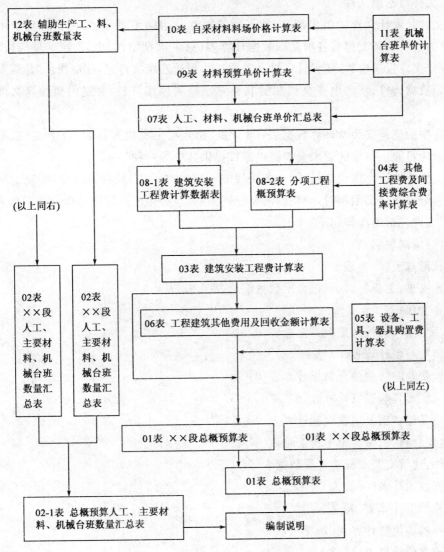

图 2-2 计算体系

概预算编制完成后,应写出编制说明,文字力求简明扼要。应叙述的内容一般有:

①建设项目设计资料的依据及有关文号,如建设项目可行性研究报告批准文号、初步设计和概算批准文号,以及比选方案说明等。

②采用的定额,费用标准,人工、材料、机械台班单价的依据及来源,补充定额及编制依据的详细说明。

③与概预算有关的委托书、协议书、会议纪要的主要内容(或将抄件附后)。

④总概预算金额,人工、钢材、水泥、木料、沥青的总需要量情况,各设计方案的经济比较,以及编制中存在的问题。

⑤其他与概预算有关但不能在表格中反映的事项。

(3)概预算表格

公路工程概预算表格应按统一的概预算表格计算,其中概预算相同的表式,在印刷表格时,应将概算表和预算表分别印刷。

(4)甲组文件与乙组文件

概预算文件是设计文件的组成部分,按不同的需要分为两组,甲组文件为各项费用计算表,乙组文件为建筑安装工程费各项基础数据计算表(只供审批用)。甲、乙组文件应按《编制办法》关于设计文件报送份数,随设计文件一并报送。报送乙组文件时,还应提供"建筑安装工程费各项基础数据计算表"的电子文档和编制补充定额的详细资料,并随同概预算文件一并报送。

乙组文件中的建筑安装费计算数据表(08-1 表)和分项工程概预算表(08-2 表)应根据审批部门或建设项目业主单位的要求全部提供或仅提供其中的一种。

概预算文件应按一个建设项目(如一条路线或一座独立大中桥、隧道)进行编制。当一个建设项目需要分段或分部编制时,应根据需要分别编制,但必须汇总编制总概预算汇总表。

甲、乙组文件包括的内容如下:

甲组文件:编制说明

总概预算汇总表(01-1 表)

总概预算人工、主要材料、机械台班数量汇总表(02-2 表)

总概预算表(01 表)

人工、主要材料、机械台班数量汇总表(02 表)

建筑安装工程费计算表(03 表)

其他工程费及间接费综合费率计算表(04 表)

设备、工具、器具购置费计算表(05 表)

工程建设其他费用及回收金额计算表(06 表)

人工、主要材料、机械台班单价汇总表(07 表)

乙组文件:建筑安装工程费计算数据表(08-1 表)

分项工程概预算表(08-2 表)

材料预算单价计算表(09 表)

自采材料料场价格计算表(10 表)

机械台班单价计算表(11 表)

辅助生产工、料、机械台班单位数量表(12 表)

各种表格见表 2-2～表 2-16。

总概预算汇总表　　　　　　表 2-2

建设项目名称:　　　　　　　　　　　　　　第　页　共　页　01-1 表

项次	工程或费用名称	单位	总数量	概预算金额				技术经济指标	各项费用比例	备注

编制:　　　　　　　　　　　　　　　　　　　　　　　　　　　　　　　复核:

总概预算人工、主要材料、机械台班数量汇总表 表2-3

建设项目名称：　　　　　　　　　　　　　　　　　　　第　页　共　页　02-1表

序号	规格名称	单位	总数量	编制范围						

编制：　　　　　　　　　　　　　　　　　　　　　　　　　　　复核：

总 概 预 算 表 表2-4

建设项目名称：

编制范围：　　　　　　　　　　　　　　　　　　　　　　第　页　共　页　01表

项	目	节	细目	工程或费用名称	单位	数量	概预算金额(元)	技术经济指标	各项费用比例(%)	备注

编制：　　　　　　　　　　　　　　　　　　　　　　　　　　　复核：

人工、主要材料、机械台班数量汇总表 表2-5

建设项目名称：

编制范围：　　　　　　　　　　　　　　　　　　　第　页　共　页　02表

序号	规格名称	单位	总数量	分 项 统 计					场外运输损耗	
									%	数量

编制：　　　　　　　　　　　　　　　　　　　　　　　　　　　复核：

建筑安装工程费计算表

表 2-6

建设项目名称：
编制范围：　　　　　　　　　　　　　　　　　　　　　　　　第　页　共　页　03表

| 序号 | 工程名称 | 单位 | 工程量 | 直接费 ||||| 间接费（元） | 利润（元）费率（%） | 综合税率（%） | 税金（元） | 建筑安装工程费 ||
| | | | | 直接工程费 |||| 其他工程费 | 合计 | | | | | 合计（元） | 单价（元） |
				人工费	材料费	机械使用费	合计							
1	2	3	4	5	6	7	8	9	10	11	12	13	14	15

编制：　　　　　　　　　　　　　　　　　　　　　　　　　　　　　　　　　　　复核：

设备、工具、器具购置费用计算表

表 2-7

建设项目名称：
编制范围：　　　　　　　　　　　　　　　第　页　共　页　05表

序号	设备、工具、器具规格名称	单位	数量	单价（元）	金额（元）	说明

编制：　　　　　　　　　　　　　　　　　　　　　　　　　　　　　　　　　　　复核：

其他工程费及间接费综合费率计算表

表2-8

建设项目名称:
编制范围:
第 页 共 页 04表

序号	工程类别	其他工程费费率(%)											综合费率		规费					企业管理费					综合费率
		冬季施工增加费	雨季施工增加费	夜间施工增加费	高原地区施工增加费	风沙地区施工增加费	沿海地区施工增加费	行车干扰工程施工增加费	安全及文明施工措施费	临时设施费	施工辅助费	工地转移费	Ⅰ	Ⅱ	养老保险费	失业保险费	医疗保险费	住房公积金	工伤保险费	综合费率	基本费用	主副食运费补贴	职工探亲路费	职工取暖补贴	财务费用	综合费率
1	2	3	4	5	6	7	8	9	10	11	12	13	14	15	16	17	18	19	20	21	22	23	24	25	26	27

编制: 复核:

工程建设其他费用及回收金额计算表 表2-9

建设项目名称：
编制范围：　　　　　　　　　　　　　　　　第 页　　第 页　　06表

序号	费用			

编制：　　　　　　　　　　　　　　　　　　　　　　　　　　　　复核：

人工、材料、机械台班单价汇总表 表2-10

建设项目名称：
编制范围：　　　　　　　　　　　　　　　第 页　　共 页　　07表

序号	名称	单位	代号	预算单价(元)	备注	序号	名称	单位	代号	预算单价(元)	备注

编制：　　　　　　　　　　　　　　　　　　　　　　　　　　　　复核：

建筑安装工程费计算数据表 表2-11

建设项目名称：　　编制范围：　　数据文件编号：　　公路等级：
路线或桥梁长度：　　路基或桥梁宽度：　　第 页　　共 页　　08-1表

项目代号	本项目数	目的代号	本目节数	节的代号	本节细目数	细目的代号	费率编号	定额个数	定额代号	项或目或节或细目或定额的名称	单位	数量	定额调整情况

编制：　　　　　　　　　　　　　　　　　　　　　　　　　　　　复核：

分项工程概预算表

表 2-12

编制范围：
工程名称：

第 页 共 页 08-2 表

编号	工、料、机名称		单位	单价（元）	定额	数量	金额（元）	定额	数量	金额（元）	定额	数量	金额（元）	合计	
	工程项目													数量	金额（元）
	工程细目														
	定额单位														
	工程数量														
	定额表号														
1	人工		工日												
2	……														
	定额基价		元												
	直接工程费		元												
	其他工程费	I	元												
		II	元												
	间接费	规费	元												
		企业管理费	元												
	利润及税金		元												
	建筑安装工程费		元												

编制：   复核：

材料预算单价计算表

表 2-13

建设项目名称：
编制范围：

第 页 共 页 09 表

序号	规格名称	单位	原价（元）	运杂费					原价运费合计	场外运输损耗		采购及保管费		预算单价（元）
				供应地点	运输方式、比重及运距	毛重系数或单位毛重	运杂费构成说明或计算式	单位运费（元）		费率（%）	金额（元）	费率（%）	金额（元）	

编制：   复核：

自采材料料场价格计算表　　　　　　　　　　　　　　　　　　　表 2-14

建设项目名称：
编制范围：　　　　　　　　　　　　　　　　　　　　　第　页　共　页　　10 表

序号	定额号	材料规格名称	单位	料场价格（元）	人工（工日）单价（元）		间接费（元）（占人工费%）	（　）单价（元）		（　）单价（元）		（　）单价（元）		（　）单价（元）	
					定额	金额		定额	金额	定额	金额	定额	金额	定额	金额

编制：　　　　　　　　　　　　　　　　　　　　　　　　　　　　　　　复核：

机械台班单价计算表　　　　　　　　　　　　　　　　　　　　　表 2-15

建设项目名称：
编制范围：　　　　　　　　　　　　　　　　　　　　　第　页　共　页　　11 表

序号	定额号	机械规格名称	台班单价（元）	不变费用		可变费用								合计
				调整系数		人工（元/工日）		汽油（元/kg）		柴油（元/kg）		……		
				定额	调整值	定额	金额	定额	金额	定额	金额	定额	金额	

编制：　　　　　　　　　　　　　　　　　　　　　　　　　　　　　　　复核：

辅助生产工、料、机械台班单位数量表　　　　　　　　　　　　　　表 2-16

建设项目名称：
编制范围：　　　　　　　　　　　　　　　　　　　　　第　页　共　页　　12 表

序号	规格名称	单位	人工（工日）			

编制：　　　　　　　　　　　　　　　　　　　　　　　　　　　　　　　复核：

1.1.3　工程数量的计算

工程量计算是公路基本建设程序中各阶段编制设计文件及工程造价的重要内容，同时也是进行工程估价的重要依据。准确地计算工程量，对编制计划、财务管理以及对成本计划执行情况的分析等都是十分重要的。项目前期阶段应按《编制办法》的规定设置项目并对应计算工程量。施工招投标阶段则应根据中华人民共和国交通部颁布的《公路工程国内招标文件范本》，并参照招标文件范本配套用《公路工程工程量清单计量规则》的要求计算工程量。

工程量清单数量是按合同图纸并通过工程量计算规则计算得到的工程量。工程量是指以物理计量单位或自然计量单位所表示的建筑工程各个分项工程或结构件的实物数量。物理计量单位是指以度量表示的长度、面积、体积和质量等单位;自然计量单位是指以建筑成品表现在自然状态下的简单件数所表示的个、条、块等单位。

工程量是确定工程量清单、建筑工程直接费、编制施工组织设计、安排工程施工进度、编制材料供应计划、进行统计工作和实现经济核算的重要依据。

(1)计算工程量的资料

①施工图纸及设计说明书、相关图表、设计变更资料、评审记录等。

②经审定的施工组织设计或施工方案。

③工程施工合同、招标文件的商务条款。

④工程量计算规则。

(2)工程量计算的顺序

计算工程量应按照一定的顺序依次进行,既可节省时间加快计算速度,又可避免漏算或重复计算。

①按施工顺序计算法。按施工顺序计算法是按照工程施工顺序的先后次序来计算工程量。如桥梁按照基础、下部、上部、附属结构等顺序进行。

②按图纸分项编号顺序计算法。此法就是按照图纸上所注结构构件、配件的编号顺序计算工程量。如桥梁、隧道等的分项工程,均可以按照此顺序进行计算。

(3)工程量计算的步骤

①根据工程内容和计算规则中规定的项目列出需计算工程量的分部分项工程。

②根据一定的计算顺序和计算规则列出计算式进行数值计算。

③根据施工图纸的要求确定有关数据代入计算式进行数值计算。

④对计算结果的计量单位进行调整,使之与计量规则中规定的相应分部分项工程的计量单位保持一致。

(4)工程量计算的注意事项

①口径必须一致。施工图列出的工程项目(工程项目所包括的内容及范围)必须与计量规则中规定的相应工程相一致,这样才能准确地套用工程单价。计算工程量除必须熟悉施工图外,还必须熟悉计量规则中每个工程项目所包括的内容和范围。

②必须按工程量计算规则计算。工程量计算规则是综合和确定各项消耗指标的基本依据,也是具体工程测算和分析资料的准绳。

③必须按图纸计算。工程量计算时,应严格按照图纸所注尺寸进行计算,不得任意加大或缩小,也不得任意增加或减少,以免影响工程量计算的准确性。图纸中的项目,要认真反复清查,不得漏项少算或重复多算。

④必须列出计算式。在列计算式时,必须分清部位并详细列项标出计算式,注明计算结构构件的所处部位和轴线,同时保留工程量计算书作为复查依据。工程量计算式应力求简单明了,醒目易懂,并要按一定的顺序排列,以便于审核和校对。

⑤计算必须准确。工程量计算的精度将直接影响到造价的精度,因此,数量计算要准确。一般工程量的精度应按计量规则中的有关规定执行。

⑥计量单位必须一致。工程量的计量单位,必须与计量规则中规定的计量单位相一致,这样才能准确地套用工程量单价。有时由于所采用的制作方法和施工要求不同,其计算工程量的计量单位是有区别的,应予以注意。

⑦必须注意计算顺序。为了计算时不漏项,又不产生重复计算,应按照一定的顺序进行

计算。

⑧力求分层分段计算。要结合施工图纸尽量做到按结构层次,或按施工方案的要求分段计算,或按使用材料的不同分别进行计算。这样,在计算工程量时既可避免漏项,又可为编制工、料、机分析和安排施工进度计划提供数据。

⑨必须注意统筹计算。各个分项工程项目的施工顺序、相互位置及构造尺寸之间存在内在联系。通过了解这种内在联系之间的关系,寻找简化计算过程的途径,以达到快速、高效之目的。

⑩必须自我检查复核。工程量计算完毕后,必须进行自我复核,检查其项目、算式、数据及小数点等有无错误和遗漏,以避免预算审查时返工重算。

1.1.4 公路工程计量规则

(1)总则

①施工单位为工程建设修建的临时工程及设施、施工过程中采取的任何措施所需的费用、保险费、竣工文件编制费,按总额计算,计量单位为总额。

②临时工程用地按设计提供的临时用地图纸面积计算,计量单位为亩。

(2)路基工程

①清理现场

按设计图所示,以投影平面面积计算,计量单位为m^2。

②开挖土石方

按路线中线长度乘以核定的断面面积,以开挖天然密实体积计算,计量单位为m^3。

③土石方填筑

按路线中线长度乘以核定的断面面积,以压实体积计算,计量单位为m^3。

④排水工程

石砌(或混凝土)排水工程按设计图所示,以体积计算,计量单位为m^3。

⑤石砌(或混凝土)防护工程

按设计图所示,以体积计算,计量单位为m^3。

⑥挂网或植草防护

按设计图所示,以面积计算,计量单位为m^2。

⑦软基处理

打桩或砂井、排水板等处理以长度计算,计量单位为m;土工织物按设计图所示,以净面积计算,计量单位为m^2;抛片石等实体性材料处理按设计图所示,以体积计算,计量单位为m^3。

⑧钢筋、锚杆、锚索

按设计图所示,以质量计算,计量单位为kg。

(3)路面工程

①路面垫层、基层

按设计图所示,按不同厚度以顶面面积计算,计量单位为m^2。

②面层

按设计图所示,按不同厚度以面积计算,计量单位为m^2。

③培土路肩、中央分隔带填土

按设计图所示,按不同厚度以面积计算,计量单位为m^2。

④加固土路肩、路缘石

以长度计算,计量单位为 m。

⑤沥青油毡、土工布

以铺设的净面积计算,计量单位为 m²。

⑥渗沟、纵(横)向排水管沟、拦水带

以长度计算,计量单位为 m。

⑦路肩排水垫层

按设计图所示,以压体积计算,计量单位为 m³。

(4)桥梁、涵洞工程

①桥梁检测

按检测内容,以总额计算,计量单位为总额。

②结构钢筋、钢材及预应力钢材

按设计图所示,按有效长度以质量计算,计量单位为 kg。

③基础挖方及回填

按设计图所示,基础所占面积周边外加宽 0.5m,垂直由河床顶面至基础底面高程实际工程体积计算(因施工、放坡、立模而超挖的土方不另计量),计量单位为 m³。

④灌注桩

按设计图所示,按不同桩径的钻孔灌注桩以长度(桩底高程至承台底面或系梁顶面高程,无承台或系梁时,则以桩位处地面线为分界线,地面线以下部分为灌注桩桩长)计算,计量单位为 m。

⑤沉桩

按设计图所示,按不同桩径的沉桩以(沉桩桩尖高程至承台底面或盖梁底)长度计算,计量单位为 m。

⑥钢壳沉井

按设计图所示,以质量计算,计量单位为 kg。

⑦结构混凝土

按设计图所示,以实体体积计算,计量单位为 m³。

⑧砌石工程

按设计图所示的体积计算,计量单位为 m³。

⑨桥面铺装

按设计图所示,按不同厚度以面积计算,计量单位为 m²。

⑩桥梁支座

橡胶支座按支座体积计算,计量单位为 m³;盆式支座按设计图所示的数量计算,计量单位为个。

⑪桥梁伸缩缝

按设计图所示的长度计算,计量单位为 m。

⑫涵洞、通道

按设计图所示,按不同断面尺寸以长度(进出口端墙间距离)计算,计量单位为 m。

(5)隧道工程

①开挖土石方

按路线中线长度乘以核定的断面面积,以开挖天然密实体积计算,计量单位为 m³。

②弃方超运

按设计图所示,弃土场地不足需增加弃土场或监理工程师批准变更弃土场导致弃方超过图纸规定运距,按超运弃方数量乘以超运里程计算,计量单位为 $m^3 \cdot km$。

③砌石、混凝土工程

按设计图所示的体积计算,计量单位为 m^3。

④排水管、止水带、止水条

按设计图所示,以长度计算,计量单位为 m。

⑤锚杆、管棚、小导管

按设计图所示,以长度计算,计量单位为 m。

⑥钢筋、钢筋网、型钢、钢管

按设计图所示,以质量计算,计量单位为 kg。

⑦防水板、土工膜

按设计图所示,以净面积计算,计量单位为 m^2。

⑧洞门、消防设施

按设计图所示,以个数计算,计量单位为个(座)。

⑨洞内路面

基层按设计图所示,按不同厚度以顶面面积计算,计量单位为 m^2。

面层按设计图所示,按不同厚度以面积计算,计量单位为 m^2。

⑩防水涂料和装饰工程

按设计图所示,以面积计算,计量单位为 m^2。

⑪监控量测与地质预报

按规定以总额计算,计量单位为总额。

(6)安全设施及预埋管线工程

①砌石及混凝土护栏

按设计图所示,以体积计算,计量单位为 m^3。

②钢护栏

沿栏杆面(不包括起终端段)量测以长度(含立柱)计算,计量单位为 m。

③隔离栅(墙)

按设计图所示,从端部外侧沿隔离栅(墙)中部丈量,以长度计算,计量单位为 m。

④交通标志、标记、轮廓标

按设计图所示,按不同规格以累计数量计算,计量单位为个。

⑤道路标线

按设计图纸所示,按涂敷厚度,以实际面积计算,计量单位为 m^2。

⑥预埋管道、管线

按设计图所示,按不同结构沿铺筑就位的管道中线量测,以累计长度计算,计量单位为 m。

⑦收费岛、收费亭、高杆灯

按设计图所示,以累计数量计算,计量单位为个。

⑧地下通道

按设计图所示,按不同断面尺寸以通道中心量测洞口间距离计算,计量单位为 m。

⑨防眩板(网)

按设计图所示,沿路线中线测以累计长度计算,计量单位为 m。

⑩收费天棚

按设计图的形式组装架设,以面积计算,计量单位为 m^2。

(7)绿化及环境保护工程

①草皮和草种

按设计图所示尺寸,以面积计算,计量单位为 m^2。

②喷灌管道

按设计图所示尺寸,以累积长度计算,计量单位为 m。

③树木

以累积株数计算,计量单位为株。

④竹类

以冠幅垂直投影确定冠幅宽度,按株累积数量计算,计量单位为株。

⑤玻璃钢消声板

按设计图所示,按长度计算,计量单位为 m。

⑥砖墙声屏障

按设计图所示,以体积计算,计量单位为 m^3。

1.1.5 概预算的编制步骤(见图2-3)

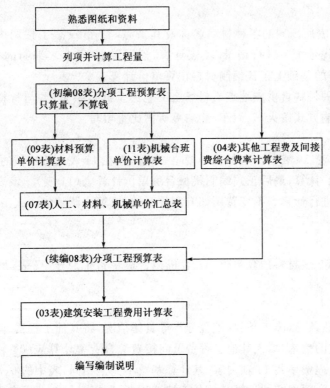

图2-3 建筑安装工程费的计算步骤

(1)认真掌握相关资料

在编制概预算文件之前,应认真掌握设计文件、设计图纸、施工组织设计,以及查资料,对工程的全局做到融会贯通、心中有数。在编制概预算文件之前,应将有关文件如《概预算编制办法》、《设计文件编制办法》及地方的有关文件等准备齐全。同时也要把定额等工具书以及概预算表格准备好。

(2)列表并计算工程量

即根据工程设计,参照"项目表",结合定额的分析,将工程项、目、节列出,经复核后,再一一算出工程数量,并填入项目表的相应栏内。

(3)初编 08 表

初编 08-2 表(分项工程概预算表),只计算工、料、机工程量,不计算金额。首先要根据工程项目的内容和有关要求,填好 08-1 表(建筑安装工程费计算数据表),"项"、"目"、"节"、"细目"、"定额"等的代号,应根据实际需要按编制办法、概预算定额的序列及内容填写。在 08-2 表中按具体分项工程名称、数量、对应概预算定额的子目填写。

(4)编制 10 表(如果有)

根据初编 08-2 表所发生的自采材料规格、名称,并结合外业料场调查资料编制自采材料料场价格计算表(10 表)。

该表主要用于分析计算自采材料料场价格,应将选用的定额人工、材料、机械台班数量全部列出,包括相应的工、料、机单价。

材料规格用途相同而生产方式不同(如人工捶碎石、机械轧碎石),应分别计算单价,再以各种生产方式所占比重,根据加权平均计算料场价格。

定额中机械台班有调整系数时,应在该表内计算。

(5)编制 09 表

根据初编 08-2 表所出现的各种材料名称及其来源,先在 09 表上按调拨、外购、自采加工顺序并考虑其材料代号次序进行记录、填表计算,然后随着 08-2 表编制的需要不断记录、计算,最后在前面工作的基础上正式编制材料预算单价计算表(09 表)。

该表是计算各种材料自供应地点或料场至工地的全部运杂费,并与材料原价及其他费用组成预算单价。运输方式按火车、汽车、船舶等所占比重填写。

(6)编制 11 表

根据编制 08-2 表、10 表所出现的机械规格、名称,先在 11 表上按机械的代号次序记录,计算;然后再不断记录、计算;最后正式编制机械台班单价计算表(11 表)。该表应根据公路工程机械台班费用定额进行计算。不变费用如有调整系数,应填入调整值。人工、动力燃料单价由 09 表转来。

(7)编制 07 表

将人工单价及 09 表材料预算单价、11 表机械台班单价汇总于 07 表,形成人工、材料、机械台班单价汇总表。

(8)编制 04 表

根据工程的自然条件、施工条件、工程分类等具体情况,将其他工程费、间接费所包含的分项内容,按各自相应的费率,填入其他工程费及间接费综合费率计算表(04 表)中,计算其综合费率。注意:其他工程费率共 11 项内容,其计算基数不完全相同,表中的 6、7、9 这三项的计算基数是人工费,其余 8 项内容的计算基数是直接工程费,所以其综合费率有 Ⅰ、Ⅱ 之分。

(9)续编制 08 表

根据 7 表材料预算单价详细计算各分项工程的人工、材料、机械台班费用,汇总计算直接工程费,根据 04 表计算各分项工程的其他工程费、规费、企业管理费,最后计算利润、税金、建筑安装工程费。在初编 08-2 表的过程中经过各表间的相互补充、交叉,最后完成分项工程概预算表(08-2表)。

(10)编制03表

根据08-1表、04表的计算结果,按分项工程内容把直接工程费、其他工程费(Ⅰ、Ⅱ)、间接费(规费、企业管理费)、利润费、税金填入并做计算,即可编制建筑安装工程费计算表(03表)。

(11)编制12表(如果有)

根据10表所列的自采材料规格和名称及其他辅助生产项目,按所用定额编制辅助生产工、料、机械台班单位数量表(12表),以供02表计算工、料、机数量之用。

(12)编制02表及02-1表

02表根据(08)表各分项工程概预算基础数据表,及辅助生产工、料、机台班单位数量(12表),经分析计算后统计而来的。发生的冬、雨季及夜施工增工及临时设施用工,按照有关规定计算后列入本表有关项目内。

02-1表是指一个建设项目分若干单项工程编制概预算时,应各通过本表汇总全部建设项目的人工、主要材料、机械台班数量。该表各栏数据均由各单项或单位工程概预算中的人工、主要材料、机械台班数量汇总表(02表)转来。"编制范围"指单项或单位工程。

(13)编写"编制说明"

当概预算各表格全部编制完成后,应根据编制过程和内容,参照第一节所述有关编制说明的主要内容和要求,编写概预算的"编制说明"。

上述步骤并非一成不变。不仅有些表可以按规定不编,而且各表的编制次序也是可以变换的。为了正确地编制概预算,最根本的还是要掌握编制办法的各项规定,明确各表的作用和相互关系,精通表中各栏的填列方法。具体的填写和计算可认真阅读各表附注的填写和表的计算程序。

1.1.6 注意事项

(1)若材料价格可按各地交通厅(局)规定的价格计列时,则10表可以不必编制;若工程中不发生某表内的费用,则可不编该表。

(2)对各项、目、节的工程量计算一定要严格按照定额的口径、要求以及工程量计算规则,既不要多算也不要少算,这是编好概预算至关重要的一环。工程量出错,修改工作费时费力。计算与分列工程量时,要与技术设计人员紧密配合,在设计阶段最好就能按照定额分项口径"对号入座"。

(3)要加强复核工作,这是由于概预算编制是一项系统工程,须环环相扣的特点所决定的。每个表格均应由"编制"与"复核"两人完成,并应分步完成,每步复核无误后再进行一下步,不要未复核就引用。

(4)08表与09表、11表、10表、07表在编制过程中是交叉进行、相互补充的。09表与10表之间、09表与11表之间也是相互利用、相互补充的关系。

(5)进行02表编制时,不要忘记汇总那些按费率或指标计算的增工、增料数量。如自办运输、人工装卸用工、公路交工前用工、冬雨夜增工、临时设施用工及辅助生产所需工、料、机数量等。为了统计汇总这些工、料、机数量,最主要的是不要忘记在02表的"分项"中列项,应特别注意对12表单位数量的应用。

(6)引用定额值要瞻前顾后,注意章节说明和表下的小注。

(7)要全面地、全过程地遵循编制概预算的总则以及国家和地方的有关规定;特别是在每次编制之前都要查询有无新的有关文件或规定下达。

1.2 任务描述

为了使全国的公路工程基本建设概预算编制规范化,在《编制办法》中对工程项目和费用项目的名称、层次做了统一的规定,从而可以防止列项时出现混乱、漏列、错列的现象。根据概预算项目表进行列项,计算工程数量。概预算项目表见表2-21。

1.3 任务分析

概预算项目应按项目表的序列及内容编制,如实际出现的工程和费用项目与项目表的内容不完全相符时,一、二、三部分和"项"的序号应保留不变,"目"、"节"、"细目"可随需要增减,并按项目表的顺序以实际出现的"目"、"节"、"细目"依次排列,不保留缺少的"目"、"节"、"细目"的顺序编号。该项目属于第一部分建筑安装工程费。

1.4 任务实施

(1)钻孔灌注桩护筒数量的确定

根据钻孔土质情况,拟定桥台钻孔桩的护筒平均长度为2.0m。桥台为8根2.50m的桩,全桥总共两个桥台,则需要护筒的总数量8×2。护筒每米重0.5803kg,则其重量为:

$8 \times 2 \times 2 \times 0.5803 = 18.570$ t

根据钻孔土质情况,拟定桥墩钻孔桩的护筒平均长度为8.0m。桥墩为每排三根共6根2.50m的桩,全桥共5跨,故总共4个桥墩。护筒每米重0.5803kg,则其重量为:

$6 \times 4 \times 8 \times 0.5803 = 111.418$ t

(2)水中施工钻孔工作平台数量的确定

根据承台平面尺寸,拟定平台平面尺寸为10×25m,水中施工的仅是桥墩,故需要4个水中工作平台。其总面积为:

$10 \times 25 \times 4 = 1000 \text{m}^2$

(3)灌注桩混凝土数量的计算

$(67+333+160+87+862+176+27) \times 2.5^2 \times \pi \div 4 = 8403.76 \text{m}^3$

(4)承台采用钢套箱施工,按低承台考虑,钢套箱高度按高出水面0.5m计算,则钢套箱的高为5.5m。钢套箱的侧面积为$(8+20) \times 2$,其重量按150kg/m^2计算,则钢套箱的质量为:

$(8+20) \times 2 \times 5.5 \times 0.15 \times 4 = 184.8$ t

工程列项见表2-17。

工程列项表 表2-17

项	目	节	细目	序号	工 程 名 称	单位	工程数量	定额表号
					第一部分 建筑安装工程费			
四					桥梁涵洞			
	1				大桥工程			
		5			××预应力混凝土连续梁桥			
			1		桩基础			

续上表

项目	节	细目	序号	工程名称	单位	工程数量	定额表号
			1	水中平台上回旋钻机钻砂土8.7m,桩径2.5m	m	87	398-4-4-6-313
			2	水中平台上回旋钻机钻砂砾22.62m,桩径2.5m	m	862	398-4-4-6-315
			3	水中平台上回旋钻机钻软石17.6m,桩径2.5m	m	176	398-4-4-6-318
			4	水中平台上回旋钻机钻次坚石2.7m,桩径2.5m	m	27	398-4-4-6-319
			5	陆地上回旋钻机钻砂土6.7m,桩径2.5m	m	67	371-4-4-5-97
			6	陆地上回旋钻机钻砂砾15.3m,桩径2.5m	m	333	371-4-4-5-99
			7	陆地上回旋钻机钻软石10m,桩径2.5m	m	160	371-4-4-5-102
			8	输送泵灌注桩混凝土	m³	8403.76	431-4-4-7-18
			9	灌注桩钢筋(焊接连接)	t	329	432-4-4-7-22
			10	桥台钢护筒(干处埋设)	t	18.570	435-4-4-8-7
			11	桥墩钢护筒(水中埋设,水深4~5m)	t	111.418	435-4-4-8-8
			12	灌注桩水中工作平台(水深4~5m)	m²	1000	436-4-4-9-1
			13	承台封底混凝土(混凝土输送泵)	m³	640	455-4-6-1-11
			14	承台C30混凝土(混凝土输送泵)	m³	1920	455-4-6-1-9(换)
			15	承台钢筋	t	91	455-4-6-1-13
			16	钢套箱(无底模)	t	184.8	291-4-2-6-1

1.5 归纳总结

通过以上任务的分析,我们可以看出列项的过程实际上就是根据项目本身所包含的结构及概预算的子目将所有产生费用的项目罗列出来,以便随后进行概预算费用的计算。在列项的过程中,首先按照概预算项目表找到相应的项、目、节、细目。然后根据定额找到与细目相关的序列。一个序列对应一个定额编号。最后对应序列填入相应的工程数量。

1.6 项目实训

(1)某钢筋混凝土拱涵,标准跨径4m,涵台高3m,洞口为八字墙,涵洞长度为54m,拱部的断面为半圆形。其施工图设计图纸工程量如下表2-18所示。

工程数量表　　　　　　　表2-18

序号	项目	单位	工程量
1	挖基坑土方(干处)	m³	2800
2	挖基坑石方(干处)	m³	2300
3	M7.5浆砌片石基础	m³	600
4	M7.5浆砌片石涵底和洞口铺助	m³	80
5	2cm水泥砂浆抹面	m²	60
6	M7.5浆砌块石台、墙	m³	800
7	混凝土帽石	m³	3
8	拱C25混凝土	m³	120
9	拱钢筋	t	4.8
10	砂砾垫层	m³	450

问题:列项及工程量见表 2-19 所示,请问存在哪些问题？根据你的理解请改正这些问题,并在表中补充修改,需要时应列式计算或说明。(参见表 2-21)

工程列项表　　　　　　　　　　　　　　　　　　　　　　　　　　　　　　表 2-19

项	目	节	细目	序号	工 程 名 称	单位	工程数量	定 额 表 号
					第一部分　建筑安装工程费			
四					桥梁涵洞工程			
	1				涵洞工程			
		1			钢筋混凝土拱涵			
			1		钢筋混凝土拱涵			
				1	干处挖掘机(2.0 m³ 以内)挖路基土方	m³	2800	278-4-1-3-12
				2	干处挖路基石方	m³	2300	278-4-1-3-17
				3	M7.5 浆砌片石基础	m³	600	440-4-5-2-1
				4	M7.5 浆砌片石涵底和洞口辅助	m³	80	440-4-5-2-1
				5	2cm 水泥砂浆抹面	m²	60	688-4-11-6-17
				6	M7.5 浆砌块石台、墙	m³	800	442-4-5-3-5
				7	浆砌混凝土预制块帽石	m³	3	445-4-5-5-6
				8	现浇拱 C25 混凝土	m³	120	489-4-6-7-1
				9	现浇拱钢筋	t	4.8	489-4-6-7-4
				10	砂砾垫层	m³	450	685-4-11-5-1

(2)某二级公路建设项目路基土石方的工程量(断面方)见表 2-20 所示。

土 石 方 数 量 表　　　　　　　　　　　　　　　　　　　　　　　　　表 2-20

挖方(m³)		填　　方		借 方 填 方	
普通土	次坚石	土方	石方	普通土	次坚石
470700	1045000	582400	1045200	200000	11500

问题:

①请问本项目土石方的计价方数量、断面方数量、利用方数量(天然密实方)、借方数量(天然密实方)和弃方数量各是多少？

②假设土的压实干密度为 1.35t/m³,自然状态土的含水量约低于其最佳含水率 1.5%,请问为达到压实要求,应增加的用水量是多少？

③假设填方路段路线长 20.000km,路基宽度 12.00m,大部分均为农田。平均填土高度为 2.00m,边坡坡率为 1:1.5,请问耕地填前压实的工程数量应是多少？

概预算项目表　　　　　　　　　　　　　　　　　　　　　　　　　　　　表 2-21

项	目	节	细目	工程或费用名称	单位	备　注
				第一部分　建筑安装工程费	公路里程	建设项目路线总长度(主线长度)
一				临时工程	公路公里	
	1			临时道路	km	新建便道与利用原有道路的总长
		1		临时便道的修建与维护	km	新建便道长度
		2		原有道路的维护与恢复	km	利用原有道路长度
		……		……		
	2			临时便桥	m/座	指汽车便桥

续上表

项	目	节	细目	工程或费用名称	单位	备 注
		3		临时轨道铺设	km	
		4		临时电力线路	km	
		5		临时电信线路	km	不包括广播线
		6		临时码头	座	按不同的形式划分节目或细目
二				路基工程	km	扣除桥梁、隧道和互通立交的主线长度,独立桥梁或隧道为引道或接线长度
	1			场地清理	km	
		1		清理与掘除	m²	按清除内容的不同划分细目
			1	清除与表土	m²	
			2	伐树、挖根、除草	m²	
			……	……	m²	
		2		挖除旧路面	m²	按不同的路面类型和厚度划分细目
			1	挖除水泥混凝土路面	m²	
			2	挖除沥青混凝土路面	m²	
			3	挖除碎(砾)石路面	m²	
			……	……		
		3		拆除旧建筑物、构筑物	m³	按不同的建筑材料划分细目
			1	拆除钢筋混凝土结构	m³	
			2	拆除混凝土结构	m³	
			3	拆除砖石及其他砌体	m³	
			……	……		
	2			挖方	m³	
		1		挖土方	m³	
			1	挖路基土方	m³	按不同的地点划分细目
			2	挖改路、改河、改渠土方	m³	
		2		挖石方	m³	按不同的地点划分细目
			1	挖路基石方	m³	
			2	挖改路、改河、改渠石方	m³	
			……	……		
		3		挖非适用材料	m³	
		4		弃方运输	m³	
	3			填方	m³	
		1		路基填方	m³	按不同的填筑材料划分细目
			1	换填方	m³	
			2	利用土方填筑	m³	
			3	借土方填筑	m³	

续上表

项目	目	节	细目	工程或费用名称	单位	备注
			4	利用石方填筑	m³	
			5	填砂路基	m³	
			6	粉煤灰及填石路基	m³	
				……		
		2		改路、改河、改渠填方	m³	按不同的填筑材料划分细目
			1	利用土方填筑	m³	
			2	借土方填筑	m³	
			3	利用石方填筑	m³	
				……	m³	
		3		结构物台背回填	m³	按不同的填筑材料划分细目
			1	填碎石	m³	
				……		
	4			特殊路基处理	km	指需要处理的软弱路基长度
		1		软土处理	km	按不同的处置方法划分分细目
			1	抛石挤淤	m³	
			2	砂、砂砾垫层	m³	
			3	灰土垫层	m³	
			4	预压与超载预压	m²	
			5	袋装砂井	m	
			6	塑料排水板	m	
			7	粉喷柱与旋喷柱	m	
			8	碎石桩	m	
			9	砂桩	m	
			10	土工布	m²	
			11	土工格栅	m²	
			12	土工格室	m²	
				……		
		2		滑坡处理		按不同的处理方式划分细目
			1	卸载土石方	m³	
			2	抗滑桩	m³	
			3	预应力锚索	m	
				……		
		3		岩溶洞回填	m³	按不同的回填材料划分细目
			1	混凝土	m³	
				……		
		4		膨胀土处理	km	按不同的处理方式划分细目
			1	改良土		

续上表

项目	目	节	细目	工程或费用名称	单位	备 注
			5	黄土处理	m³	按黄土的不同特性划分细目
			1	陷穴	m³	
			2	湿线性黄土	m²	
				……		
			6	盐渍土处理		按不同渍入厚度划分细目
				……		
		5		排水工程	km	按不同的结构类型分节
			1	边沟	m³/m	按不同的材料、尺寸划分细目
			1	现浇混凝土边沟	m³/m	
			2	浆砌混凝土预制块边沟	m³/m	
			3	浆砌片石边沟	m³/m	
			4	浆砌块石边沟	m³/m	
				……	m³/m	
			2	排水沟	处	按不同的材料、尺寸划分细目
			1	现浇混凝土排水沟	m³/m	
			2	浆砌混凝土预制块排水沟	m³/m	
			3	浆砌片石排水沟	m³/m	
			4	浆砌块石排水沟	m³/m	
				……	m³/m	
			3	截水沟	m³/m	按不同的材料、尺寸划分细目
			1	浆砌混凝土预制块截沟	m³/m	
			2	浆砌片石截水沟	m³/m	
				……		
			4	急流槽	m³/m	
			1	现浇混凝土急流槽	m³/m	
			2	浆砌片石急流槽	m³/m	
				……		
			5	暗沟	m³	按不同的材料、尺寸划分细目
				……		
			6	渗(盲)沟	m³/m	按不同的材料、尺寸划分细目
				……		
			7	排水管	m	按不同的材料、尺寸划分细目
				……		
			8	集水井	m³/个	按不同的材料、尺寸划分细目
				……		
			9	泄水槽	m³/个	按不同的材料、尺寸划分细目
				……		

续上表

项目	目	节	细目	工程或费用名称	单位	备 注
		6		防护与加固工程	km	按不同的结构类型分节
			1	坡面植物防护	m²	按不同的材料划分细目
				1 播种草籽	m²	
				2 铺(植)草皮	m²	
				3 土工织物植草	m²	
				4 植生袋植草	m²	
				5 液压喷播植草	m²	
				6 客土喷播植草	m²	
				7 喷混植草	m²	
				……		
			3	坡面圬工防护	m³/m²	按不同的材料和形式划分细目
				1 现浇混凝土护坡	m³/m²	
				2 预制块混凝土护坡	m³/m²	
				3 浆砌片石护坡	m³/m²	
				4 浆砌块石护坡	m³/m²	
				5 浆砌片石骨架护坡	m³/m²	
				6 浆砌片石护面墙	m³/m²	
				7 浆砌块石护面墙	m³/m²	
				……		
			3	坡面喷浆防护	m²	按不同的材料划分细目
				1 抹面、捶面护坡	m²	
				2 喷浆护坡	m²	
				3 喷射混凝土护坡	m³/m²	
				……		
			4	坡面加固	m²	按不同的材料划分细目
				1 预应力锚索	t/m	
				2 锚杆、锚钉	t/m	
				3 锚固板	m³	
				……		
			5	挡土墙	m³/处	按不同的材料和形式划分细目
				1 现浇混凝土挡土墙	m³/处	
				2 锚杆挡土墙	m³/处	
				3 锚钉板挡土墙	m³/处	
				4 加筋土挡土墙	m³/处	
				5 扶壁式、悬臂式挡土墙	m³/处	
				6 桩板墙	m³/处	
				7 浆砌片石挡土墙	m³/处	

续上表

项目	目	节	细目	工程或费用名称	单位	备注
			8	浆砌块石挡土墙	m³/处	
			9	浆砌护肩墙	m³/处	
			10	浆砌(干砌)护脚	m³/处	
				……		
		6		抗滑桩	m³	按不同的规格划分细目
				……		
		7		冲刷防护	m³	按不同的材料和形式划分细目
			1	浆砌片石河床铺砌	m³	
			2	导流坝	m³/处	
			3	驳岸	m³/处	
			4	石笼	m³/处	
		8		其他工程	km	根据具体情况划分细目
				……		
三				路面工程	km	
	1			路面垫层	m²	按不同的材料分节
			1	碎石垫层	m²	按不同的厚度划分细目
			2	砂砾垫层	m²	按不同的厚度划分细目
				……	m²	
	2			路面底基层	m²	按不同的材料分节
			1	石灰稳定类底基层	m²	按不同的厚度划分细目
			2	水泥稳定类底基层	m²	按不同的厚度划分细目
			3	石灰粉煤灰稳定类底基层	m²	按不同的厚度划分细目
			4	级配碎(砾)石底基层	m²	按不同的厚度划分细目
				……		
	3			路面基层	m²	按不同的材料分节
			1	石灰稳定类基层	m²	按不同的厚度划分细目
			2	水泥稳定类基层	m²	按不同的厚度划分细目
			3	石灰粉煤灰稳定类基层	m²	按不同的厚度划分细目
			4	级配碎(砾)石基层	m²	按不同的厚度划分细目
			5	水泥混凝土基层	m²	按不同的厚度划分细目
			6	沥青碎石混合料基层	m²	按不同的厚度划分细目
				……		
	4			透层、黏层、封层	m²	按不同的材料分节
			1	透层	m²	
			2	黏层	m²	
			3	封层	m²	按不同的厚度划分细目
				1 沥青表处封层	m²	

续上表

项目	目	节	细目	工程或费用名称	单位	备注
			2	稀浆封层	m²	
				……		
			4	单面烧毛纤维土工布	m²	
			5	玻璃纤维格栅	m²	
				……		
		5		沥青混凝土面层	m²	指上面层面积
			1	粗粒式沥青混凝土面层	m²	按不同的厚度划分细目
			2	中粒式沥青混凝土面层	m²	按不同的厚度划分细目
			3	细粒式沥青混凝土面层	m²	按不同的厚度划分细目
			4	改性沥青混凝土面层	m²	按不同的厚度划分细目
			5	沥青玛蹄脂碎石混合料面层	m²	按不同的厚度划分细目
				……		
		6		水泥混凝土面层	m²	按不同的材料分节
			1	水泥混凝土面层	m²	按不同的厚度划分细目
			2	连续配筋混凝土面层	m²	按不同的厚度划分细目
			3	钢筋	t	
		7		其他面层	m²	按不同的类型分节
			1	沥青表面处治面层	m²	按不同的厚度划分细目
			2	沥青贯入式面层	m²	按不同的厚度划分细目
			3	沥青上拌下贯式面层	m²	按不同的厚度划分细目
			4	泥结碎石面层	m²	按不同的厚度划分细目
			5	级配碎(砾)石面层	m²	按不同的厚度划分细目
			6	天然砂砾面层	m²	按不同的厚度划分细目
				……	m²	
		8		路槽、路肩及中央分隔带	km	
			1	挖路槽	m²	按不同的厚度划分细目
				1 土质路槽	m²	
				2 石质路槽	m²	
			2	培路槽	m²	按不同的厚度划分细目
			3	土路肩加固	m²	按不同的加固方式划分细目
				1 现浇混凝土	m²	
				2 铺砌混凝土预制块	m²	

续上表

项目	目	节	细目	工程或费用名称	单位	备注
			3	浆砌片石	m²	
				……		
			4	中央分隔带回填土	m³	
			5	路缘石	m³	按现浇和预制安装划分细目
				……		
		9		路面排水	km	按不同类型分节
			1	拦水带	m	按不同的材料划分细目
				1 沥青混凝土	m	
				2 水泥混凝土	m	
			2	排水沟	m	按不同的类型划分细目
				1 路肩排水沟	m	
				2 中央分隔带排水沟	m	按不同的类型划分细目
			3	排水管	m	
				1 纵向排水管	m	
				2 横向排水管	m/道	
				……		
			4	集水井	m³/个	按不同的规格划分细目
				……		
四				桥梁涵洞工程	km	指桥梁长度
	1			漫水工程	m/处	
		1		过水路面	m/处	
		2		混凝式过水路面		
	2			涵洞工程	m/道	按不同结构分节
		1		钢筋混凝土管涵	m/道	按管径和单、双孔划分细目
			1	1—φ1.0m 圆管涵	m/道	
			2	1—φ1.5m 圆管涵	m/道	
			3	倒虹吸管		
		2		盖板涵	m/道	按不同的材料和涵径划分细目
			1	2.0×2.0 石盖板涵	m/道	
			2	2.0×2.0 钢筋混凝土盖板涵	m/道	
				……		
		3		箱涵	m/道	按不同的材料和涵径划分细目
			1	4.0×4.0 钢筋混凝土箱涵	m/道	
				……		
		4		拱涵	m/道	按不同的跨径划分细目

续上表

项目	目	节	细目	工程或费用名称	单位	备注
			1	4.0×4.0石拱涵	m/道	
			2	4.0×4.0钢筋混凝土拱涵	m/道	
				……		
		3		小桥工程	m/座	按不同的结构类型分节
			1	石拱桥	m/座	按不同的跨径划分细目
			2	钢筋混凝土矩形板桥	m/座	按不同的跨径划分细目
			3	钢筋混凝土空心板桥	m/座	按不同的跨径划分细目
			4	钢筋混凝土T型梁桥	m/座	按不同的跨径划分细目
			5	预应力混凝土空心板桥	m/道	按不同的跨径划分细目
				……		
		4		中桥工程	m/座	按不同的结构类型或桥名分节
			1	钢筋混凝土空心板桥	m/座	按不同的跨径或工程部位划分细目
			2	钢筋混凝土T形梁桥	m/座	按不同的跨径或工程部位划分细目
			3	钢筋混凝土拱桥	m/座	按不同的跨径或工程部位划分细目
			4	预应力混凝土空心板桥	m/座	按不同的跨径或工程部位划分细目
				……		
		5		大桥工程	m/座	按桥名或不同的工程部位划分
			1	××大桥	m²/m	
				1 天然地基	m³	
				2 桩基础	m³	
				3 沉井基础	m³	
				4 桥台	m³	
				5 桥墩	m³	
				6 上部结构	m³	注明上部构造跨径组成及结构形式
			2	……		
		6		××特大桥工程	m²/m	按桥名分目,按不同的工程部位分节
			1	基础	m³/座	

续上表

项	目	节	细目	工程或费用名称	单位	备注
			1	天然基础	m³	
			2	桩基础	m³	
			3	沉井基础	m³	
			4	承台	m³	
				……		
		2		下部结构	m³/座	按不同的形式划分细目
			1	桥台	m³	
			2	桥墩	m³	
			3	索塔	m³	
				……		
		3		上部结构	m³	按不同的形式划分细目,并注明其跨径组成
			1	预应力混凝土空心板	m³	
			2	钢筋混凝土T型梁桥	m³	
			3	预应力混凝土连续梁	m³	
			4	预应力混凝土连续钢构	m³	
			5	钢管拱桥	m³	
			6	钢箱梁	t	
			7	斜拉索	t	
			8	主揽	t	
			9	预应力钢材	t	
				……		
		4		桥梁支座	个	按不同规划分细目
			1	矩形板式橡胶支座	dm³	
			2	圆形板式橡胶支座	dm³	
			3	矩形四氟板式橡胶支座	dm³	
			4	圆形四氟板式橡胶支座	dm³	
			5	盆式橡胶支座	个	
				……		
		5		桥梁伸缩缝	m	指伸缩缝长度、按不同的规格划分细目
			1	橡胶伸缩缝	m	
			2	模数式伸缩装置	m	
			3	填充式伸缩装置	m	
				……		
		6		桥面铺装	m³	按不同的材料划分细目
			1	沥青混凝土桥面铺装	m³	

续上表

项目	目	节	细目	工程或费用名称	单位	备注
			2	水泥混凝土桥面铺装	m³	
			3	水泥混凝土垫平层	m²	
			4	防水层	m²	
		7		人行道系	m	指桥梁长度,按不同的类型划分细目
			1	人行道及栏杆	m³/m	
			2	桥梁钢防撞护栏	m	
			3	桥梁波形梁护栏	m	
			4	桥梁水泥混凝土防撞墙	m	
			5	桥梁防护网	m	
				……		
		8		其他工程	m	指桥梁长度,按不同的类型划分细目
			1	看桥房及岗亭	座	
			2	砌筑工程	m³	
			3	混凝土构件装饰	m²	
				……		
五				交叉工程	处	按不同的交叉形式划分细目
	1			平面交叉道	处	按不同的类型分节
		1		公路与铁路平面交叉	处	
		2		公路与公路平面交叉	处	
		3		公路与大车道平面交叉	处	
				……		
	2			通道	m/处	按结构类型分节
		1		钢筋混凝土箱式通道	m/处	
		2		钢筋混凝土板式通道	m/处	
				……		
	3			人行天桥	m/处	
		1		钢结构人行天桥	m/处	
		2		钢筋混凝土结构人行天桥	m/处	
	4			渡槽	m/处	按结构类型分节
		1		钢筋混凝土渡槽	m/处	
		2		……		
	5			分离式立体交叉	处	按交叉名称分节
		1		××分离式立体交叉	处	按不同的工程内容划分细目

任务2 人工、材料、机械台班数量计算

2.1 相关知识

根据列项结果,可以得到与本项目相关的定额子目,根据定额子目查找定额可以得到各定额子目所消耗的人工、材料、机械台班的数量标准。因为已知该项目相关定额的工程数量,从而能够得到本项目所需要消耗的人工、材料、机械台班的数量,即完成人工、材料、机械台班数量计算。

为了规范计算结果和使计算过程更加有序,主要通过对于分项工程预算表(08表)的初编完成对人工、材料、机械台班数量的计算。

2.2 任务描述

对于该项目所涉及人工、材料、机械台班的数量进行相应的计算。完成初编08表。

2.3 任务分析

要计算该项目所涉及到人工、材料、机械台班的数量,首先需要搞清楚该项目涉及到的人工、材料、机械台班的种类有哪些?这就需要依据任务1所列的项和所对应的定额一一进行确定,然后根据工程数量分别算出每个项目所需要的人工、材料、机械台班数量,最后将所有项目涉及到的相同的人工、材料、机械台班的数量进行合计,即得出了该项目的人工、材料、机械台班数量。即通过初编08表来计算出该项目所涉及到的人工、材料、机械台班的数量。

2.4 任务实施

根据任务1中的列项结果,可以得到与本项目相关的定额表号若干个。根据定额表号查出工程细目对应的人工、材料、机械台班消耗定额,定额乘以工程数量得到人工、材料、机械台班消耗量。初编分项工程预算表(08表),即分别对每个定额表号相关的内容进行填写。编制范围一般填写起讫点的桩号(路线里程)或项目名称,工程名称与建筑安装工程费计算表(03表)上的工程名称应一一对应,主要根据编制者自身的编制习惯以及项目的划分程度进行填写。在这里尤其要注意工程数量的填写,这里的工程数量指的是该项工程包括几个定额单位,而不是项目实际的工程数量。

对于项目的实施见表2-22分项工程概预算表(08表)。

2.5 归纳总结

对人工、材料、机械台班数量要进行准确的计算,首先必须对项目进行正确的列项,在列项准确的基础上才能对人工、材料、机械台班数量进行合理的计算。为了避免在罗列的过程中出现遗漏、重复的现象,最好能够按照定额代号的大小对工、料、机进行排列。

分项工程预算表

编制范围：××预应力混凝土连续梁桥
工程名称：桩基础

表 2-22
第 1 页 共 11 页 08-2 表

序号	工料机名称	单位	单价(元)	陆地上钻孔 回旋钻机钻孔桩径250cm 以内孔深40m以内砂土		陆地上钻孔 回旋钻机钻孔桩径250cm 以内孔深40m以内砂砾		陆地上钻孔 回旋钻机钻孔桩径250cm 以内孔深40m以内软石		水中平台上钻孔 回旋钻机钻孔桩径250cm 以内孔深60m以内砂土	
				10m		10m		10m		10m	
				6.700		33.300		16.000		8.700	
				4-4-5-97		4-4-5-99		4-4-5-102		4-4-5-313	
				定额	数量	定额	数量	定额	数量	定额	数量	金额(元)
1	人工	工日		15.700	105.190	24.600	819.180	57.300	916.800	16.400	142.680
2	锯材	m³		0.023	0.154	0.023	0.766	0.023	0.368	0.015	0.130
3	电焊条	kg		0.200	1.340	0.500	16.650	1.600	25.600	0.200	1.740
4	铁件	kg		0.500	3.350	0.500	16.650	0.500	8.000	0.300	2.610
5	水	m³		133.000	891.100	189.000	6293.700	161.000	2576.000	133.000	1157.100
6	黏土	m³		21.870	146.529	29.170	971.361	25.560	408.960	21.870	190.269
7	其他材料费	元		1.300	8.710	1.300	43.290	1.300	20.800	0.800	6.960
8	设备摊销费	元		20.400	136.680	23.800	792.540	45.500	728.000	20.400	177.480
9	1.0m³履带式单斗挖掘机	台班		0.020	0.134	0.020	0.666	0.020	0.320	0.020	0.174
10	15t以内载货汽车	台班		0.070	0.469	0.070	2.331	0.070	1.120		
11	15t以内履带式起重机	台班		0.060	0.402	0.060	1.998	0.060	0.960	0.160	1.392
12	2500mm以内回旋钻机	台班		2.360	15.812	4.540	151.182	14.110	225.760	2.710	23.577
13	容量100～150L泥浆搅拌机	台班		1.300	8.710	1.300	43.290	1.300	20.800	1.300	11.310
14	32kV·A交流电弧焊机	台班		0.020	0.134	0.050	1.665	0.180	2.880	0.020	0.174
15	88kW以内工程拖轮	台班								0.360	3.132
16	100t以内工程燃拖船	台班								0.060	0.522
17	200t以内工程驳船	台班								5.620	48.894

编制： 复核：

续上表

编制范围：××预应力混凝土连续梁桥 第 2 页 共 11 页 08-2 表
工程名称：桩基础

序号	工料机名称	单位	单价(元)	水中平台上钻孔 回旋钻机水中钻孔桩径250cm 以内孔深60m以内砂砾 10m 4-4-5-315		水中平台上钻孔 回旋钻机水中钻孔桩径250cm 以内孔深60m以内软石 10m 4-4-5-318		水中平台上钻孔 回旋钻机水中钻孔桩径250cm 以内孔深60m以内次坚石 10m 4-4-5-319		混凝土 灌注桩混凝土回旋、潜水钻成孔(桩径250cm以内)输送泵 10m³ 实体 4-4-7-18	
				定额	数量	定额	数量	定额	数量	定额	数量
	工程细目				86.200		17.600		2.700		840.376
	定额单位										
	工程数量										
	定额表号										
					金额(元)		金额(元)		金额(元)		金额(元)
1	人工	工日		26.700	2301.540	66.300	1166.880	91.600	247.320	1.800	1512.677
2	锯材	m³		0.015	1.293	0.015	0.264	0.015	0.041		
3	电焊条	kg		0.500	43.100	1.700	29.920	2.100	5.670		
4	铁件	kg		0.300	25.860	0.300	5.280	0.300	0.810		
5	32.5级水泥	t									
6	水	m³		189.000	16291.800	161.000	2833.600	161.000	434.700	5.111	4295.162
7	中(粗)砂	m³								3.000	2521.128
8	黏土	m³		29.170	2514.454	25.560	449.856	25.560	69.012	6.100	5126.294
9	碎石(4cm)	m³								8.260	6941.506
10	其他材料费	元		0.800	68.960	0.800	14.080	0.800	2.160	0.900	756.338
11	设备摊销费	元		23.800	2051.560	45.500	800.800	55.600	150.120	31.300	26303.769
12	1.0m³履带式单斗挖掘机	台班		0.020	1.724	0.020	0.352	0.020	0.054	0.090	75.634
13	60m³/h以内混凝土输送泵	台班									
14	15t以内履带式起重机	台班		0.160	13.792	0.160	2.816	0.160	0.432		

编制：　　　　　　　　　　　　　　　　复核：

续上表

编制范围：××预应力混凝土连续梁桥
工程名称：桩基础　　　　　　　　　　　　　　　　　第 3 页　共 11 页　　08-2 表

序号	工料机名称	单位	单价(元)	水中平台上钻孔 回旋钻机水中钻孔桩径250cm以内孔深60m以内砂砾 10m 4-4-5-315		水中平台上钻孔 回旋钻机水中钻孔桩径250cm以内孔深60m以内软石 10m 4-4-5-318		水中平台上钻孔 回旋钻机水中钻孔桩径250cm以内孔深60m以内次坚石 10m 4-4-5-319		混凝土 灌注桩混凝土回旋,潜水钻成孔(桩径250cm以内)输送泵 10m³ 实体 4-4-7-18	
	工程细目 定额单位 工程数量 定额表号			86.200		17.600		2.700		840.376	
				定额	数量 金额(元)	定额	数量 金额(元)	定额	数量 金额(元)	定额	数量 金额(元)
15	2500mm 以内回旋钻机	台班		5.300	456.860	16.820	296.032	24.070	64.989		
16	容量100～150L 泥浆搅拌机	台班		1.300	112.060	1.300	22.880	1.300	3.510		
17	32kV·A 交流电弧焊机	台班		0.060	5.172	0.200	3.520	0.230	0.621		
18	88kW 以内内燃拖轮	台班		0.360	31.032	0.360	6.336	0.360	0.972		
19	100t 以内工程驳船	艘班		0.060	5.172	0.060	1.056	0.060	0.162		
20	200t 以内工程驳船	艘班		11.100	956.820	35.400	623.040	50.710	136.917		

编制：　　　　　　　　　　　　　　　　　　　　　　　　　　　　复核：

续上表

编制范围：××预应力混凝土连续梁桥 第 4 页 共 11 页 08-2 表
工程名称：桩基础

序号	工程项目				钢筋及检测钢管			钢护筒			钢护筒			灌注桩工作台		
	工程细目				灌注桩钢筋焊接连接主筋			钢护筒干处埋设			钢护筒水中埋设水深5m以内			桩基工作平台水深5m以内		
	定额单位				1t			1t			1t			100m²		
	工程数量				329.000			18.570			111.418			10.000		
	定额表号				4-4-7-22			4-4-8-7			4-4-8-8			4-4-9-1		
	工料机名称	单位	单价（元）		定额	数量	金额（元）	定额	数量	金额（元）	定额	数量	金额（元）	定额	数量	金额（元）
1	人工	工日			5.000	1645.000		9.000	167.130		7.700	857.919		95.500	955.000	
2	原木	m³												0.163	1.630	
3	锯材	m³			0.112	36.848					0.002	0.223		1.282	12.820	
4	光圆钢筋	t			0.913	300.377										
5	带肋钢筋	t														
6	型钢	t									0.007	0.780		0.187	1.870	
7	钢板	t									0.001	0.111		0.004	0.040	
8	电焊条	kg			5.100	1677.900					0.200	22.284		14.900	149.000	
9	钢管桩	t									1.000	111.418				
10	钢护筒	t						0.100	1.857					0.803	8.030	
11	铁件	kg			2.200	723.800								7.800	78.000	
12	铁钉	kg												2.000	20.000	
13	20～22号铁丝	kg														
14	黏土	m³						6.410	119.034							

编制：　　　　　　　　　　　　　　　　　　复核：

续上表

编制范围：××预应力混凝土连续梁桥
工程名称：桩基础

第 5 页 共 11 页　08-2 表

序号	工程项目 工料机名称	工程细目 定额单位	单价(元)	钢筋及检测钢管 灌注桩钢筋焊接连接主筋 1t 329.000 4-4-7-22			钢护筒 钢护筒干处埋设 1t 18.570 4-4-8-7			钢护筒 钢护筒水中埋设水深5m以内 1t 111.418 4-4-8-8			灌注桩工作台 桩基工作平台水深5m以内 100m² 10.000 4-4-9-1		
				定额	数量	金额(元)	定额	数量	金额(元)	定额	数量	金额(元)	定额	数量	金额(元)
15	其他材料费	元											360.800	3608.000	
16	设备摊销费	元											2616.100	26161.000	
17	8t以内载货汽车	台班											1.470	14.700	
18	5t以内汽车式起重机	台班		0.120	39.480		0.160	2.971							
19	12t以内汽车式起重机	台班								0.050	5.571		3.440	34.400	
20	50kN以内单筒慢动电动卷扬机	台班		0.850	279.650					0.350	38.996		1.230	12.300	
21	300kN以内振动打拔桩锤	台班								0.260	28.969				
22	600kN以内振动打拔桩锤	台班								0.020	2.228		0.190	1.900	
23	32kV·A交流电弧焊机	台班								0.090	10.028		1.750	17.500	
24	88kW以内燃拖轮	台班											1.200	12.000	
25	221kW以内燃拖轮	台班								0.400	44.567				
26	100t以内工程驳船	台班													
27	200t以内工程驳船	台班								0.300	33.425		5.910	59.100	
28	小型机具使用费	元		15.200	5000.800								103.400	1034.000	

编制：　　　　　　　　　　　　　　　　　　　　　　　　　　　　　复核：

续上表

编制范围：××预应力混凝土连续梁桥
工程名称：桩基础

第 6 页 共 11 页 08-2 表

序号	工程项目 工料机名称	单位	单价(元)	基础、承台及支撑架 承台混凝土泵送封底 10³实体 64.000 4-6-1-11			基础、承台及支撑架 承台混凝土泵送有底模 10³实体 192.000 4-6-1-9			基础、承台及支撑架 承台钢筋 1t 91.000 4-6-1-13			套箱围堰 10t钢套箱(有底模) 1.848 4-2-6-1		
	工程细目 定额单位 工程数量 定额表号			定额	数量	金额(元)	定额	数量	金额(元)	定额	数量	金额(元)	定额	数量	金额(元)
1	人工	工日		0.500	32.000		5.500	1056.000		6.700	609.700		282.400	521.875	
2	原木	m³					0.016	3.072					0.060	0.111	
3	锯材	m³					0.013	2.496					0.060	0.111	
4	带肋钢筋	t					0.003	0.576		1.025	93.275		0.054	0.100	
5	型钢	t											0.193	0.357	
6	钢板	t											0.008	0.015	
7	圆钢	t											0.036	0.067	
8	钢管	t											0.002	0.004	
9	钢丝绳	t													
10	电焊条	kg								4.600	418.600		6.900	12.751	
11	钢套箱	t											4.547	8.403	
12	组合钢模板	t					0.010	1.920							
13	铁件	kg					3.500	672.000					7.800	14.414	
14	20~22号铁丝	kg								3.400	309.400				

编制：　　　　　　　　　　　　　　　　复核：

续上表

编制范围：××预应力混凝土连续梁桥　　　　　　　　第7页　共11页　　08-2表
工程名称：桩基础

序号	工程项目 工料机名称	单位	单价(元)	基础、承台反支撑架 承台混凝土泵送封底 10³实体 64.000 4-6-1-11			基础、承台反支撑架 承台混凝土泵送有底模 10³实体 192.000 4-6-1-9			基础、承台反支撑架 承台钢筋 1t 91.000 4-6-1-13			套箱围堰 钢套箱围堰(有底模) 10t钢套箱 1.848 4-2-6-1		
				定额	数量	金额(元)	定额	数量	金额(元)	定额	数量	金额(元)	定额	数量	金额(元)
15	32.5级水泥	t		3.827	244.928		3.869	742.848							
16	水	m³		2.000	128.000		18.000	3456.000							
17	中(粗)砂	m³		5.410	346.240		6.030	1157.760							
18	碎石(4cm)	m³		7.800	499.200		7.590	1457.280							
19	其他材料费	元		10.300	659.200		3.400	652.800					322.400	595.795	
20	设备摊销费	元		0.100	6.400		0.080	15.360					5961.100	11016.113	
21	60m³/h以内混凝土输送泵	台班					0.100	19.200							
22	12t以内汽车式起重机	台班											2.400	4.435	
23	50kN以内单筒慢动电动卷扬机	台班											3.070	5.673	
24	30kN以内单筒快动电动卷扬机	台班											12.290	22.712	
25	32kV·A交流电弧焊机	台班								0.500	45.500		0.770	1.423	
26	44kW以内内燃拖轮	台班											0.800	1.478	
27	100t以内工程驳船	艘班											2.400	4.435	
28	潜水设备	台班											1.200	2.218	
29	小型机具使用费	元		6.100	1171.200					21.500	1956.500		79.900	147.655	

编制：　　　　　　　　　　　　　　　　　　　　　　　　　　　复核：

续上表

编制范围：××预应力混凝土连续梁桥　　第 8 页　共 11 页　08-2 表

工程名称：桩基础

序号	工程项目				混凝土搅拌站拌和 (60m³/h 以内)			混凝土搅拌站拌和 (60m³/h 以内)			合计	
	工程细目				4-11-11-12			4-11-11-12				
	定额单位				100m³			100m³				
	工程数量				84.038			25.600				
	定额表号 工料机名称	单位	单价(元)	定额	数量	金额(元)	定额	数量	金额(元)	定额	数量	金额(元)
1	人工	工日									13056.891	
2	原木	m³									4.813	
3	锯材	m³									18.555	
4	光圆钢筋	t									36.848	
5	带肋钢筋	t									393.763	
6	型钢	t									3.326	
7	钢板	t									0.508	
8	圆钢	t									0.015	
9	钢管	t									0.067	
10	钢丝绳	t									0.004	
11	电焊条	kg									2404.555	
12	钢管桩	t									8.030	
13	钢护筒	t									113.275	
14	钢套箱	t									8.403	

编制：　　　复核：

编制范围：××预应力混凝土连续梁桥

工程名称：桩基础

续上表

第 9 页 共 11 页　　　　08-2 表

序号	工程项目 工料机名称	单位	单价(元)	混凝土搅拌站拌和 (60m³/h 以内) 100m³ 84.038 4-11-11-12 定额	混凝土搅拌站拌和 (60m³/h 以内) 100m³ 84.038 4-11-11-12 数量	混凝土搅拌站拌和 (60m³/h 以内) 100m³ 84.038 4-11-11-12 金额(元)	混凝土搅拌站拌和 (60m³/h 以内) 100m³ 25.600 4-11-11-12 定额	混凝土搅拌站拌和 (60m³/h 以内) 100m³ 25.600 4-11-11-12 数量	混凝土搅拌站拌和 (60m³/h 以内) 100m³ 25.600 4-11-11-12 金额(元)	合计 数量	合计 金额(元)
15	组合钢模板	t								1.920	
16	铁件	kg								826.974	
17	铁钉	kg								20.000	
18	20~22号铁丝	kg								1033.200	
19	32.5号水泥	t								5282.938	
20	水	m³								36583.128	
21	中(粗)砂	m³								6630.294	
22	黏土	m³								4869.475	
23	碎石(4cm)	m³								8897.986	
24	其他材料费	元								5945.021	
25	设备摊销费	元								68977.262	
26	75kW以内履带式推土机	台班		0.280	23.531		0.280	7.168		30.699	
27	1.0m³履带式单斗挖掘机	台班								3.424	
28	1.0m³轮胎式装载机	台班		0.280	23.531		0.280	7.168		30.699	
29	60m³/h以内混凝土输送泵	台班								97.394	

编制：　　　　　　　　　　　　　　　　　　　　　　　　复核：

续上表

编制范围：××预应力混凝土连续梁桥
工程名称：桩基础

第 10 页 共 11 页 08-2 表

序号	工料机名称	单位	单价(元)	工程项目 混凝土搅拌站拌和 定额单位 100m³ 工程数量 84.038 定额表号 4-11-11-12		工程细目 混凝土搅拌站拌和 (60m³/h 以内) 25.600 4-11-11-12		合计	
				定额	数量	金额(元)	定额	数量	金额(元)	数量	金额(元)
30	60m³/h 以内水泥混凝土搅拌站	台班		0.330	27.732		0.330	8.448		36.180	
31	8t 以内载货汽车	台班								14.700	
32	15t 以内载货汽车	台班								3.920	
33	15t 以内履带式起重机	台班								21.792	
34	5t 以内汽车式起重机	台班								2.971	
35	12t 以内汽车式起重机	台班								103.086	
36	50kN 以内单筒慢动电动卷扬机	台班								56.970	
37	30kN 以内单筒快动电动卷扬机	台班								22.712	
38	300kN 以内振动打拔桩锤	台班								28.969	
39	600kN 以内振动打拔桩锤	台班								1.900	
40	2500mm 以内回旋钻机	台班								1234.212	
41	容量 100~150L 泥浆搅拌机	台班								222.560	
42	32kV·A 交流电弧焊机	台班								360.467	
43	44kW 以内燃拖轮	台班								1.478	
44	88kW 以内燃拖轮	台班								51.500	
45	221kW 以内燃拖轮	台班								12.000	

编制：　　　　　　　　　　　　　　　复核：

续上表

编制范围：××预应力混凝土连续梁桥
工程名称：桩基础

第 11 页 共 11 页　　08-2 表

序号	工料机名称	单位	单价(元)	混凝土搅拌站拌和 混凝土搅拌站拌和 (60m³/h以内) 100m³ 84.038 4-11-11-12			混凝土搅拌站拌和 混凝土搅拌站拌和 (60m³/h以内) 100m³ 25.600 4-11-11-12			合计	
				定额	数量	金额(元)	定额	数量	金额(元)	数量	金额(元)
46	100t以内工程驳船	艘班								55.914	
47	200t以内工程驳船	艘班								1824.771	
48	潜水设备	台班								2.218	
49	小型机具使用费	元								9343.581	

编制：　　　　　　　　　　　　　　　　　　　　　　　　　　　　　复核：

2.6 项目实训

(1)某拱桥现浇实体式墩台C20混凝土160m³,现浇C30混凝土拱圈48m³,采用混凝土搅拌机集中拌和施工,平均运距800m,1t以内机动翻斗车运输。试计算该项目人工、材料、机械台班的数量。(内蒙古通辽,其他自定)

(2)某隧道全长900米,20t自卸汽车(无轨)运输,正洞开挖Ⅵ类围岩65800m³,Ⅲ类围岩98000m³。自锚式锚杆5800m,喷射混凝土厚10cm,面积9600m²,钢筋网88t,现浇C35混凝土衬砌980m³,混凝土运输车6m³,运距2.4km。试计算该项目人工、材料、机械台班的数量。(内蒙古自治区兴安盟,其他条件自定)

(3)某三级公路,主要工程数量:(山东省日照市,其他条件自定)

中粒式沥青混凝土(4cm) 54780m²
粗粒式沥青混凝土(5cm) 54780m²
20cm 二灰碎石 62800m²
35cm10% 二灰土 270625m²
路堤土方 219300 m³

试计算该项目人工、材料、机械台班的数量。

任务3 人工、材料、机械台班预算单价计算

3.1 相关知识

3.1.1 人工费

人工费系指列入概预算定额的直接从事建筑安装工程施工的生产工人开支的各项费用,人工费以概预算定额人工工日数乘以每工日人工费计算。

人工费包括内容:

(1)基本工资。包括:生产工人的基本工资,流动施工津贴和生产工人劳动保护费,以及职工缴纳的养老、失业、医疗保险费和住房公积金等。

(2)工资性补贴。包括:按规定标准发放的物价补贴,煤、燃气补贴,交通费补贴,地区津贴等。

(3)生产工人辅助工资。系指生产工人年有效施工天数以外非作业天数的工资,包括开会和执行必要的社会义务时间的工资,职工学习、培训期间的工资,调动工资、探亲、休假期间的工资,因气候影响停工期间的工资,女工哺乳期间的工资,病假在六个月以内的工资及产、婚、丧假期的工资。

(4)职工福利费。系指按国家规定标准计提的职工福利费。

(5)人工单价。

人工费(元/工日)=[基本工资(元/月)+地区生活补贴(元/月)+工资性津贴(元/月)]×
　　　　　　　　(1+14%)×12月÷240(工日)

式中:生产工人基本工资——按不低于工程所在地政府主管部门发布的最低工资标准的
　　　　　　　　1.2倍计算;

地区生活补贴——指国家规定的边远地区生活补贴、特区补贴；

工资性津贴——指物价补贴，煤、燃气补贴，交通费补贴等。

以上各项标准由各省、自治区、直辖市公路（交通）工程造价（定额）管理站根据当地人民政府的有关规定核定后公布执行，并抄送交通部公路司备案。并应根据最低工资标准的变化情况及时调整公路工程生产工人工资标准。

人工单价仅作为编制概预算的依据，不作为施工企业实发工资的依据。

2004年1月20日国家劳动和社会保障部下发的第21号部令《最低工资规定》要求最低工资标准为当地月平均工资40%～60%，同时每两年至少调整一次。

3.1.2 材料预算单价

材料预算价格指的是材料由其来源地（或交货地）到达工地仓库后的出库价格。

材料预算价格 =（材料原价＋运杂费）×（1＋场外运输损耗率）×（1＋采购及保管费率）－包装品回收价值

(1) 材料原价

按照供应地的不同，可以分为三类计算：

①外购材料（工业产品）＝出厂价格＋供销部门手续费＋包装费（如果有）

如供应情况、交货条件不明确时，可采用当地规定的价格计算。

②地方性材料（外购的砂、石材料）＝实际调查价格或当地主管部门规定的预算价格＋加工费（如果需要）

③自采材料（自采的砂、石、黏土等材料）＝定额开采单价＋辅助生产间接费＋矿产资源税（如果有）

辅助生产间接费＝人工费×5%

材料原价应按实计取。各省、自治区、直辖市公路（交通）工程造价（定额）管理站应通过调查，编制本地区的材料价格信息，供编制概预算使用。

(2) 运杂费

运杂费系指材料自供应地点至工地仓库（施工地点存放材料的地方）的运杂费用，包括装卸费、运费，还应计入贮存费及其他杂费（如过磅、标签、支撑加固、路桥通行等费用）（如果发生）。

通过铁路、水路和公路运输部门运输的材料，按铁路、航运和当地交通部门规定的运价计算运费。

材料运输根据运输部门的不同，可分为社会运输和施工企业自办运输。

①施工单位自办的运输：施工单位自办的运输按《编制办法》规定计算。

a. 单程运距15km以上的长途汽车运输按当地交通部门规定的统一运价计算运费；

b. 单程运距5～15km的汽车运输按当地交通部门规定的统一运价计算运费，当工程所在地交通不便、社会运输力量缺乏时，如边远地区和某些山岭区，允许按当地交通部门规定的统一运价加50%计算运费；

c. 单程运距5km及以内的汽车运输以及人力场外运输，按预算定额计算运费，其中人力装卸和运输另按人工费加计辅助生产间接费。

②材料平均运距

一种材料如有两个以上的供应地点时，应根据不同的运距、运量、运价采用加权平均的方法计算运费。

(3)场外运输损耗

场外运输损耗系指有些材料在正常的运输过程中发生的损耗,这部分损耗应摊入材料单价内。材料场外运输操作损耗率见表2-23。

材料场外运输操作损耗率表(%)　　　　　　　　　　　　表2-23

材料名称		场外运输(包括一次装卸)	每增加一次装卸
块状沥青		0.5	0.2
石屑、碎砾石、砂砾、煤渣、工业废渣、煤		1.0	0.4
砖、瓦、桶装沥青、石灰、黏土		3.0	1.0
草皮		7.0	3.0
水泥(袋装、散装)		1.0	0.4
砂	一般地区	2.5	1.0
	多风地区	5.0	2.0

有容器或包装的材料及长大轻浮材料,应按规定的毛重计算。桶装沥青、汽油、柴油按每吨摊销一个旧汽油桶计算包装费(不计回收)。材料毛重系数及单位毛重见表2-24。

材料毛重系数及单位毛重表　　　　　　　　　　　　表2-24

材料名称	单位	毛重系数	单位毛重
爆破材料	t	1.35	—
水泥、块状沥青	t	1.01	—
铁钉、铁件、焊条	t	1.10	—
液体沥青、液体材料、水	t	桶装1.17,油罐车装1.00	—
木料	m^3	—	1.000t
草袋	个	—	0.004t

(4)采购以及保管费

采购以及保管费指材料供应部门(包括工地仓库及各级管理部门)在组织采购、供应和保管材料过程中,所需的各项费及工地仓库的材料储存损耗。

材料采购及保管费=(材料的原价+运杂费+场外运输损耗费)×采购保管费率

原材料——采购保管费费率为2.5%。

设备、构件——采购保管费率为1%。

商品混凝土——采购保管费率为0。

例 2-1　某沥青路面,采用桶装石油沥青,调查价格为3450元/t(不包括桶的价格),运价为0.65元/t·km,装卸费为2.40元/t,运距75km,试确定其预算价格。

解　(1)单位运杂费:$(0.65×75+2.4)×1.17=59.85$元/t;

(2)场外运输损耗率:3%;

(3)采购及保管费率:2.5%;

(4)按有关规定摊销沥青桶:50元/t。

则:沥青材料预算价格$=(3450+59.85)×(1+3\%)×(1+2.5\%)+50=3755.52$元/t。

3.1.3 施工机械台班预算价格

施工机械台班预算价格应按交通部公布的现行《公路工程机械台班费用定额》(JTG/T B06-03)计算,台班单价由不变费用和可变费用组成。

(1)不变费用

不变费用包括：折旧费、大修理费、经常修理费、安装拆卸及辅助设施费。

(2)可变费用

可变费用包括机上人员工资、动力燃料费、养路费（不计）及车船使用税。

可变费用中的人工工日数及动力燃料消耗量，应以机械台班费用定额中的数值为准。台班人工费工日单价同生产工人人工费单价。动力燃料费用则按材料费的计算规定计算。

当工程用电为自行发电时，电动机械每 kW·h（度）电的单价可由下述近似公式计算：

$$A = 0.24 \frac{K}{N} \tag{2-1}$$

式中：A——每 kW·h 电单价（元）；
　　K——发电机组的台班单价（元）；
　　N——发电机组的总功率（kW）。

(3)机械台班费用定额的组成

由说明和定额表组成：

①说明（12条）

②定额表（11类）

a.土、石方工程机械；b.路面工程机械；c.混凝土及灰浆机械；d.水平运输机械；e.起重及垂直运输机械；f.打桩、钻孔机械；g.泵类机械；h.金属、木、石加工机械；i.动力机械；j.工程船舶；k.其他机械。

例 2-2 某工地水泥混凝土搅拌站，其动力依靠工地配备的柴油发电机组供应。假定当地柴油价格为 5.00 元/kg，人工单价为 45 元/工日，发电机组总功率为 250kW。拌和站和发电机组的基本情况如表 2-25。试计算水泥混凝土搅拌站的机械预算台班单价。

拌和站和发电机组的基本情况　　　　表 2-25

项　目	机　械　名　称	
	水泥混凝土搅拌站（生产能力 40m³/h）	发电机组（功率 250kW）
折旧费（元/台班）	288.73	164.18
大修理费（元/台班）	61.02	68.41
经常修理费（元/台班）	162.31	194.97
安装拆卸及辅助设施费（元/台班）	0	5.97
人工（工日/台班）	7	2
电（kW·h）	394.31	0
柴油（kg/台班）		291.21

解 (1)计算发电机组的台班预算单价

不变费用＝164.18＋68.41＋194.97＋5.97＝433.53（元/台班）

可变费用＝2×45.45＋5×291.21＝1546.95（元/台班）

发电机组台班单价＝433.53＋1546.95＝1980.48（元/台班）

(2)计算自发电电价

电价＝0.24×1980.48÷250＝1.90（元/kW·h）

(3)计算水泥混凝土搅拌站台班预算单价

不变费用＝288.73＋61.02＋162.31＝512.06(元/台班)
可变费用＝7×45.45＋1.90×394.31＝1067.34(元/台班)
水泥混凝土搅拌站台班预算单价＝512.06＋1067.34＝1579.4(元/台班)

3.2 任务描述

该项目属于公路工程的桥涵工程,任务2已经列出了所需要的材料及机械的种类,现在就需要算出每个人工、单位数量的材料以及每个机械台班的单价是多少。即需要确定人工、材料、机械台班的预算单价。桥涵工程涉及了桥跨结构、桥墩及基础三大部分,涉及的材料以及机械种类众多,需要在09表及11表中按照代号顺序一一列出后逐个计算它们各自的单价。

3.3 任务分析

传统方法确定的工日单价在一定时期是固定不变的,而市场人工价格在不断变化。工程造价工作必须适应当前计价制度的改革,适应建筑市场发展的需要,以定额为导向,以市场为依据,建立人工价格信息系统,实现工日单价市场化;及时了解市场人工成本费用行情,了解市场人工价格的变动,合理地确定人工价格水平,对提高工程造价水平具有重要意义。

建筑工程材料从开采加工,制作出厂直至运输到现场或工地仓库,要经过材料采购、包装、运输、保管等过程。在这些过程中都要发生费用。材料预算价格是指从材料来源地到达工地仓库或施工现场堆放地点过程所发生的全部费用。是编制预算时各种材料采用的单价。材料价格由以下四个部分组成:原价或出厂价,运杂费,场外运输损耗费,采购及保管费。其中原价,运杂费,采购保管费是构成材料预算价格的基本费用,场外运输损耗费可能发生,也可能不发生。

施工机械台班预算价格应按交通部公布的现行《公路工程机械台班费用定额》(JTG/T B06-03)计算,台班单价由不变费用和可变费用组成。不变费用(一类费用)包括:折旧费、大修理费、经常修理费、安装拆卸及辅助设施费。可变费用(二类费用)包括:机上人员工资、动力燃料费、养路费(不计)及车船使用税。

3.4 任务实施

根据初编08表,列出材料、机械类别及机械台班中可能用到的材料类别,再通过编制09表(材料预算单价计算表)、10表(自采材料料场价格计算表)、11表(机械台班单价计算表)计算出所涉及的材料、机械台班价格,最后汇总到07表(人工、材料、机械台班单价汇总表)中。具体计算见表2-26～表2-30。

3.5 归纳总结

由上述可以看出,人工单价主要根据各地的统一规定进行取值。材料预算单价由材料的原价、运杂费、场外运输损耗费、采购以及保管费四项构成。原价主要通过市场调查进行确定;运杂费的计算跟运距和运输方式有关,按照有关规定执行;对于部分易损耗的材料应该计入场外运输损耗费,场外运输损耗费为原价乘以场外运输损耗费的费率,但是对于钢材等不会发生损耗的材料场外运输损耗费率为零。场内运输损耗费用已经在定额中予以考虑,不需要另外进行计算。采购以及保管费主要由采购以及保管费的费率来进行计算。

材料预算单价计算表

建设项目名称：某桥预算

编制范围：××预应力混凝土连续梁桥

表 2-26

第 1 页 共 1 页 09 表

序号	规格名称	单位	原价(元)	供应地点	运输方式、比重、运距(km)及运距	运杂费 毛重系数或单位毛重	运杂费 运杂费构成说明或计算式	运杂费 单位运费(元)	原价运费 合计(元)	场外运输损耗 费率(%)	场外运输损耗 金额(元)	采购及保管费 费率(%)	采购及保管费 金额(元)	预算单价(元)
1	32.5级水泥	t	320.000	西安—工地	汽车,1.0,15.0	1.010000	(0.65×15.0)×1×1.01	9.847	329.85	1.000	3.299	2.500	8.329	341.478
2	中(粗)砂	m³	60.000	西安—工地	汽车,1.0,15.0	1.500000	(0.65×15.0)×1×1.00	9.750	69.75	1.000	0.698	2.500	1.761	72.209
3	碎石(4cm)	m³	44.020	西安—工地	汽车,1.0,15.0	1.500000	(0.65×15.0)×1×1.00	9.750	53.77	1.000	0.538	2.500	1.358	55.666
	(略)													

编制：　　　　　　　　　　　　　　　　　　　　　　　　　　　　　　复核：

自采材料预算单价计算表

建设项目名称：某桥预算

编制范围：××预应力混凝土连续梁桥

表 2-27

第 1 页 共 1 页 10 表

序号	定额号	材料规格名称	单位	料场价格(元)	人工/劳务工 49.2元/工日 定额	人工/劳务工 49.2元/工日 金额	250mm×400mm 电动颚式破碎机 149.44元/台班 定额	250mm×400mm 电动颚式破碎机 149.44元/台班 金额	间接费(元)	占人工费5.0%	开采片石 13.63元/m³ 定额	开采片石 13.63元/m³ 金额	高原增加费(元)
1	8-1-9-5	碎石(4cm)	m³	44.02	0.450	22.140	0.034	5.111	1.107		1.149	15.661	

编制：　　　　　　　　　　　　　　　　　　　　　　　　　　　　　　复核：

机械台班单价计算表

表 2-28

建设项目名称：某桥预算
编制范围：××预应力混凝土连续梁桥
第 1 页 共 2 页 11 表

序号	定额号	机械规格名称	台班单价(元)	不变费用(元)			机械工 49.2元/工日		可变费用(元)											合计
				调整系数 1.0		调整值			重油 0.0元/kg		汽油 5.2元/kg		柴油 4.9元/kg		煤 0.0元/t		电 0.55元/kw·h		水 0.5元/m³	木柴 0.0元/kg	养路费及车船税	
				定额			定额	费用	定额	费用	定额	费用	定额	费用	定额	费用	定额	费用	定额 费用	定额 费用	
1	1003	75kW以内履带式推土机	612.89	245.140	245.14		2.000	98.40					54.970	269.35							367.75
2	1035	1.0m³履带式单斗挖掘机	825.75	411.150	411.15		2.000	98.40					64.530	316.20							414.60
3	1048	1.0m³轮胎式装载机	405.01	112.920	112.92		1.000	49.20					49.030	240.25						2.64	292.09
4	1316	60m³/h以内混凝土输送泵	1099.96	849.950	849.95		1.000	49.20									365.110	200.81			250.01
5	1327	60m³/h以内水泥混凝土搅拌站	1941.18	1121.640	1121.64		9.000	442.80									684.980	376.74			819.54
6	1375	8t以内载货汽车	418.83	146.810	146.81		1.000	49.20					44.950	220.26						2.56	272.02
7	1378	15t以内载货汽车	689.25	333.220	333.22		1.000	49.20					61.720	302.43						4.40	356.03
8	1432	15t以内履带式起重机	592.52	329.870	329.87		2.000	98.40					33.520	164.25							262.65
9	1449	5t以内汽车式起重机	386.30	199.620	199.62		1.000	49.20			25.710	133.69								3.79	186.68
10	1451	12t以内汽车式起重机	713.45	387.110	387.11		2.000	98.40					44.950	220.26						7.68	326.34
11	1500	50kN以内单筒慢动电动卷扬机	99.59	20.080	20.08		1.000	49.20									55.110	30.31			79.51

编制： 复核：

续上表

建设项目名称:某桥预算
编制范围:××预应力混凝土连续梁桥

第 2 页 共 2 页 表 11

序号	定额号	机械规格名称	合班单价(元)	不变费用(元) 调整系数 1.0		机械工 49.2元/工日		可变费用(元) 重油 0.0元/kg		汽油 5.2元/kg		柴油 4.9元/kg		煤 0.0元/t		电 0.55元/kw·h		水 0.5元/m³		木柴 0.0元/kg		养路费及车船税	合计
				定额	调整值	定额	费用	定额	费用	定额	费用	定额	费用	定额	费用	定额	费用	定额	费用	定额	费用		
12	1509	30kN以内单筒快动电动卷扬机	106.44	24.600	24.60	1.000	49.20									59.350	32.64						81.84
13	1581	300kN以内振动打拔桩锤	361.51	192.830	192.83	2.000	98.40									127.790	70.28						168.68
14	1583	600kN以内振动打拔桩锤	574.92	335.950	335.95	2.000	98.40									255.580	140.57						238.97
15	1602	2500mm以内回旋钻机	1748.56	1219.850	1219.85	2.000	98.40									782.390	430.31						528.71
16	1624	容量100~150L泥浆搅拌机	62.22	7.660	7.66	1.000	49.20									9.740	5.36						54.56
17	1726	32kV·A交流电弧焊机	104.64	7.240	7.24	1.000	49.20									87.630	48.20						97.40
18	1757	250mm×400mm电动颚式破碎机	149.44	53.390	53.39	1.000	49.20									85.190	46.85						96.05
19	1851	44kW以内内燃拖轮	529.50	123.120	123.12	5.000	246.00						32.690	160.18								0.20	406.38
20	1852	88kW以内内燃拖轮	911.38	246.270	246.27	7.000	344.40						65.370	320.31								0.40	665.11
21	1855	221kW以内内燃拖轮	1559.48	618.480	618.48	4.000	196.80						151.550	742.60						1.200	0.60	1.00	941.00
22	1874	100t以内工程驳船	276.64	128.440	128.44	3.000	147.60															0.60	148.20
23	1876	200t以内工程驳船	408.96	210.860	210.86	4.000	196.80															1.30	198.10
24	1945	潜水设备	382.82	186.020	186.02	4.000	196.80																196.80

编制:　　　　　　　　　　　　　　　　　　　　　　　　　　　复核:

人工、材料、机械台班单价汇总表

建设项目名称：某桥预算
编制范围：××预应力混凝土连续梁桥

表 2-29
第 1 页 共 2 页　07 表

序号	名　称	单位	代号	预算单价(元)	备注
1	人工	工日	1	49.20	
2	机械工	工日	2	49.20	
3	原木	m^3	101	1120.00	
4	锯材木中板 δ=19～35	m^3	102	1350.00	
5	光圆钢筋直径 10～14mm	t	111	3300.00	
6	带肋钢筋直径15～24mm,25mm以上	t	112	3400.00	
7	型钢	t	182	3700.00	
8	钢板	t	183	4450.00	
9	圆钢	t	184	3177.00	
10	钢管	t	191	5610.00	
11	钢丝绳	t	221	5853.00	
12	电焊条	kg	231	4.90	
13	钢管桩	t	262	5000.00	
14	钢护筒	t	263	4800.00	
15	钢套箱	t	264	4800.00	
16	组合钢模板	t	272	5710.00	
17	铁件	kg	651	4.40	
18	铁钉	kg	653	6.97	
19	20～22号铁丝	kg	656	6.40	
20	32.5级水泥	t	832	445.44	
21	汽油	kg	862	5.20	
22	柴油	kg	863	4.90	
23	电	kw·h	865	0.55	
24	水	m^3	866	0.50	
25	中(粗)砂	m^3	899	171.07	
26	黏土	m^3	911	8.21	
27	碎石(4cm)	m^3	952	111.14	
28	其他材料费	元	996	1.00	
29	设备摊销费	元	997	1.00	
30	开采片石	m^3	8931	13.63	
31	75kW以内履带式推土机	台班	1003	612.89	
32	1.0m^3以内履带斗单式挖掘机	台班	1035	825.75	
33	1.0m^3轮胎式装载机	台班	1048	405.01	
34	60m^3/h以内水泥混凝土输送泵	台班	1316	1099.96	
35	60m^3/h以内水泥混凝土觉拌站	台班	1327	1941.18	
36	8t以内载货汽车	台班	1375	418.83	
37	15t以内载货汽车	台班	1378	689.25	
38	15t以内履带式起重机	台班	1432	592.52	

编制：　　　　　　　　　　　　　　　　复核：

建设项目名称：某桥预算

编制范围：××预应力混凝土连续梁桥

续上表

第 2 页 共 2 页　07 表

序号	名称	单位	代号	预算单价(元)	备注	序号	名称	单位	代号	预算单价(元)	备注
39	5t 以内汽车式起重机	台班	1449	386.30		48	250mm×400mm 电动颚式破碎机	台班	1757	149.44	
40	12t 以内汽车式起重机	台班	1451	713.45		49	44kW 以内内燃拖轮	台班	1851	529.50	
41	50kN 以内单筒慢动电动卷扬机	台班	1500	99.59		50	88kW 以内内燃拖轮	台班	1852	911.38	
42	30kN 以内单筒快动电动卷扬机	台班	1509	106.44		51	221kW 以内内燃拖轮	台班	1855	1559.48	
43	300kN 以内振动打拔桩锤	台班	1581	361.51		52	100t 以内工程驳船	艘班	1874	276.64	
44	600kN 以内振动打拔桩锤	台班	1583	574.92		53	200t 以内工程驳船	艘班	1876	408.96	
45	2500mm 以内回旋钻机	台班	1602	1748.56		54	潜水设备	台班	1945	382.82	
46	容量 100~150L 泥浆搅拌机	台班	1624	62.22		55	小型机具使用费	元	1998	1.00	
47	32kV·A 交流电弧焊机	台班	1726	104.64		56	定额基价	元	1999	1.00	

编制：　　　　　　　　　　　　　　　　　　　　　　　　　　　复核：

表 2-30

分项工程预算表

编制范围：××预应力混凝土连续梁桥 第 1 页 共 14 页 08-2 表
工程名称：桩基础

序号	工料机名称	单位	单价(元)	工程项目 回旋钻机陆地钻孔桩径 250cm 以内孔深 40m 以内砂土 陆地上钻孔 10m 4-4-5-97		回旋钻机陆地钻孔桩径 250cm 以内孔深 40m 以内砂砾 陆地上钻孔 10m 33.300 4-4-5-99		回旋钻机陆地钻孔桩径 250cm 以内孔深 40m 以内软石 陆地上钻孔 10m 16.000 4-4-5-102		回旋钻机陆地钻孔桩径 250cm 以内孔深 60m 以内砂土 水中平台上钻孔 10m 8.700 4-4-5-313	
				工程细目 定额单位 工程数量 定额表号 定额	金额(元)	定额	金额(元)	定额	金额(元)	定额	金额(元)
				数量		数量		数量		数量	
1	人工	工日	49.20	15.700 105.190	5175	24.600 819.180	40304	57.300 916.800	45107	16.400 142.680	7020
2	锯材	m³	1350.00	0.023 0.154	208	0.023 0.766	1034	0.023 0.368	497	0.015 0.130	176
3	电焊条	kg	4.90	0.200 1.340	7	0.500 16.650	82	1.600 25.600	125	0.200 1.740	9
4	铁件	kg	4.40	0.500 3.350	15	0.500 16.650	73	0.500 8.000	35	0.300 2.610	11
5	水	m³	0.50	133.000 891.100	446	189.000 6293.700	3147	161.000 2576.000	1288	133.000 1157.100	579
6	黏土	m³	8.21	21.870 146.529	1203	29.170 971.361	7975	25.560 408.960	3358	21.870 190.269	1562
7	其他材料费	元	1.00	1.300 8.710	9	1.300 43.290	43	0.800 20.800	21	0.800 6.960	7
8	设备摊销费	元	1.00	20.400 136.680	137	23.800 792.540	793	45.500 728.000	728	20.400 177.480	177
9	1.0m³ 履带式单斗挖掘机	台班	825.75	0.020 0.134	111	0.020 0.666	550	0.020 0.320	264	0.020 0.174	144
10	15t 以内载货汽车	台班	689.25	0.070 0.469	323	0.070 2.331	1607	0.070 1.120	772		
11	15t 以内履带式起重机	台班	592.52	0.060 0.402	238	0.060 1.998	1184	0.060 0.960	569	0.160 1.392	825
12	2500mm 以内回旋钻机	台班	1748.56	2.360 15.812	27648	4.540 151.182	264351	14.110 225.760	394755	2.710 23.577	41226
13	容量 100~150L 泥浆搅拌机	台班	62.22	1.300 8.710	542	1.300 43.290	2694	1.300 20.800	1294	1.300 11.310	704
14	32kV·A 交流电弧焊机	台班	104.64	0.020 0.134	14	0.050 1.665	174	0.180 2.880	301	0.020 0.174	18
15	88kW 以内燃拖轮	台班	911.38							0.360 3.132	2854
16	100t 以内工程驳船	艘班	276.64							0.060 0.522	144
17	200t 以内工程驳船	艘班	408.96							5.620 48.894	19996

编制： 复核：

续上表

编制范围：××预应力混凝土连续梁桥
工程名称：桩基础
第 2 页 共 14 页 08-2 表

序号	工程项目					陆地上钻孔			陆地上钻孔			陆地上钻孔			水中平台上钻孔		
	工程细目					回旋钻机陆地钻孔桩径250cm以内孔深40m以内砂土			回旋钻机陆地钻孔桩径250cm以内孔深40m以内砂砾			回旋钻机陆地钻孔桩径250cm以内孔深40m以内软石			回旋钻机陆地钻孔桩径250cm以内孔深60m以内砂土		
	定额单位					10m			10m			10m			10m		
	工程数量					6.700			33.300			16.000			8.700		
	定额表号					4-4-5-97			4-4-5-99			4-4-5-102			4-4-5-313		
	工料机名称	单位	单价(元)			定额	数量	金额(元)	定额	数量	金额(元)	定额	数量	金额(元)	定额	数量	金额(元)
18	定额基价	元	1.00			5384.000	36073.000	36073	9730.000	324009.000	324009	28069.000	449104.000	449104	8665.000	75386.000	75386
	直接工程费	元						36075			324009			449114			75452
	其他工程费	I	元			6.300		2273	6.300		20413	6.300		28294	6.300		4753
		II	元														
	间接费	规费	元			38.800		2008	38.800		15638	38.800		17501	38.800		2724
		企业管理费	元			6.400		2454	6.400		22043	6.400		30554	6.400		5133
	利润及税金		元			7.000/ 3.350		4386	7.000/ 3.350		39312	7.000/ 3.350		54352	7.000/ 3.350		9124
	建筑安装工程费		元					47196			421415			579815			97186

编制： 复核：

续上表

编制范围：××预应力混凝土连续梁桥
工程名称：桩基础

第 3 页　共 14 页　08-2 表

序号	工程项目 工程细目 定额单位 工程数量 定额表号		单价(元)	水中平台上钻孔 回旋钻机水中钻孔桩径250cm 以内孔深60m以内砂砾 10m 86.200 4-4-5-315			水中平台上钻孔 回旋钻机水中钻孔桩径250cm 以内孔深60m以内软石 10m 17.600 4-4-5-318			水中平台上钻孔 回旋钻机水中钻孔桩径250cm 以内孔深60m以内次坚石 10m 2.700 4-4-5-319			混凝土 灌注桩混凝土回旋、潜水钻成孔(桩径250cm以内)输送泵 10m³实体 840.376 4-4-7-18		
	工料机名称	单位		定额	数量	金额(元)	定额	数量	金额(元)	定额	数量	金额(元)	定额	数量	金额(元)
1	人工	工日	49.20	26.700	2301.540	113236	66.300	1166.880	57410	91.600	247.320	12168	1.800	1512.677	74424
2	锯材	m³	1350.00	0.015	1.293	1746	0.015	0.264	356	0.015	0.041	55			
3	电焊条	kg	4.90	0.500	43.100	211	1.700	29.920	147	2.100	5.670	28			
4	铁件	kg	4.40	0.300	25.860	114	0.300	5.280	23	0.300	0.810	4			
5	32.5级水泥	t	445.44										5.111	4295.162	1913237
6	水	m³	0.50	189.000	16291.800	8146	161.000	2833.600	1417	161.000	434.700	217	3.000	2521.128	1261
7	中(粗)砂	m³	171.07										6.100	5126.294	876955
8	黏土	m³	8.21	29.170	2514.454	20644	25.560	449.856	3693	25.560	69.012	567			
9	碎石(4cm)	m³	111.14										8.260	6941.506	771479
10	其他材料费	元	1.00	0.800	68.960	69	0.800	14.080	14	0.800	2.160	2	0.900	756.338	756
11	设备摊销费	元	1.00	23.800	2051.560	2052	45.500	800.800	801	55.600	150.120	150	31.300	26303.769	26304
12	1.0m³履带式单斗挖掘机	台班	825.75	0.020	1.724	1424	0.020	0.352	291	0.020	0.054	45			
13	60m³/h以内混凝土输送泵	台班	1099.96										0.090	75.634	83194
14	15t以内履带式起重机	台班	592.52	0.160	13.792	8172	0.160	2.816	1669	0.160	0.432	256			

编制：　　　　　　　　　　　　　　　　　　　　　　　　复核：

续上表

编制范围：××预应力混凝土连续梁桥　　　　　　　　　　　　　　　　　　　　　　第 4 页　共 14 页　08-2 表
工程名称：桩基础

序号	工程项目 工程细目	单位	单价(元)	水中平台上钻孔 回旋钻钻机水中钻孔桩径250cm 以内孔深60m以内砂砾		水中平台上钻孔 回旋钻钻机水中钻孔桩径250cm 以内孔深60m以内软石		水中平台上钻孔 回旋钻钻机水中钻孔桩径250cm 以内孔深60m以内次坚石		混凝土 灌注桩混凝土回旋、潜水钻成孔 (桩径250cm以内)输送泵	
	定额单位			10m		10m		10m		10m³ 实体	
	工程数量			86.200		17.600		2.700		840.376	
	定额表号			4-4-5-315		4-4-5-318		4-4-5-319		4-4-7-18	
	工料机名称			定额	数量	金额(元)	定额	数量	金额(元)	定额	数量	金额(元)	定额	数量	金额(元)
15	2500mm以内回旋钻机	台班	1748.56	5.300	456.860	798847	16.820	296.032	517630	24.070	64.989	113637			
16	容量100~150L，泥浆搅拌机	台班	62.22	1.300	112.060	6972	1.300	22.880	1424	1.300	3.510	218			
17	32kV·A交流电弧焊机	台班	104.64	0.060	5.172	541	0.200	3.520	368	0.230	0.621	65			
18	88kW以内燃拖轮	台班	911.38	0.360	31.032	28282	0.360	6.336	5775	0.360	0.972	886			
19	100t以内工程驳船	艘班	276.64	0.060	5.172	1431	0.060	1.056	292	0.060	0.162	45			
20	200t以内工程驳船	艘班	408.96	11.100	956.820	391301	35.400	623.040	254798	50.710	136.917	55994			
21	定额基价	元	1.00	16032.000	1381958.000	1381958	48028.000	845293.000	845293	68206.000	184156.000	184156	2677.000	2249687.000	2249687
	直接工程费	元				1383187			846108			184336			3747609
	其他工程费 Ⅰ	元		6.300		87141	6.300		53305	6.300		11613	6.300		236099
	其他工程费 Ⅱ	元													
	间接费 规费	元		38.800		43935	38.800		22275	38.800		4721	38.800		28876
	间接费 企业管理费	元		6.400		94101	6.400		57562	6.400		12541	6.400		254957
	利润及税金	元		7.000/ 3.350		167059	7.000/ 3.350		102037	7.000/ 3.350		22226	7.000/ 3.350		449609
	建筑安装工程费	元				1775422			1081287			235437			4717152

编制：　　复核：

续上表

第 5 页 共 14 页 08-2 表

编制范围：××预应力混凝土连续梁桥
工程名称：桩基础

序号	工料机名称	单位	单价(元)	工程项目											
				钢筋及检测钢管 灌注桩钢筋焊接连接主筋			钢护筒 钢护筒干处埋设			钢护筒 钢护筒水中埋设水深5m以内			灌注桩工作平台 桩基工作平台水深5m以内		
				工程细目											
				定额单位 1t			1t			1t			100m²		
				工程数量 329.000			18.570			111.418			10.000		
				定额表号 4-4-7-22			4-4-8-7			4-4-8-8			4-4-9-1		
				定额	数量	金额(元)	定额	数量	金额(元)	定额	数量	金额(元)	定额	数量	金额(元)
1	人工	工日	49.20	5.000	1645.000	80934	9.000	167.130	8223	7.700	857.919	42210	95.500	955.000	46986
2	原木	m³	1120.00										0.163	1.630	1826
3	锯材	m³	1350.00										1.282	12.820	17307
4	光圆钢筋	t	3300.00	0.112	36.848	121598									
5	带肋钢筋	t	3400.00	0.913	300.377	1021282									
6	型钢	t	3700.00							0.007	0.780	2886	0.187	1.870	6919
7	钢板	t	4450.00							0.001	0.111	496	0.004	0.040	178
8	电焊条	kg	4.90	5.100	1677.900	8222				0.200	22.284	109	14.900	149.000	730
9	钢管桩	t	5000.00				0.100	1.857	8914						
10	钢护筒	t	4800.00							1.000	111.418	534806	0.803	8.030	40150
11	铁件	kg	4.40										7.800	78.000	343
12	铁钉	kg	6.97										2.000	20.000	139
13	20～22号铁丝	kg	6.40	2.200	723.800	4632									
14	黏土	m³	8.21				6.410	119.034	977						

编制：　　　　　　　　　　　　　　　复核：

续上表

第 6 页 共 14 页 08-2 表

编制范围：××预应力混凝土连续梁桥
工程名称：桩基础

序号	工料机名称	单位	单价(元)	钢筋及检测钢管 灌注桩钢筋焊接连接主筋 1t 329.000 4-4-7-22 定额	数量	金额(元)	钢护筒 钢护筒干处埋设 1t 18.570 4-4-8-7 定额	数量	金额(元)	钢护筒 钢护筒水中埋设水深5m以内 1t 111.418 4-4-8-8 定额	数量	金额(元)	灌注桩工作平台 灌注桩工作平台水深5m以内 100m² 10.000 4-4-9-1 定额	数量	金额(元)
15	其他材料费	元	1.00										360.800	3608.000	3608
16	设备摊销费	元	1.00										2616.100	26161.000	26161
17	8t以内载货汽车	台班	418.83										1.470	14.700	6157
18	5t以内汽车式起重机	台班	386.30				0.160	2.971	1148						
19	12t以内汽车式起重机	台班	713.45	0.120	39.480	28167				0.050	5.571	3975	3.440	34.400	24543
20	50kN以内单筒慢动电动卷扬机	台班	99.59							0.350	38.996	3884	1.230	12.300	1225
21	300kN以内振动打拔桩锤	台班	361.51							0.260	28.969	10472			
22	600kN以内振动打拔桩锤	台班	574.92										0.190	1.900	1092
23	32kV·A交流电弧焊机	台班	104.64	0.850	279.650	29263				0.020	2.228	233	1.750	17.500	1831
24	88kW以内拖轮	台班	911.38							0.090	10.028	9139			
25	221kW以内燃拖轮	台班	1559.48										1.200	12.000	18714
26	100t以内工程驳船	艘班	276.64							0.400	44.567	12329	5.910	59.100	24170
27	200t以内工程驳船	艘班	408.96							0.300	33.425	33			
28	小型机具使用费	元	1.00	15.200	5000.800	5001							103.400	1034.000	1034
29	定额基价	元	1.00	3948.000	1298892.000	1298892	1037.000	19257.000	19257	5573.000	620933.000	620933	22272.000	222720.000	222720

编制：　　　　　　　　　　　　　　　　　　　　　　　　　　　　　复核：

续上表

编制范围：××预应力混凝土连续梁桥
工程名称：桩基础

第 7 页 共 14 页 08-2 表

序号	工程项目	工程细目	定额单位	工程数量	定额表号	工料机名称	单价(元)	灌注桩钢筋焊接连接主筋		钢护筒干处理设		钢护筒水中埋设水深5m以内		桩基工作平台水深5m以内	
								钢筋反检测钢管 1t 329.000 4-4-7-22		钢护筒 1t 18.570 4-4-8-7		钢护筒 1t 111.418 4-4-8-8		灌注桩工作平台 100m² 10.000 4-4-9-1	
								定额	数量 金额(元)	定额	数量 金额(元)	定额	数量 金额(元)	定额	数量 金额(元)
	直接工程费						元		1299099		19261		621040		223113
	其他工程费	Ⅰ					元	5.060	65734	3.940	759	3.940	24469	5.060	11289
		Ⅱ					元	4.000	5735	1.000	94	1.000	823	4.000	5030
	间接费	规费					元	38.800	31402	38.800	3190	38.800	16377	38.800	18231
		企业管理费					元	5.220	71544	3.130	630	3.130	20230	5.220	12498
	利润及税金						元	7.000/3.350	153692	7.000/3.350	2302	7.000/3.350	71101	7.000/3.350	27276
	建筑安装工程费						元		1627206		26237		754040		297437

编制： 复核：

编制范围：××预应力混凝土连续梁桥
工程名称：桩基础

续上表
第 8 页 共 14 页 08-2 表

序号	工料机名称	单位	单价(元)	工程项目											
				基础、承台及支撑架									套箱围堰		
			工程细目	承台混凝土泵送封底			承台混凝土泵送有底模			承台钢筋			钢套箱围堰(有底模)		
			定额单位	10m³实体			10m³实体			1t			10t钢套箱		
			工程数量	64.000			192.000			91.000			1.848		
			定额表号	4-6-1-11			4-6-1-9			4-6-1-13			4-2-6-1		
				定额	数量	金额(元)	定额	数量	金额(元)	定额	数量	金额(元)	定额	数量	金额(元)
1	人工	工日	49.20	0.500	32.000	1574	5.500	1056.000	51955	6.700	609.700	29997	282.400	521.875	25676
2	原木	m³	1120.00				0.016	3.072	3441				0.060	0.111	124
3	锯材	m³	1350.00				0.013	2.496	3370						
4	带肋钢筋	t	3400.00							1.025	93.275	317135	0.060	0.111	377
5	型钢	t	3700.00				0.003	0.576	2131				0.054	0.100	369
6	钢板	t	4450.00										0.193	0.357	1587
7	圆钢	t	3177.00										0.008	0.015	47
8	钢管	t	5610.00										0.036	0.067	373
9	钢丝绳	t	5853.00										0.002	0.004	22
10	电焊条	kg	4.90							4.600	418.600	2051	6.900	12.751	62
11	钢套箱	t	4800.00				0.010	1.920	10963				4.547	8.403	40334
12	组合钢模板	t	5710.00							3.400	309.400	1980			
13	铁件	kg	4.40				3.500	672.000	2957				7.800	14.414	63
14	20~22号铁丝	kg	6.40												
15	32.5级水泥	t	445.44	3.827	244.928	109101	3.869	742.848	330894						

编制：　　　　　　　　　　　　　　复核：

续上表

编制范围：××预应力混凝土连续梁桥 第 9 页 共 14 页 08-2 表
工程名称：桩基础

工程项目				基础、承台及支撑架			基础、承台及支撑架			基础、承台及钢筋			套箱围堰		
工程细目				承台混凝土泵送封底			承台混凝土泵送有底模			承台钢筋			钢套箱围堰(有底模)		
定额单位				10m³ 实体			10m³ 实体			1t			10t钢套箱		
工程数量				64.000			192.000			91.000			1.848		
定额表号				4-6-1-11			4-6-1-9			4-6-1-13			4-2-6-1		
序号	工料机名称	单位	单价(元)	定额	数量	金额(元)	定额	数量	金额(元)	定额	数量	金额(元)	定额	数量	金额(元)
16	水	m³	0.50	2.000	128.000	64	18.000	3456.000	1728						
17	中(粗)砂	m³	171.07	5.410	346.240	59231	6.030	1157.760	198058						
18	碎石(4cm)	m³	111.14	7.800	499.200	55481	7.590	1457.280	161962						
19	其他材料费	元	1.00		659.200	659	3.400	652.800	653				322.400	595.795	596
20	设备摊销费	元	1.00	10.300		7040							5961.100	11016.113	11016
21	60m³/h 以内混凝土输送泵	台班	1099.96	0.100	6.400	7040	0.080	15.360	16895						
22	12t 以内汽车式起重机	台班	713.45				0.100	19.200	13698				2.400	4.435	3164
23	50kN 以内单筒慢动电动卷扬机	台班	99.59										3.070	5.673	565
24	30kN 以内单筒快动电动卷扬机	台班	106.44										12.290	22.712	2417
25	32kV·A 交流电弧焊机	台班	104.64							0.500	45.500	4761	0.770	1.423	149
26	44kW 以内内燃拖轮	台班	529.50										0.800	1.478	783
27	100t 以内工程驳船	艘班	276.64										2.400	4.435	1227
28	潜水设备	台班	382.82										1.200	2.218	849
29	小型机具使用费	元	1.00				6.100	1171.200	1171	21.500	1956.500	1957	79.900	147.655	148
30	定额基价	元	1.00	2124.000	135936.000	135936	2584.000	496128.000	496128	3933.000	357903.000	357903	48654.000	89913.000	89913

编制：　　　　　　　　　　　　　　　　　　　　　　　　　　复核：

续上表

编制范围：××预应力混凝土连续梁桥
工程名称：桩基础

第 10 页 共 14 页 08-2 表

序号	工程项目	工料机名称	单位	单价(元)	基础,承台及支撑架 承台混凝土泵送封底			基础,承台及支撑架 承台混凝土泵送有底模			基础,承台及支撑架 承台钢筋			套箱围堰 钢套箱围堰(有底模)		
	定额单目				10m³ 实体			10m³ 实体			1t			10t 钢套箱		
	定额单位															
	工程数量				64.000			192.000			91.000			1.848		
	定额表号				4-6-1-11			4-6-1-9			4-6-1-13			4-2-6-1		
					定额	数量	金额(元)	定额	数量	金额(元)	定额	数量	金额(元)	定额	数量	金额(元)
	直接工程费		元				233150			799877			357881			89949
	其他工程费	I	元		5.060		11797	5.060		40474	3.940		14101	3.940		3544
		II	元		4.000		345	4.000		3349	1.000		367	1.000		350
	间接费	规费	元		38.800		611	38.800		20159	38.800		11639	38.800		9962
		企业管理费	元		5.220		12804	5.220		44041	3.130		11655	3.130		2937
	利润及税金		元		7.000/ 3.350		27339	7.000/ 3.350		94638	7.000/ 3.350		41035	7.000/ 3.350		10577
	建筑安装工程费		元				286046			1002537			436677			117320

编制：　　　　　　　　　　　　　　　　　复核：

续上表

编制范围：××预应力混凝土连续梁桥 第 11 页 共 14 页 08-2 表
工程名称：桩基础

序号	工程项目 工料机名称	单位	单价(元)	混凝土搅拌站拌和 混凝土搅拌站拌和 (60m³/h 以内) 84.038 4-11-11-12		混凝土搅拌站拌和 混凝土搅拌站拌和 (60m³/h 以内) 25.600 4-11-11-12		合计	
				定额	数量	金额(元)	定额	数量	金额(元)
1	人工	工日	49.20		13056.891				642399
2	原木	m³	1120.00		4.813				5390
3	锯材	m³	1350.00		18.555				25049
4	光圆钢筋	t	3300.00		36.848				121598
5	带肋钢筋	t	3400.00		393.763				1338794
6	型钢	t	3700.00		3.326				12305
7	钢板	t	4450.00		0.508				2261
8	圆钢	t	3177.00		0.015				47
9	钢管	t	5610.00		0.067				373
10	钢丝绳	t	5853.00		0.004				22
11	电焊条	kg	4.90		2404.555				11782
12	钢管桩	t	5000.00		8.030				40150
13	钢护筒	t	4800.00		113.275				543720
14	钢套箱	t	4800.00		8.403				40334

编制： 复核：

续上表

编制范围：××预应力混凝土连续梁桥
工程名称：桩基础

第 12 页 共 14 页　08-2 表

序号	工程项目				混凝土搅拌站拌和 (60m³/h 以内) 100m³ 84.038 4-11-11-12			混凝土搅拌站拌和 (60m³/h 以内) 100m³ 25.600 4-11-11-12			合计
	工程细目										
	定额单位										
	工程数量										
	定额表号										
	工料机名称	单位	单价(元)		定额	数量	金额(元)	定额	数量	金额(元)	金额(元)
15	组合钢模板	t	5710.00								10963
16	铁件	kg	4.40								3639
17	铁钉	kg	6.97								139
18	20～22号铁丝	kg	6.40								6612
19	32.5级水泥	t	445.44								2353232
20	水	m³	0.50								18292
21	中(粗)砂	m³	171.07								1134244
22	黏土	m³	8.21								39978
23	碎石(4cm)	m³	111.14								988922
24	其他材料费	元	1.00								5945
25	设备摊销费	元	1.00								68977
26	75kW 以内履带式推土机	台班	612.89		0.280	23.531	14422	0.280	7.168	4393	18815
27	1.0m³ 履带式单斗挖掘机	台班	825.75								2827
28	1.0m³ 轮胎式装载机	台班	405.01		0.280	23.531	9530	0.280	7.168	2903	12433
29	60m³/h 以内混凝土输送泵	台班	1099.96								107129

数量列合计：1.920；826.974；20.000；1033.200；5282.938；36583.128；6630.294；4869.475；8897.986；5945.021；68977.262；30.699；3.424；30.699；97.394

编制：　　　　　　　　　　　　　　　　　　　　　复核：

续上表

编制范围：××预应力混凝土连续梁桥
工程名称：桩基础

第 13 页 共 14 页　　　　08-2 表

序号	工料机名称	单位	单价(元)	工程项目 混凝土搅拌站拌和 混凝土搅拌站拌和(60m³/h以内) 定额单位 100m³ 工程数量 84.038 定额表号 4-11-11-12		混凝土搅拌站拌和 混凝土搅拌站拌和(60m³/h以内) 100m³ 25.600 4-11-11-12		合计	
				定额	数量	金额(元)	定额	数量	金额(元)	数量	金额(元)
30	60m³/h以内水泥混凝土搅拌站	台班	1941.18	0.330	27.732	53834	0.330	8.448	16399	36.180	70233
31	8t以内载货汽车	台班	418.83							14.700	6157
32	15t以内载货汽车	台班	689.25							3.920	2702
33	15t以内履带式起重机	台班	592.52							21.792	12912
34	5t以内汽车式起重机	台班	386.30							2.971	1148
35	12t以内汽车式起重机	台班	713.45							103.086	73547
36	50kN以内单筒慢动电动卷扬机	台班	99.59							56.970	5674
37	30kN以内单筒快动电动卷扬机	台班	106.44							22.712	2417
38	300kN振动打拔桩锤	台班	361.51							28.969	10472
39	600kN振动打拔桩锤	台班	574.92							1.900	1092
40	2500mm以内回旋钻机	台班	1748.56							1234.212	2158094
41	容量100~150L泥浆搅拌机	台班	62.22							222.560	13848
42	32kV·A交流电弧焊机	台班	104.64							360.467	37719
43	44kW以内燃拖轮	台班	529.50							1.478	783
44	88kW以内燃拖轮	台班	911.38							51.500	46936

编制：　　　　　　　　复核：

续上表

编制范围：××预应力混凝土连续梁桥
工程名称：桩基础

第 14 页 共 14 页　　　08-2 表

序号	工程项目 工料机名称	单位	单价(元)	混凝土搅拌站拌和 (60m³/h 以内) 100m³ 84.038 4-11-11-12			混凝土搅拌站拌和 (60m³/h 以内) 100m³ 25.600 4-11-11-12			合计	
				定额	数量	金额(元)	定额	数量	金额(元)	数量	金额(元)
45	221kW 以内内燃拖轮	台班	1559.48							12.000	18714
46	100t 以内工程驳船	艘班	276.64							55.914	15468
47	200t 以内工程驳船	艘班	408.96							1824.771	746258
48	潜水设备	台班	382.82							2.218	849
49	小型机具使用费	元	1.00							9343.581	9344
50	定额基价	元	1.00	925.000	77735.000	77735	925.000	23680.000	23680	8888763.000	8888761
	直接工程费	元				77785			23695		10790740
	其他工程费 Ⅰ	元		5.060		3936	5.060		1199		621193
	其他工程费 Ⅱ	元		4.000		3111	4.000		948		20151
	间接费 规费	元		38.800			38.800				249251
	企业管理费	元		5.220		4428	5.220		1349		661462
	利润及税金	元		7.000/ 3.350		9448	7.000/ 3.350		2878		1288391
	建筑安装工程费	元				98709			30069		13631188

编制：　　　　　　　　　　　　　　　　　　　　　　　　　　　　　　复核：

3.6 项目实训

某隧道工程长约500m,隧道围岩为石灰岩。隧道洞口地势平坦,隧道弃渣堆放在洞口附近。距隧道洞口10km处有一碎石场,2cm碎石供应价为32元/m³(含装卸费等杂费)。当地运价标准为0.5元/t·km,人工单价为49.20元,250×150电动碎石机台班预算单价114.88元/台班,滚筒式筛分机台班预算单价164.36元/台班。

(1)假设隧道弃渣经破碎筛分后能满足隧道混凝土工程需要,试合理确定本项目2cm碎石的预算单价。

(2)如果隧道弃渣加工的碎石仅能满足200m隧道混凝土工程需要,此时的2cm碎石的预算单价是多少?

任务4 直接工程费计算

4.1 相关知识

直接工程费是指施工过程中耗费的构成工程实体和有助于工程形成的各项费用。包括人工费、材料费、施工机械使用费。

$$人工费 = 人工单价 \times 人工工日数$$
$$材料费 = 材料单价 \times 材料数量$$
$$施工机械使用费 = \sum 机械台班单价 \times 机械台班数$$
$$直接工程费 = 人工费 + 材料费 + 施工机械使用费$$

4.2 任务描述

对该项工程的直接工程费进行计算,即求出该项工程所涉及的人工费、材料费以及机械台班费用。

4.3 任务分析

该项目属于公路工程的桥涵工程,任务3已经算出了所需要的材料及机械台班的单价,单价乘以所需人工、材料、机械台班的数量(均在前面任务中已经得出)就是该项项目所需要的人工费、材料费、机械台班使用费。计算人工费、材料费以及机械台班费用的总和,得到直接工程费。

4.4 任务实施

通过任务2列出并计算了项目所需要的人工、材料、机械台班的名称及数量,通过任务三计算出了人工、材料、机械台班的单价,接下来就可以根据任务2和任务3的计算结果算出每个定额表号所代表工作内容的人工费、材料费、机械台班使用费,即直接工程费。将所有定额表号相关工作内容的人工费、材料费、机械台班使用费求和即得到该项目的直接工程费。为了使计算更加有序和明了,通过续编08表(分项工程概预算表)来计算直接工程费,见表2-29分项工程预算表。

任务5 其他费用计算

5.1 相关知识

5.1.1 工程类别

其他工程费及间接费取费标准的工程类别共划分为十三个类别:

(1)人工土方:指人工施工的路基、改河等土方工程,以及人工施工的砍树、挖根、除草、平整场地、挖盖山土等工程项目,并适用于无路面的便道工程。

(2)机械土方:指机械施工的路基、改河等土方工程,以及机械施工的砍树、挖根、除草等工程项目。

(3)汽车运输:指汽车、拖拉机、机动翻斗车等运送的路基、改河土(石)方、路面基层和面层混合料、水泥混凝土及预制构件、绿化苗木等。

购买路基填料的费用不作为其他工程费和间接费的计算基数。

(4)人工石方:指人工施工的路基、改河等石方工程,以及人工施工的挖盖山石项目。

(5)机械石方:指机械施工的路基、改河等石方工程(机械打眼即属机械施工)。

(6)高级路面:指沥青混凝土路面、厂拌沥青碎石路面和水泥混凝土路面的面层。

(7)其他路面:指除高级路面以外的其他路面面层,各等级路面的基层、底基层、垫层、透层、黏层、封层,采用结合料稳定的路基和软土等特殊路基处理等工程,以及有路面的便道工程。

(8)构造物 I:指无夜间施工的桥梁、涵洞、防护(包括绿化)及其他工程,交通工程及沿线设施工程[设备安装及金属标志牌、防撞钢护栏、防眩板(网)、隔离栅、防护网除外],以及临时工程中的便桥、电力电讯线路、轨道铺设等工程项目。

(9)构造物 II:指有夜间施工的桥梁工程。

(10)构造物 III:指商品混凝土(包括沥青混凝土和水泥混凝土)的浇筑和外购构件及设备的安装工程。商品混凝土和外购构件及设备的费用不作为其他工程费和间接费的计算基数。

(11)技术复杂大桥:指单孔跨径在 120m 以上(含 120m)和基础水深在 10m 以上(含 10m)的大桥主桥部分的基础、下部和上部工程。

(12)隧道:系指隧道工程的洞门及洞内土建工程。

(13)钢材及钢结构:系指钢桥及钢索吊桥的上部构造,钢沉井、钢围堰、钢套箱及钢护筒等基础工程,钢索塔,钢锚箱,钢筋及预应力钢材,模数式及橡胶板式伸缩缝,钢盆式橡胶支座,四氟板式橡胶支座,金属标志牌、防撞钢护栏、防眩板(网)、隔离栅、防护网等工程项目。

购买路基填料的费用不作为其他工程费和间接费的计算基数。

5.1.2 其他工程费

指直接工程费以外施工过程中发生的直接用于工程的费用。内容包括:冬季施工增加费、雨季施工增加费、夜间施工增加费、特殊地区施工增加费、行车干扰工程施工增加费、安全及文明施工措施费、临时设施费、施工辅助费、工地转移费等九项。公路工程中的水、电费及因场地狭小等特殊情况而发生的材料二次搬运等其他工程费已包括在概预算定额中,不再另计。

(1)冬季施工增加费

按照《公路工程施工及验收规范》所规定的冬季施工要求,为保证工程质量和安全生产所需采取的防寒保温设施、工效降低和机械作业率降低以及技术操作过程的改变等所增加的有关费用。包括:

①增加的人工、机械与材料费;

②保温设备费用;

③与冬季施工有关的其他各项费用,如清除工作地点的冰雪等费用。

以各类工程的直接工程费之和为基数,按工程所在地的气温区乘以相应的费率计算。费率见表2-31。

冬季施工增加费费率表(%)　　表2-31

工程类别 \ 气温区	冬季期平均气温								准一区	准二区
	-1以上		-1～-4		-4～-7	-7～-10	-10～-14	-14以下		
	冬一区		冬二区		冬三区	冬四区	冬五区	冬六区		
	Ⅰ	Ⅱ	Ⅰ	Ⅱ						
人工土方	0.28	0.44	0.59	0.76	1.44	2.05	3.07	4.61	—	—
机械土方	0.43	0.67	0.93	1.17	2.21	3.14	4.71	7.07	—	—
汽车运输	0.08	0.12	0.17	0.21	0.40	0.56	0.84	1.27	—	—
人工石方	0.06	0.10	0.13	0.15	0.30	0.44	0.65	0.98	—	—
机械石方	0.08	0.13	0.18	0.22	0.42	0.61	0.91	1.37	—	—
高级路面	0.37	0.52	0.72	0.81	1.48	2.00	3.00	4.50	0.06	0.16
其他路面	0.11	0.20	0.29	0.37	0.62	0.80	1.20	1.80	—	—
构造物Ⅰ	0.34	0.49	0.66	0.75	1.36	1.84	2.76	4.14	0.06	0.15
构造物Ⅱ	0.42	0.60	0.81	0.92	1.67	2.27	3.40	5.10	0.08	0.19
构造物Ⅲ	0.83	1.18	1.60	1.81	3.29	4.46	6.69	10.03	0.15	0.37
技术复杂大桥	0.48	0.68	0.93	1.05	1.91	2.58	3.87	5.81	0.08	0.21
隧道	0.10	0.19	0.27	0.35	0.58	0.75	1.12	1.69	—	—
钢材及钢结构	0.02	0.05	0.07	0.09	0.15	0.19	0.29	0.43	—	—

(2)雨季施工增加费

指雨季期间施工为保证工程质量和安全生产所需采取的防雨、排水、防潮和防护措施、工效降低和机械作业率降低以及技术作业过程的改变等,所需增加的有关费用。

雨季施工增加费的内容包括:

①因雨季施工所需增加的工、料、机费用的支出,包括工作效率的降低及易被雨水冲毁的工程所增加的工作内容等(如基坑坍塌和排水沟等堵塞的清理、路基边坡冲沟的填补等)。

②路基土方工程的开挖和运输,因雨季施工(非土壤中水影响)而引起的黏附工具,降低工效所增加的费用。

③因防止雨水必须采取的防护措施的费用,如挖临时排水沟,防止基坑坍塌所需支撑、挡

板等费用。

④材料因受潮、受湿的损耗费用。

⑤增加防雨、防潮设备的费用。

⑥其他有关雨季施工所需增加的费用,如因河水高涨致使工作困难而增加的费用等。

雨季施工增加费以各类工程的直接工程费之和为基数,按工程所在地的雨量区、雨季期乘相应的费率计算。费率见表2-48。

(3)夜间施工增加费

夜间施工增加费系指根据设计、施工的技术要求和合理的施工进度要求,必须在夜间连续施工而发生的工效降低、夜班津贴以及有关照明设施(包括所需照明设施的安拆、摊销、维修及油燃料、电)等增加的费用。

夜间施工增加费按夜间施工工程项目的直接工程费之和为基数乘相应的费率计算。费率见表2-32。

夜间施工增加费费率表(%)　　　　　　　　　　　　　表2-32

工程类别	费率	工程类别	费率
构造物Ⅱ	0.35	技术复杂大桥	0.35
构造物Ⅲ	0.70	钢材及钢结构	0.35

注:设备安装工程及金属标志牌、防撞钢护栏、防眩(网)、隔离栅、防护网等不计夜间施工增加费。

注意: 冬季、雨季及夜间施工除了计算费用外,还需计算增加的人工数量(见表2-33)。计算方法如下:

冬季施工增加工数=概预算工数之和×相应百分率

雨季施工增加工数=概预算工数之和×相应百分率×雨季期月数

夜间施工增加工数=夜间施工工数之和×4%

冬雨季施工增工百分率(%)　　　　　　　　　　　　表2-33

项目	雨季施工(雨量区)		冬季施工							
			冬一区		冬二区		冬三区	冬四区	冬五区	冬六区
	Ⅰ	Ⅱ	Ⅰ	Ⅱ	Ⅰ	Ⅱ				
路线	0.30	0.45	0.70	1.00	1.40	1.80	3.00	4.50	6.75	
独立大中桥	0.30	0.45	0.30	0.40	0.50	0.60	1.00	1.50	2.25	

(4)特殊地区施工增加费

包括高原地区施工增加费、风沙地区施工增加费和沿海地区施工增加费三项。

①高原地区施工增加费

高原地区施工增加费系指在海拔高度1500m以上地区施工,由于受气候、气压的影响,致使人工、机械效率降低而增加的费用。该费用以各类工程人工费和机械使用费之和为基数乘相应的费率计算。费率如表2-34。

一条路线通过两个以上(含两个)不同的海拔高度分区时,应分别计算高原地区施工增加费或按工程量比例求得平均的增加率,计算全线高原地区施工增加费。

高原地区施工增加费费率表(%)　　　　表2-34

工程类别	海拔高度(m)							
	1501~2000	2001~2500	2501~3000	3001~3500	3501~4000	4001~4500	4501~5000	5000以上
人工土方	7.00	13.25	19.75	29.75	43.25	60.00	80.00	110.00
机械土方	6.56	12.60	18.66	25.60	36.05	49.08	64.72	83.80
汽车运输	6.50	12.50	18.50	25.00	35.00	47.50	62.50	80.00
人工石方	7.00	13.25	19.75	29.75	43.25	60.00	80.00	110.00
机械石方	6.71	12.82	19.03	27.01	38.50	52.80	69.92	92.72
高级路面	6.58	12.61	18.69	25.72	36.26	49.41	65.17	84.58
其他路面	6.73	12.84	19.07	27.15	38.74	53.17	70.44	93.60
构造物Ⅰ	6.87	13.06	19.44	28.56	41.18	56.86	75.61	102.47
构造物Ⅱ	6.77	12.90	19.17	27.54	39.41	54.18	71.85	96.03
构造物Ⅲ	6.73	12.85	19.08	27.19	38.81	53.27	70.57	93.54
技术复杂大桥	6.70	12.81	19.01	26.94	38.37	52.61	69.65	92.27
隧道	6.76	12.90	19.16	27.50	39.35	54.09	71.72	95.81
钢材及钢结构	6.78	12.92	19.20	27.66	39.62	54.50	72.30	96.80

②风沙地区施工增加费

风沙地区施工增加费系指在沙漠地区施工时，由于受风沙影响，按照施工及验收规范的要求，为保证工程质量和安全生产而增加的有关费用。

内容包括：防风、防沙及气候影响的措施费，材料费，人工、机械效率降低增加的费用，以及积沙、风蚀的清理修复等费用。

风沙地区的划分，根据《公路自然区划标准》、《沙漠地区公路建设成套技术研究报告》的公路自然区划和沙漠公路区划，结合风沙地区的气候状况将风沙地区分为三区九类：

——半干旱、半湿润沙地为风沙一区

——干旱、极干旱寒冷沙漠地区为风沙二区

——极干旱炎热沙漠地区为风沙三区

根据覆盖度(沙漠中植被、戈壁等覆盖程度)又将每区分为：

——固定沙漠(覆盖度＞50%)

——半固定沙漠(覆盖度 10%~50%)

——流动沙漠(覆盖度＜10%)

覆盖度由工程勘察设计人员在公路工程勘察设计时确定。

全国风沙地区公路施工区划见《编制办法》附录九。若当地气象资料及自然特征与附录九中的风沙地区划分有较大出入时，由项目所在省、自治区、直辖市公路(交通)工程造价(定额)管理站按当地气象资料和自然特征及上述划分标准确定工程所在地的风沙区划，并抄送交通部公路司备案。

一条路线穿过两个以上不同风沙区时，按路线长度经过不同的风沙区加权计算项目全线风沙地区施工增加费。

风沙地区施工增加费以各类工程的人工费和机械使用费之和为基数，根据工程所在地的风沙区划及类别，按表2-35的费率计算。

风沙地区施工增加费费率表(%) 表2-35

风沙地区	风沙一区			风沙二区			风沙三区		
工程类别 \ 沙漠类型	固定	半固定	流动	固定	半固定	流动	固定	半固定	流动
人工土方	6.00	11.00	18.00	7.00	17.00	26.00	11.00	24.00	37.00
机械土方	4.00	7.00	12.00	5.00	11.00	17.00	7.00	15.00	24.00
汽车运输	4.00	8.00	13.00	5.00	12.00	18.00	8.00	17.00	26.00
人工石方	—	—	—	—	—	—	—	—	—
机械石方	—	—	—	—	—	—	—	—	—
高级路面	0.50	1.00	2.00	1.00	2.00	3.00	2.00	3.00	5.00
其他路面	2.00	4.00	7.00	3.00	7.00	10.00	4.00	10.00	15.00
构造物Ⅰ	4.00	7.00	12.00	5.00	11.00	17.00	7.00	16.00	24.00
构造物Ⅱ									
构造物Ⅲ									
技术复杂大桥									
隧道	—	—	—	—	—	—	—	—	—
钢材及钢结构	1.00	2.00	4.00	1.00	3.00	5.00	2.00	5.00	7.00

③沿海地区工程施工增加费

指工程项目在沿海地区施工受海风、海浪和潮汐的影响,致使人工、机械效率降低等所需增加的费用。本项费用由沿海各省、自治区、直辖市交通厅(局)制定具体的适用范围(地区),并抄送交通部公路司备案。

沿海地区工程施工增加费以各类工程的直接工程费之和为基数乘相应的的费率计算。费率如表2-36。

沿海地区施工增加费费率表(%) 表2-36

工程类别	费率	工程类别	费率
构造物Ⅱ	0.15	技术复杂大桥	0.15
构造物Ⅲ	0.15	钢材及钢结构	0.15

(5)行车干扰工程施工增加费

行车干扰工程施工增加费系指由于边施工边维持通车,受行车干扰的影响,致使人工、机械效率降低而增加的费用。该费用以受行车影响部分的工程项目的人工费和机械使用费之和为基数乘相应的费率计算。费率如表2-37。

行车干扰工程施工增加费费率表(%) 表2-37

工程类别	施工期间平均每昼夜双向行车次数(汽车兽力车合计)							
	51~100	101~500	501~1000	1001~2000	2001~3000	3001~4000	4001~5000	5000以上
人工土方	1.64	2.46	3.28	4.10	4.76	5.29	5.86	6.44
机械土方	1.39	2.19	3.00	3.89	4.51	5.02	5.56	6.11
汽车运输	1.36	2.09	2.85	3.75	4.35	4.84	5.36	5.89
人工石方	1.66	2.40	3.33	4.06	4.71	5.24	5.81	6.37
机械石方	1.16	1.71	2.38	3.19	3.70	4.12	4.56	5.01
高级路面	1.24	1.87	2.50	3.11	3.61	4.01	4.45	4.88

续上表

工程类别	施工期间平均每昼夜双向行车次数(汽车兽力车合计)							
	51～100	101～500	501～1000	1001～2000	2001～3000	3001～4000	4001～5000	5000以上
其他路面	1.17	1.77	2.36	2.94	3.41	3.79	4.20	4.62
构造物Ⅰ	0.94	1.41	1.89	2.36	2.74	3.04	3.37	3.71
构造物Ⅱ	0.95	1.43	1.90	2.37	2.75	3.06	3.39	3.72
构造物Ⅲ	0.95	1.42	1.90	2.37	2.75	3.05	3.38	3.72
技术复杂大桥	—	—	—	—	—	—	—	—
隧道	—	—	—	—	—	—	—	—
钢材及钢结构	—	—	—	—	—	—	—	—

(6)安全及文明施工措施费

指工程施工期间为满足安全生产、文明施工、职工健康生活所发生的费用。不包括施工期间为保证交通安全而设置的临时安全设施和标志、标牌的费用,需要时,应根据设计要求计算。

安全及文明施工措施费以各类工程的直接工程费之和为基数乘相应的费率计算。费率如表2-38。

安全及文明施工增加费费率表(%) 表2-38

工程类别	费率	工程类别	费率
人工土方	0.59	构造物Ⅰ	0.72
机械土方	0.59	构造物Ⅱ	0.78
汽车运输	0.21	构造物Ⅲ	1.57
人工石方	0.59	技术复杂大桥	0.86
机械石方	0.59	隧道	0.73
高级路面	1.00	钢材及钢结构	0.53
其他路面	1.02		

(7)临时设施费

施工企业为进行建筑安装工程施工所必需的生活和生产用的临时建筑物、构筑物和其他临时设施的费用等,但不包括概预算定额中临时工程在内。

临时设施费用包括:临时生活及居住房屋(包括职工家属房屋及探亲房屋)、文化福利及公用房屋(如广播室、文体活动室)和生产、办公房屋(如仓库、加工厂、加工棚、发电站、变电站、空压机站、停机棚等),工地范围内的各种临时的工作便道(包括汽车、畜力车、人力车道)、人行便道、工地临时用水、用电的水管支线和电线支线,临时构筑物(如水井、水塔等)以及其他小型临时设施。

临时设施费用内容包括:临时设施的搭设、维修、拆除费或摊销费。

临时设施费以各类工程的直接工程费之和为基数乘相应的费率计算。(费率见表2-39)

临时设施费费率表(%) 表2-39

工程类别	费率	工程类别	费率
人工土方	1.57	构造物Ⅰ	2.65
机械土方	1.42	构造物Ⅱ	3.14
汽车运输	0.92	构造物Ⅲ	5.81
人工石方	1.60	技术复杂大桥	2.92
机械石方	1.97	隧道	2.57
高级路面	1.92	钢材及钢结构	2.48
其他路面	1.87		

临时设施除了计算上述费用外,其用工数量也反映在概预算文件中(见表2-40)。计算方法如下:

路线工程临时设施用工数量＝路线长度(km)×用工指标

独立大中桥临时设施用工数量＝桥面面积(100m²)×用工指标

临时设施用工指标 表2-40

项 目	路线(1km)					独立大中桥(100 m² 桥面)
	公路等级					
	高速公路	一级公路	二级公路	三级公路	四级公路	
工日	2340	1160	340	160	100	60

(8)施工辅助费

包括生产工具用具使用费、检验试验费和工程定位复测、工程点交、场地清理等费用。

生产工具使用费系指施工所需不属于固定资产的生产工具、检验用具、试验用具及仪器、仪表等的购置、摊销和维修费,以及支付给生产工人自备工具的补贴费。

检验试验费系指施工企业对建筑材料、构件和建筑安装工程进行一般鉴定、检查所发生的费用,包括自设试验室进行试验所耗用的材料和化学药品的费用,以及技术革新和研究试验费,但不包括新构件、新材料的试验费和建设单位要求对具有出厂合格证明的材料进行检验、对构件进行破坏性试验及其他特殊要求检验的费用。

施工辅助费以各类工程的直接工程费之和为基数乘相应的费率计算(隧道项目监控量测的费用已在施工辅助费中综合考虑)。费率见表2-41。

施工辅助费费率表(%) 表2-41

工程类别	费 率	工程类别	费 率
人工土方	0.89	构造物 I	1.30
机械土方	0.49	构造物 II	1.56
汽车运输	0.16	构造物 III	3.03
人工石方	0.85	技术复杂大桥	1.68
机械石方	0.46	隧道	1.23
高级路面	0.80	钢材及钢结构	0.56
其他路面	0.74		

(9)工地转移费

施工企业根据建设任务的需要,由已竣工的工地或后方基地迁至新工地的搬迁费用,其内容包括:

①施工单位全体职工及随职工迁移的家属向新工地转移的车费、家具行李运费、途中住宿费、行程补助费、杂费及工资与工资附加费等。

②公物、工具、施工设备器材、施工机械的运杂费,以及外租机械的往返费及本工程内部各工地之间施工机械、设备、公物、工具的转移费等。

③非固定工人进退场及一条路线中各工地转移的费用。

工地转移费以各类工程的直接工程费之和为基数乘相应的费率计算。费率见表2-42。

工地转移费费率表(%) 表2-42

工程类别	工地转移距离(km)					
	50	100	300	500	1000	每增加100
人工土方	0.15	0.21	0.32	0.43	0.56	0.03
机械土方	0.50	0.67	1.05	1.37	1.82	0.08
汽车运输	0.31	0.40	0.62	0.82	1.07	0.05
人工石方	0.16	0.22	0.33	0.45	0.58	0.03
机械石方	0.36	0.43	0.74	0.97	1.28	0.06
高级路面	0.61	0.83	1.30	1.70	2.27	0.12
其他路面	0.56	0.75	1.18	1.54	2.06	0.10
构造物 I	0.56	0.75	1.18	1.54	2.06	0.11
构造物 II	0.66	0.89	1.40	1.83	2.45	0.13
构造物 III	1.31	1.77	2.77	3.62	4.85	0.25
技术复杂大桥	0.75	1.01	1.58	2.06	2.76	0.14
隧道	0.52	0.71	1.11	1.45	1.94	0.10
钢材及钢结构	0.72	0.97	1.51	1.97	2.64	0.13

转移距离以工程承包单位(如工程处、工程公司等)转移前后驻地距离或两路线中点的距离为准;编制概预算时,如施工单位不明确时,高速、一级公路及独立大桥、隧道按省城(自治区首府)至工地的里程;二级及以下公路按地(市、盟)至工地的里程计算工地转移费;工地转移里程数在表列里程之间时,费率可内插计算。

工地转移距离在50km以内的工程不计取本项费用。

5.1.3 间接费

间接费由规费和企业管理费两项组成。

(1)规费

规费系指政府和有关权力部门规定施工企业必须缴纳的费用(简称规费)。包括:

①养老保险费。系指施工企业按规定标准为职工缴纳的基本养老保险费。

②失业保险费。系指施工企业按国家规定标准为职工缴纳的失业保险费。

③医疗保险费。系指施工企业按国家规定标准为职工缴纳的基本医疗保险费和生育保险费。

④住房公积金。系指施工企业按国家规定标准为职工缴纳的住房公积金。

⑤工伤保险费。系指施工企业按国家规定标准为职工缴纳的工伤保险费。

各项规费以各类工程的人工费之和为基数,按国家或工程所在地相关部门规定的标准计算。

(2)企业管理费

企业管理费由基本费用、主副食运费补贴、职工探亲路费、职工取暖补贴和财务费用五项组成。

各类工程企业管理费＝各类工程直接费之和×∑规定的费率

(1)基本费用

企业管理费基本费用系指施工企业为组织施工生产和经营管理所需的费用,内容包括:

①管理人员工资。系指管理人员的基本工资、工资性补贴、职工福利费、劳动保护费以及缴纳的养老、失业、医疗、生育、工伤保险费和住房公积金等。

②办公费。系指企业办公用的文具、纸张、账表、印刷、邮电、书报、会议、水、电、烧水和集体取暖(包括现场临时宿舍取暖)用煤(气)等费用。

③差旅交通费。系指职工因公出差和工作调动(包括随行家属的旅费)的差旅费、往勤补助费、市内交通费和误餐补助费,职工探亲路费,劳动力招募费,职工离退休、退职一次性路费,工伤人员就医路费,以及管理部门使用的交通工具的油料、燃料、养路费及牌照费。

④固定资产使用费。系指管理和试验部门及附属生产单位使用的属于固定资产的房屋、设备、仪器等的折旧、大修、维修和租赁费等。

⑤工具用具使用费。系指管理使用的不属于固定资产的生产工具、器具、家具、交通工具和检验、试验、测绘、消防用具等的购置、维修和摊销费。

⑥劳动保险费。系指企业支付离退休职工的异地安家补助费、职工退休金、六个月以上的病假人员工资、职工死亡丧葬补助费、抚恤费、按规定支付给离休干部的各项经费。

⑦工会经费。系指企业按职工工资总额计提的工会经费。

⑧职工教育经费。系指企业为职工学习先进技术和提高文化水平,按职工工资总额计提的费用。

⑨保险费。系指企业财产保险、管理用车辆等保险费用。

⑩工程保修费。系指工程竣工交付使用后,在规定保修期以内的修理费用。

⑪工程排污费。系指施工现场按规定缴纳的排污费用。

⑫税金。系指企业按规定缴纳的房产税、车船使用税、土地使用税、印花税等。

⑬其他。系指上述项目以外的其他必要的费用支出,包括技术转让费、技术开发费、业务招待费、绿化费、广告费、投标费、公证费、定额测定费、法律顾问费、审计费、咨询费等。

基本费用以各类工程的直接费之和为基数,按表2-43的费率计算。

基本费用费率表(%) 表2-43

工程类别	费率	工程类别	费率
人工土方	3.36	构造物Ⅰ	4.44
机械土方	3.26	构造物Ⅱ	5.53
汽车运输	1.44	构造物Ⅲ	9.79
人工石方	3.45	技术复杂大桥	4.72
机械石方	3.28	隧道	4.22
高级路面	1.91	钢材及钢结构	2.42
其他路面	3.28		

(2)主副食运费补贴

主副食运费补贴系指施工企业在远离城镇及乡村的野外施工购买生活必需品所需增加的费用,按表2-44的费率计算。

主副食运费补贴费率表(%)   表 2-44

工程类别	综合里程											
	1	3	5	8	10	15	20	25	30	40	50	每增加10
人工土方	0.17	0.25	0.31	0.39	0.45	0.56	0.67	0.76	0.89	1.06	1.22	0.16
机械土方	0.13	0.19	0.24	0.30	0.35	0.43	0.52	0.59	0.69	0.81	0.95	0.13
汽车运输	0.14	0.20	0.25	0.32	0.37	0.45	0.55	0.62	0.73	0.86	1.00	0.14
人工石方	0.13	0.19	0.24	0.30	0.34	0.42	0.51	0.58	0.67	0.80	0.92	0.12
机械石方	0.12	0.18	0.22	0.28	0.33	0.41	0.49	0.55	0.65	0.76	0.89	0.12
高级路面	0.08	0.12	0.15	0.20	0.22	0.28	0.33	0.38	0.44	0.52	0.60	0.08
其他路面	0.09	0.12	0.15	0.20	0.22	0.28	0.33	0.38	0.44	0.52	0.61	0.09
构造物Ⅰ	0.13	0.18	0.23	0.28	0.32	0.40	0.49	0.55	0.65	0.76	0.89	0.12
构造物Ⅱ	0.14	0.20	0.25	0.30	0.35	0.43	0.52	0.60	0.70	0.83	0.96	0.13
构造物Ⅲ	0.25	0.36	0.45	0.55	0.64	0.79	0.96	1.09	1.28	1.51	1.76	0.24
技术复杂大桥	0.11	0.16	0.20	0.25	0.29	0.36	0.43	0.49	0.57	0.68	0.79	0.11
隧道	0.11	0.16	0.19	0.24	0.28	0.34	0.42	0.48	0.56	0.66	0.77	0.10
钢材及钢结构	0.11	0.16	0.20	0.26	0.30	0.37	0.44	0.50	0.59	0.69	0.80	0.11

综合里程=粮食运距×0.06+燃料运距×0.09+蔬菜运距×0.15+水运距×0.70

粮食、燃料、蔬菜、水的运距均为全线平均运距;综合里程数在表列里程之间时,费率可内插;综合里程在1km以内的工程不计取本项费用。

(3)职工探亲路费

指按照有关规定施工企业职工在探亲期间发生的往返车船费、市内交通费和途中住宿费等费用。该费用以各类工程的直接费之和为基数,按表2-45的费率计算。

职工探亲路费费率表(%)   表 2-45

工程类别	费率	工程类别	费率
人工土方	0.10	构造物Ⅰ	0.29
机械土方	0.22	构造物Ⅱ	0.34
汽车运输	0.14	构造物Ⅲ	0.55
人工石方	0.10	技术复杂大桥	0.20
机械石方	0.22	隧道	0.27
高级路面	0.14	钢材及钢结构	0.16
其他路面	0.16		

(4)职工取暖补贴

指按规定发放给职工的冬季取暖费或在施工现场设置的临时取暖设施的费用。

该费用以各类工程的直接费之和为基数,按工程所在地的气温区选用表2-46的费率计算。

职工取暖补贴费率表(%)　　　　　　表 2-46

工程类别	气温区						
	准二区	冬一区	冬二区	冬三区	冬四区	冬五区	冬六区
人工土方	0.03	0.06	0.10	0.15	0.17	0.26	0.31
机械土方	0.06	0.13	0.22	0.33	0.44	0.55	0.66
汽车运输	0.06	0.12	0.21	0.31	0.41	0.51	0.62
人工石方	0.03	0.06	0.10	0.15	0.17	0.25	0.31
机械石方	0.05	0.11	0.17	0.26	0.35	0.44	0.53
高级路面	0.04	0.07	0.13	0.19	0.25	0.31	0.38
其他路面	0.04	0.07	0.12	0.18	0.24	0.30	0.36
构造物 I	0.06	0.12	0.19	0.28	0.36	0.46	0.56
构造物 II	0.06	0.13	0.20	0.30	0.41	0.51	0.62
构造物 III	0.11	0.23	0.37	0.56	0.74	0.93	1.13
技术复杂大桥	0.05	0.10	0.17	0.26	0.34	0.42	0.51
隧道	0.04	0.08	0.14	0.22	0.28	0.36	0.43
钢材及钢结构	0.04	0.07	0.12	0.19	0.25	0.31	0.37

(5)财务费用

指施工企业为筹集资金而发生的各项费用,包括企业经营期间发生的短期贷款利息净支出、汇兑净损失、调剂外汇手续费、金融机构手续费,以及企业筹集资金发生的其他财务费用。

财务费用以各类工程的直接费之和为基数,按表 2-47 的费率计算。

财务费用费率表(%)　　　　　　表 2-47

工程类别	费率	工程类别	费率
人工土方	0.23	构造物 I	0.37
机械土方	0.21	构造物 II	0.40
汽车运输	0.21	构造物 III	0.82
人工石方	0.22	技术复杂大桥	0.46
机械石方	0.20	隧道	0.39
高级路面	0.27	钢材及钢结构	0.48
其他路面	0.30		

(6)辅助生产间接费

指由施工单位自行开采加工的砂、石等自采材料及施工单位自办的人工装卸和运输的间接费。

辅助生产间接费按人工费的 5% 计。该项费用并入材料预算单价内构成材料费,不直接出现在概预算中。

高原地区施工单位的辅助生产,可按其他工程费中高原地区施工增加费费率,以直接工程费为基数计算高原地区施工增加费(其中:人工采集、加工材料、人工装卸、运输材料按人工土方费率计算;机械采集、加工材料按机械石方费率计算;机械装、运输材料按汽车运输费率计算)。辅助生产高原地区施工增加费不作为辅助生产间接费的计算基数。

一般地区:自采材料单价=直接工程费+人工费×5%

高原地区:自采材料单价=直接工程费+高原地区施工增加费人工费×5%

=直接工程费+直接工程费×相应费率+人工费×5%

5.1.4 利润

利润是指施工企业完成所承包工程应取得的盈利。利润按直接费与间接费之和扣除规费的 7% 计算。

利润=(直接费+间接费-规费)×7%

5.1.5 税金

按国家税法规定应计入建筑安装工程造价内的营业税、城市维护建设税及教育费附加等。
(1)营业税税率:3%(建筑、安装、修缮、装饰工程作业)。
(2)城市维护建设税税率:纳税人在市区为:7%;纳税人在县城、乡镇为:5%;纳税人不在市区县城乡镇为:1%。
(3)教育费附加税率:3%,计算公式如下:

$$综合税金额＝(直接费＋间接费＋利润)\times 综合税率$$

综合税率分别为:纳税人在市区的,综合税率为 3.41%;纳税人在县城、乡镇的,综合税率为 3.35%;纳税人不在市区、县城、乡镇的综合税率为 3.22%。
例如:纳税人在市区,由于:
综合税金额＝建筑安装工程费×[3%＋3%×(7%＋3%)]
　　　　　＝(直接费＋间接费＋利润＋综合税金额)×3.3%
所以:综合税金额＝(直接费＋间接费＋利润)×3.41%

5.2 任务描述

要计算该项目的建筑安装工程费,除了上述计算的直接工程费外,还有其他工程费,间接费,利润及税金需要进行计算。

5.3 任务分析

其他工程费包括冬季施工增加费、雨季施工增加费、夜间施工增加费、特殊地区施工增加费(包括高原地区施工增加费、风沙地区施工增加费和沿海地区施工增加费)、行车干扰工程施工增加费、安全及文明施工措施费、临时设施费、临时辅助费以及工地转移费。要计算其他工程费,也就是要求出上述的各项费用,然后求和。

间接费包括企业管理费和规费。企业管理费是以直接费为基数乘以相应的企业管理费费率。而规费是以人工费为基数乘以相应的规费费率。

利润规定为直接费加间接费减规费的差值的 7%。

税金以直接费、间接费以及利润的和为基数乘以综合税率。

求出直接费、间接费、利润以及税金后,最后求和,就可以算出该项目的建筑安装工程费,从而完成了整个项目。

5.4 任务实施

其他费用的计算是以直接工程费为基础进行计算。另外,如其他工程费的费率需要先确定工程类别,而每个定额表号所代表的工作内容的工程类别有可能是不同的,所以需要对不同的定额表号代表的工作内容的其他费用分别进行计算,最后进行合计就可以得到该项目的其他工程费、间接费、利润以及税金。

为了计算的有序性,先在表 2-30 分项工程预算表的基础上根据表 2-48 的费率计算其他工程费、间接费、利润、税金、建筑安装工程费,汇总计算其他费用(表 2-49、表 2-50)和建筑安装工程费(表 2-51)。

雨季施工增加费费率表（%）

表 2-48

雨量区 雨季月数(月数) 工程类别	1		1.5		2		2.5		3		3.5		4		4.5		5		6		7	8
	Ⅰ	Ⅱ	Ⅰ	Ⅱ	Ⅰ	Ⅱ	Ⅰ	Ⅱ	Ⅰ	Ⅱ	Ⅰ	Ⅱ	Ⅰ	Ⅱ	Ⅰ	Ⅱ	Ⅰ	Ⅱ	Ⅰ	Ⅱ	Ⅱ	Ⅱ
人工土方	0.04		0.05		0.07	0.11	0.09	0.13	0.11	0.15	0.13	0.17	0.15	0.20	0.17	0.23	0.19	0.26	0.21	0.31	0.36	0.42
机械土方	0.04		0.05		0.07	0.11	0.09	0.13	0.11	0.15	0.13	0.17	0.15	0.20	0.17	0.23	0.19	0.27	0.22	0.32	0.37	0.43
汽车运输	0.04		0.05		0.07	0.11	0.09	0.13	0.11	0.16	0.13	0.19	0.15	0.22	0.17	0.25	0.19	0.27	0.22	0.32	0.37	0.43
人工石方	0.02		0.03		0.05	0.07	0.06	0.09	0.07	0.11	0.08	0.13	0.09	0.15	0.10	0.17	0.12	0.19	0.15	0.23	0.27	0.32
机械石方	0.03		0.04		0.06	0.10	0.08	0.12	0.10	0.14	0.12	0.16	0.14	0.19	0.16	0.22	0.18	0.25	0.20	0.29	0.34	0.39
高级路面	0.03		0.04		0.06	0.10	0.08	0.13	0.10	0.15	0.12	0.17	0.14	0.19	0.16	0.22	0.18	0.25	0.20	0.29	0.34	0.39
其他路面	0.03		0.04		0.06	0.09	0.08	0.12	0.09	0.14	0.10	0.16	0.12	0.18	0.14	0.21	0.16	0.24	0.19	0.28	0.32	0.37
构造物Ⅰ	0.03		0.04		0.05	0.08	0.06	0.09	0.07	0.11	0.08	0.13	0.10	0.15	0.12	0.17	0.14	0.19	0.16	0.23	0.27	0.31
构造物Ⅱ	0.03		0.04		0.05	0.08	0.07	0.10	0.08	0.12	0.09	0.14	0.11	0.16	0.13	0.18	0.15	0.21	0.17	0.25	0.30	0.34
构造物Ⅲ	0.06		0.08		0.11	0.17	0.14	0.21	0.17	0.25	0.20	0.30	0.23	0.35	0.27	0.40	0.31	0.45	0.35	0.52	0.60	0.69
技术复杂大桥	0.03		0.05		0.07	0.10	0.08	0.12	0.10	0.14	0.12	0.16	0.14	0.19	0.16	0.22	0.18	0.25	0.20	0.29	0.34	0.39
隧道	—		—		—	—	—	—	—	—	—	—	—	—	—	—	—	—	—	—	—	—
钢材及钢结构	—		—		—	—	—	—	—	—	—	—	—	—	—	—	—	—	—	—	—	—

表 2-49

其他工程费及间接费费用计算表

建设项目名称：某桥预算
编制范围：××预应力混凝土连续梁桥

第 1 页 共 1 页　04-1 表

序号	项目名称	其他工程费											综合费用		间接费										
		冬季施工增加费	雨季施工增加费	夜间施工增加费	高原地区施工增加费	风沙地区施工增加费	沿海地区施工增加费	行车干扰工程施工增加费	安全文明施工措施费	临时设施费	施工辅助费	工地转移费	I	II	规费				综合费用	基本费用	主副食运费补贴	企业管理费			财务费用	综合费用
															养老保险费	失业保险费	医疗保险费	住房公积金	工伤保险费				职工探亲路费	职工取暖补贴		
1	2	3	4	5	6	7	8	9	10	11	12	13	14	15	16	17	18	19	20	21	22	23	24	25	26	27
1	桩基础	38843	4851	28469		20151			79853	318630	150547		621193	20151	128480	16060	42398	51392	10921	249251	566344		35426	13901	45792	661462
2	合计	38843	4851	28469		20151			79853	318630	150547		621193	20151	128480	16060	42398	51392	10921	249251	566344		35426	13901	45792	661462

编制：　　　　　　　　　　　　　　　复核：

其他工程费及间接费综合费率计算表

表 2-50

建设项目名称：某桥预算
编制范围：××预应力混凝土连续梁桥
第 1 页 共 2 页 04 表

序号	项目名称	其他工程费费率（%）											综合费用		间接费费率（%）										
		冬季施工增加费	雨季施工增加费	夜间施工增加费	高原地区施工增加费	风沙地区施工增加费	沿海地区施工增加费	行车干扰工程施工增加费	安全及文明施工措施费	临时设施费	施工辅助费	工地转移费	I	II	养老保险费	失业保险费	医疗保险费	住房公积金	工伤保险费	综合费率	基本费用	主副食运费补贴	职工探亲路费	职工取暖补贴	财务费用	综合费率
1	2	3	4	5	6	7	8	9	10	11	12	13	14	15	16	17	18	19	20	21	22	23	24	25	26	27
01	人工土方	0.280	0.070			6.000			0.590	1.570	0.890		3.400	6.000	20.000	2.500	6.600	8.000	1.700	38.800	3.360		0.100	0.060	0.230	3.750
02	机械土方	0.430	0.070			4.000			0.590	1.420	0.490		3.000	4.000	20.000	2.500	6.600	8.000	1.700	38.800	3.260		0.220	0.130	0.210	3.820
03	汽车运输	0.080	0.070			4.000			0.210	0.920	0.160		1.440	4.000	20.000	2.500	6.600	8.000	1.700	38.800	1.440		0.140	0.120	0.210	1.910
04	人工石方	0.060	0.050						0.590	1.600	0.850		3.150		20.000	2.500	6.600	8.000	1.700	38.800	3.450		0.100	0.060	0.220	3.830
05	机械石方	0.080	0.060						0.590	1.970	0.460		3.160	0.500	20.000	2.500	6.600	8.000	1.700	38.800	3.280		0.220	0.110	0.200	3.810
06	高级路面	0.370	0.060			0.500			1.000	1.920	0.800		4.150	2.000	20.000	2.500	6.600	8.000	1.700	38.800	1.910		0.140	0.070	0.270	2.390
07	其他路面	0.110	0.060			2.000			1.020	1.870	0.740		3.800	4.000	20.000	2.500	6.600	8.000	1.700	38.800	3.280		0.160	0.070	0.300	3.810
08	构造物 I	0.340	0.050			4.000			0.720	2.650	1.300		5.060	4.000	20.000	2.500	6.600	8.000	1.700	38.800	4.440		0.290	0.120	0.370	5.220
09	构造物 II	0.420	0.050	0.350					0.780	3.140	1.560		6.300		20.000	2.500	6.600	8.000	1.700	38.800	5.530		0.340	0.130	0.400	6.400
10	构造物 III	0.830	0.110	0.700					1.570	5.810	3.030		12.050		20.000	2.500	6.600	8.000	1.700	38.800	9.790		0.550	0.230	0.820	11.390
10-1	构造物 III（一般）	0.830		0.700					1.570	5.810	3.030		11.940		20.000	2.500	6.600	8.000	1.700	38.800	9.790		0.550	0.230	0.820	11.390
10-2	构造物 III（室内管道）（安装工程）	0.830							0.785	5.810	3.030		10.455		20.000	2.500	6.600	8.000	1.700	38.800	9.790		0.550	0.230	0.820	11.390

编制： 复核：

续上表

建设项目名称：某桥预算
编制范围：××预应力混凝土连续梁桥

第 2 页　共 2 页　04 表

序号	项目名称	其他工程费费率（%）													综合费用		间接费费率（%）										
		冬季施工增加费	雨季施工增加费	夜间施工增加费	高原地区施工增加费	风沙地区施工增加费	沿海地区施工增加费	行车干扰工程施工增加费	安全及文明施工措施费	临时设施费	施工辅助费	工地转移费	Ⅰ	Ⅱ	规费						企业管理费			
															养老保险费	失业保险费	医疗保险费	住房公积金	工伤保险费	综合费率	基本费用	主副食运费补贴	职工探亲路费	职工取暖补贴	财务费用	综合费率
1	2	3	4	5	6	7	8	9	10	11	12	13	14	15	16	17	18	19	20	21	22	23	24	25	26	27
11	技术复杂大桥	0.480	0.070	0.350					0.860	2.920	1.680		6.360		20.000	2.500	6.600	8.000	1.700	38.800	4.720		0.200	0.100	0.460	5.480
12	隧道	0.100		0.350		1.000			0.730	2.570	1.230		4.630	1.000	20.000	2.500	6.600	8.000	1.700	38.800	4.220		0.270	0.080	0.390	4.960
13	钢材及钢结构（一般）	0.020							0.530	2.480	0.560		3.940		20.000	2.500	6.600	8.000	1.700	38.800	2.420		0.160	0.070	0.480	3.130

编制：　　　　　　　　　　　　　　　　　　　　　　　　　　　　　　　　　　复核：

建筑安装工程费计算表

表 2-51

建设项目名称：某桥预算
编制范围：××预应力混凝土连续梁桥
第 1 页 共 1 页 03 表

序号	工程名称	单位	工程量	直接费（元）							间接费（元）	利润（元）费率7.0%	税金（元）综合税率3.35%	建筑安装工程费	
				直接工程费				其他工程费	合计					合计（元）	单价（元）
				人工费	材料费	机械使用费	合计								
1	2	3	4	5	6	7	8	9	10		11	12	13	14	15
1	桩基础	m³		642399	6772770	3375571	10790740	641344	11432084		910713	846548	441843	13631188	
	各项费用合计	公路公里		642399	6772770	3375571	10790740	641344	11432084		910713	846548	441843	13631188	

编制：　　　　　　　　　　　　　　　　　　　　　　　　　　复核：

5.5 归纳总结

从建筑安装工程费用的计算可以看出是一环套一环,其中直接工程费的计算,也就是工、料、机费用的计算是最根本的。通过工程数量、材料预算单价及机械台班预算单价确定直接工程费,再在此基础上计算其他各项费用。

其他工程费所包含的各项费用的计算都是基数乘以相应的费率。

基数有两类,I类是直接工程费,即人工费加材料费加施工机械使用费,II类是人工费加施工机械使用费。在其他工程费的计算中,只有高原地区施工增加费、风沙地区施工增加费以及行车干扰工程施工增加费三项费用的基数为II类基数。

费率根据工程类别的不同有不同的取值,《编制办法》将其他直接费和间接费取费标准的工程类别划分为13类。分别是:人工土方、机械土方、汽车运输、人工石方、机械石方、高级路面、其他路面、构造物I、构造物II、构造物III、技术复杂大桥、隧道、钢材及钢结构。将工程项目所包含的工程类别列出,就可以查表得出该项工程类别相对于某项费用的费率来。

间接费的计算就比较简单了,企业管理费是以直接费为基数然后乘以相应的企业管理费费率。而规费是以人工费为基数乘以相应的规费费率。

利润规定为直接费加间接费减规费的差值的7%。

税金以直接费、间接费以及利润的和为基数乘以综合税率。

5.6 项目实训

某涵洞定额基价为132000元,直接工程费156000元(其中:人工费为26600元,材料费为86200元,机械使用费为43200元),施工企业在市区,其他工程费综合费率I为4.18%,规费费率为38.8%,企业管理费费率为5.24%。分别计算其他工程费、规费、企业管理费、间接费、利润、税金、建筑安装工程费。

项目三 总预算编制及审查

【项目描述】

1. 项目概况

本工程为乐昌至广州高速公路的一个标段,乐广高速公路路线起点位于湘粤两省交界地小塘,向南经过乐昌市、韶关市、英德市、清远市,止于广州花都区的花东镇。主线新建路线长约265km,连接线长约33km。本项目全线采用双向六车道,路基宽34m,设计速度为100～120km/h。

(1)标段概况

本合同段起止桩号为K64+180～K82+000,标段主线路线长度17.524km,主要的工程内容为路基路面工程。

计划工期20个月,计划开工日期为2010年8月,计划交工日期为2012年4月。

(2)主要工程数量(表3-1)。

项目主要工程数量　　　　　　　　　　　　　　　表3-1

序号	工程项目	单位	数量	备注
一	线路总长	km	17.524	
二	路基工程			
1	借石填方	m^3	353913	次坚石
2	借土填方	m^3	3079304	松土
3	挖除淤泥	m^3	71046	
4	土工织物	m^2	177715	
5	砂砾垫层	m^3	25820	
6	碎石垫层	m^3	121136	
三	排水及防护工程			
1	边沟、排水沟、截水沟挖方	m^3	5295	土质
2	石砌边沟、排水沟、截水沟(浆砌片石)	m^3	1589	浆砌片石
3	路基盲沟	m	18286	碎石料盲沟;20×30
4	植草	m^2	278176	植草根
5	干砌片石	m^3	2258	
6	浆砌片石护坡(含人字形、方格形)	m^3	45380	

续上表

序号	工程项目	单位	数量	备注
7	现浇混凝土挡土墙	m³	30675	
四	路面工程			
1	沙粒垫层	m²	665816	20cm厚
2	二灰碎石基层	m²	665816	18cm厚,配比为5:15:80
3	粗粒式沥青混凝土下面层	m²	665816	6cm厚
4	细粒式沥青混凝土上面层	m²	665816	3cm厚

(3)地形、地貌

项目区地处粤北山区,南岭山脉,山峦起伏较大,山系多近东西向展布。地势上总体由北往南,大致呈北高南低的趋势,海拔高程在100~1200m之间,相对高差较大。

(4)气候

本区属中亚热带湿润型季风气候区,气候温暖,春夏温和多雨水,秋冬凉爽无严寒,植被四季常青。该区年平均气温18.8~21.6℃,极端最高气温42℃,极端最低气温-4.3℃,全年无霜冻期为310天左右。

全年平均降雨量1300~1400mm,主要集中在5~9月份,以7~9月份达到最高值,多年平均降水量1537.4mm,是我国多雨区之一。多年平均风速2.1m/s,最大为18m/s。

(5)地震

本路线段所在地区地震基本烈度Ⅵ度。大型桥梁、隧道考虑按Ⅵ设防;K20~K50里程按Ⅶ设防。

(6)水文

本区域溪流较为发育,属于珠江流域第二大河流的北江水系。本标段主要通过的较大河流为武江。

(7)水文地质特征

①地表水

本区河流属北江支流之武江水系,水量受大气降雨影响较大,一般春夏季节降雨较多,河流水量充沛,遇暴雨常溢满两岸,秋冬旱季,河流水量锐减。

②地下水

本区地下水类型可分为第四系松散岩类孔隙水、基岩风化裂隙水、碳酸盐类裂隙溶洞水。

③水质腐蚀评价

根据《公路工程地质勘察规范》(JTJ 064—98)附录D环境介质对混凝土腐蚀的评价标准,按Ⅲ类环境,水质分析结果表明,沿线地下水和地表水对混凝土无腐蚀性。

(8)工程地质评价

路线区属构造剥蚀丘陵山区、河谷平原地貌单元,丘坡平缓,植被发育,坡度10°~30°,河谷平原5°~10°之间,相对高差5~50m,地形平缓。

路线区内主要由泥盆纪、石炭纪地层的沉积组成。岩性主要为灰岩、砂岩、页岩等,碳酸盐岩和碎屑岩,岩质一般较硬。路线K66+500~K69+000段局部受褶曲构造影响出现"顺层"坡及夹有软弱层,易发生滑坡、崩塌等不良地质现象。河谷平原地区存在隐伏岩溶,对路基、桥基不利。

总之,该段工程地质条件一般。

(9)不良地质情况

沿线主要不良地质有:岩溶、软土、高液限土、顺层边坡、弃渣场等。

沿线主要为泥盆系和石炭系灰岩、泥质灰岩、白云质灰岩,为岩溶发育区——岩溶强烈发育的碳酸盐岩类分布区,其中:K8+800~K9+700段为不同地层岩性(砾岩、砂岩、灰岩)接触带,为不整合接触,岩溶较为发育,多为隐伏性岩溶。

(10)筑路材料

①路基填料

本项目以丘陵、山地为主,土料相对丰富,可集中设置取土坑和利用路基、隧道开挖土石填筑路基。

②石料

本标段拟采用的石场主要有:

a. K65+900左约20km的长来镇昌山石场,石料为石灰岩。

b. K70+380左约12km的塘头山石场,石料为石灰岩。

c. K74+180左约3.5km的海盛石料有限公司,石料为深灰色灰岩,品质较好。

d. K85+800左约2.5km的石料场,岩性为灰岩,紧临线位,交通运输便利,现未开采。

③砂料

本项目沿线砂料丰富,本标段主要集中在武江等支流。

a. K70+380左约25km的宏鑫砂料场,储量丰富,含泥量较低,一直以来为沿线工程建筑所采用。

b. K74+000左约2km的宏鑫砂场桂头分场,武江边,为江砂,中粗砂,含泥量1.8%,细度模数3.2,满足施工用砂要求。

④外购材料

本项目所需外购材料可在市场上统一购买。为保证材料的品质,主要材料可由业主指定购买。

(11)交通运输、水、电条件

①交通运输

本项目附近的公路主要有国道G4线、省道S250、县道X325和地方道路直接与本标段相连,交通较为便利。

②工程用水、用电

沿线水网发达,沟渠密布,有武江、北江、游溪河、前溪河等大中型河流及许多受季节影响的溪沟,水源充足,水质纯净,安全,对混凝土无侵蚀性,满足施工及生活用水要求。

沿线各地电力供应充足,电路考虑就近接入,工程用电不存在问题。

③交通、能源、通信、医疗条件与服务设施满足工程建设需要。

2. 项目任务和目标

根据项目资料,利用预算定额完成本标段的预算编制和审查工作。

【项目分析】

一个项目的预算总金额主要由建筑安装工程费,设备、工具、器具及家具购置费,工程建设其他费和预备费等构成,见图3-1。分别计算这几项费用,汇总后就可以得到本项目的预算费用,然后按照审查方法对其进行审查。

```
                          ┌ 直接费
              ┌ 建筑安装工程费 ┤ 间接费
              │             │ 利润
              │             └ 税金
              │             ┌ 设备、工具、器具购置费
概预算总金额 ┤ 设备、工具、器具及家具购置费 ┤
              │             └ 办公及生活家具购置费
              │ 工程建设其他费
              │         ┌ 价差预备费
              └ 预备费 ┤
                       └ 基本预备费
```

图 3-1　公路工程概、预算总金额构成图

任务1　建筑安装工程费计算

1.1 相关知识

（略）

1.2 任务描述

根据项目资料，完成建筑安装工程费的计算，并完成相关表格。

1.3 任务分析

前面我们已经完成了一个项目的建筑安装工程费的计算，知道应该从以下步骤去完成建筑安装工程费的预算。

1.3.1　列项并划分工程细目

根据设计文件出现的工程细目，结合相应采用的定额中的分项，将工程细目一一列出，填写在分项工程预算表中。

1.3.2　计算工程量

由于本项目主要工程量已经列出，在实际编制的过程中可以将工程量按照列项直接填入分项工程预算表（部分工程量还需计算）。

1.3.3　编制分项工程预算表

在这个过程中，首先要套用定额，将人工、材料、机械台班等用量填入表中，然后完成材料预算单价表、自采材料预算单价计算表、机械台班单价计算表、人工材料机械台班单价汇总表及其他直接费及间接费综合费率计算表，最后反过来完成分项工程预算表。

1.3.4　编制建筑安装工程费计算表

根据分项工程预算表，填写建筑安装工程费计算表，同时计算利润、税金等项目费用。

1.4 任务实施

(1)列项并划分工程细目（因版面问题，本书不以分项工程预算表的形式列出），初编分项

工程预算表(08表)。

①路基工程列项及套用定额(表3-2)。

路基工程列项及套用定额一览表　　　　　　　　　　表3-2

定额表号	工程细目	定额单位	工程数量	备注
1-1-9-7	挖掘机挖装松土	1000m³ 天然密实方	3787.544	乘系数1.23
1-1-9-14	挖掘机挖装石方	1000m³ 天然密实方	325.6	乘系数0.92
1-1-2-5	挖掘机挖装淤泥	1000m³	71.046	
1-3-9-1	土工布处理软土地基	1000m² 处理面积	177.715	
1-3-12-2	软土地基砂砾垫层	1000m³	25.82	
1-3-12-4	软土地基碎石垫层	1000m³	121.136	
1-1-11-9	自卸汽车运土方	1000m³ 天然密实方	3787.544	按平均运距3km计算
1-1-11-37	自卸汽车运石方	1000m³ 天然密实方	325.6	按平均运距2km计算
1-1-18-4	15t以内压振动路机碾压土方路基	1000m³ 压实方	3079.304	
1-1-18-17	15t以内振动压路机碾压石方路基	1000m³ 压实方	353.913	

②排水及防护工程列项及套用定额(表3-3)。

排水及防护工程列项及套用定额一览表　　　　　　　　　　表3-3

定额表号	工程细目	定额单位	工程数量	备注
1-2-1-1	人工挖边沟、排水沟、截水沟	1000m³ 天然密实方	5.295	
1-2-3-1	浆砌片石边沟、排水沟、截水沟	10m³ 实体	158.9	
1-2-2-1	路基碎石料盲沟	10m	1828.6	
5-1-2-6	人工植草根	1000m²	278.176	
5-1-10-1	干砌片石护坡	10m³ 实体	225.8	
5-1-10-2	浆砌片石护坡	10m³ 实体	4538	
5-1-18-2	现浇混凝土挡土墙	10m³ 实体	3067.5	

说明:因本工程路基均为填筑形式,材料来源均为借方,需要开挖取料。挖方的单位应为天然密实方,而工程量列出的是填方量,即压实体积,所以在计算挖土、石工程量时,应按照《定额》中给出的系数进行换算。根据工程概况,挖装后的运输距离土按3km计算,石按2km计算。

③路面工程列项及套用定额(表3-4)

说明:根据定额(2-1-7-31)中列出的每个定额单位所需的二灰碎石混合料的数量来计算二灰碎石混合料运输量,运距按4km计算。根据工程量给出的铺筑面积和上下面层的铺筑厚度计算沥青混凝土路面实体体积。

路面工程列项及套用定额一览表   表3-4

定额表号	工程细目	定额单位	工程数量	备注
2-1-1-12	机械铺筑砂砾垫层(厚20cm)	1000m²	665.816	
2-1-7-31	厂拌二灰碎石混合料(厚18cm)	1000m²	665.816	配合比为5:15:80
2-1-8-9	二灰碎石混合料运输	1000m³	121.045	平均运距4km
2-1-9-9	摊铺机铺筑二灰碎石基层	1000m²	665.816	
2-2-11-6	粗粒式沥青混凝土拌和	1000m³ 路面实体	39.949	665816×0.06
2-2-11-18	细粒式沥青混凝土拌和	1000m³ 路面实体	19.974	665816×0.03
2-2-13-9	沥青混合料运输(4km)	1000m³ 路面实体	59.923	39.949+19.974
2-2-14-50	粗粒式沥青混凝土下面层	1000m³ 路面实体	39.949	
2-2-14-52	细粒式沥青混凝土上面层	1000m³ 路面实体	19.974	

④根据分项和相应定额,计算每个分项的人工、材料、机械台班的用量并填入分项工程预算表(08表),见表3-5。

(2)编制材料预算单价表(09表)

将前面初编的分项工程预算表中出现的材料品名,以《预算定额》附录中材料代号先后顺序填列09表中,按照前述方法调查并计算每种材料的预算价格,完成09表的编制,见表3-6(本任务的材料预算价格参照广东省2010年第二季度材料价格)。

(3)编制机械台班单价计算表(11表)

根据前面初编的分项工程预算表中出现的机械名称,参照《台班费用定额》,完成机械台班单价计算表,见表3-7。

(4)编制人工、材料、机械台班单价汇总表(07表)

将前面调查确定的人工单价、09表计算的材料预算价和11表计算的机械台班单价汇总填入人工、材料、机械台班单价汇总表(07表),见表3-8。

(5)编制其他工程费及间接费综合费率计算表(04表)

根据分项工程预算表中所列项目,本任务的其他直接费和间接费取费标准的工程类别包括人工土方、机械土方、汽车运输、人工石方、机械石方、高级路面、其他路面和构造物Ⅰ共八个类别,依次填入04表第2栏中。然后根据《编制办法》查出各自不同的费率标准分别填入表中相应位置,最后计算得到各工程类别的其他直接费及间接费综合费率,完成04表。见表3-9。

(6)续编分项工程预算表(08表)

将07表中的人工、材料、机械台班单价分别填入08表,并计算分项的人工、机械、材料的费用和直接工程费,同时将04表的中的各项费率填入表中并计算其他直接费及间接费,最后将分项工程预算表沿纵列和横行进行合计,闭合,见表3-5。

(7)编制建筑安装工程费计算表(03表)

根据分项工程预算表编制03表,见3-10。

分项工程预算表

编制范围：K64+180～K82+000
工程名称：路基工程

表 3-5
第 1 页 共 14 页 08 表

代号	工料机名称	单位	单价	工程项目：路基工程 工程细目：挖掘机挖装松土 定额单位：1000m³ 天然密实方 工程数量：3787.544 定额表号：1-1-9-7			工程项目：路基工程 工程细目：挖掘机挖装石方 定额单位：1000m³ 天然密实方 工程数量：325.6 定额表号：1-1-9-14			工程项目：路基工程 工程细目：挖掘机挖装淤泥 定额单位：1000m³ 天然密实方 工程数量：71.046 定额表号：1-1-2-5			合计	
				定额	数量	金额	定额	数量	金额	定额	数量	金额	数量	金额
1	人工	工日	49.2	4	15150.18	745388.66				10	710.46	34954.63	15860.64	780343.29
1003	75kW 以内履带式推土机	台班	615.23	0.22	833.26					2.08	147.78	90916.03	981.04	90916.03
1027	0.6m³ 以内履带式单斗挖掘机	台班	548.94							6.42	456.12	250379.94	456.12	250379.94
1037	2.0m³ 以内履带式单斗挖掘机	台班	1527.2	1.01	3825.42	5842180.57	1.94	631.66	964677.26				4457.08	6806857.83
1999	基价	元	1	1751	6631989.54	6631989.54	2727	887911.20	887911.20	4977	353595.94	353595.94	7873496.69	7873496.69
	直接工程费	元				6587569.23			964677.26			376250.61		7928497.10
	其他工程费	Ⅰ	元	3.32%		218707.30	3.67%		35403.66	3.32%		12491.52		266602.47
		Ⅱ	元	38%		283247.69	38%			38%		13282.76		296530.45
	间接费	规费	元	4.36%		287218.02	4.19%		40419.98	4.36%		16404.53		344042.52
		企业管理费	元	7%		516371.96	7%		72835.06	7%		29290.06		618497.08
	利润		元	3.41%		269155.19	3.41%		37964.76	3.41%		15267.23		322387.18
	税金		元											
	建筑安装工程费		元			8162269.39			1151300.71			462986.71		9776556.80

152

续上表 第 2 页 共 14 页 08 表

编制范围：K64+180～K82+000
工程名称：路基工程

工程项目		路基工程			路基工程			路基工程			合计	
工程细目		土工布处理软土地基			软土地基砂砾垫层			软土地基碎石垫层				
定额单位		1000m² 处理面积			1000m³			1000m³				
工程数量		177.715			25.82			121.136				
定额表号		1-3-9-1			1-3-12-2			1-3-12-4				
代号	工料机名称	单位	单价	定额	数量	金额	定额	数量	金额	定额	数量	金额	金额
1	人工	工日	49.2	47.6	8459.23	416194.31	15.9	410.54	20198.47	45.5	5511.69	271175.05	707567.83
653	铁钉	kg	5.55	6.8	1208.46	6706.96							6706.96
770	土工布	m²	8.21	1081.8	192252.09	1578389.63							1578389.63
902	砂砾	m³	56.03				1300	33566.00	1880702.98				1880702.98
958	碎石	m³	62.51							1200	145363.20	9086653.63	9086653.63
996	其他材料费	元	1	46.8	8317.06	8317.06							8317.06
1003	75kW 以内履带式推土机	台班	615.23				0.99	25.56	15726.39	2.51	304.05	187061.52	202787.90
1075	6～8t 光轮压路机	台班	277				1.3	33.57	9297.78				9297.78
1078	12～15t 光轮压路机	台班	466.05							3.23	391.27	182351.05	182351.05
1999	基价	元	1	12940	2299632.10	2299632.10	42016	1084853.12	1084853.12	38107	4616129.55	4616129.55	8000614.77
					8000614.77							8000614.77	8000614.77

编制范围：K64+180～K82+000 第 3 页 共 14 页 续上表
工程名称：路基工程 08 表

工程项目					路基工程			路基工程			路基工程			合 计	
工程细目					土工布处理软土地基			软土地基砂砾石垫层			软土地基碎石垫层				
定额单位					1000m² 处理面积			1000m³			1000m³				
工程数量					177.715			25.82			121.136				
定额表号					1-3-9-1			1-3-12-2			1-3-12-4				
代号	工料机名称	单位	单价	定额	数量	金额	定额	数量	金额	定额	数量	金额	数量	金额
直接工程费		元				2009607.97			1925925.62			9727241.25		13662774.84
其他工程费	I	元		4.47%		89829.48	4.47%		86088.88	4.47%		434807.68		610726.04
	II	元												
间接费	规费	元		38%		158153.84	38%		7675.42	38%		103046.52		268875.78
	企业管理费	元		4.07%		81791.04	4.07%		78385.17	4.07%		395898.72		556074.94
利润		元		7%		163756.76	7%		146865.26	7%		746269.59		1056891.61
税金		元		3.41%		85357.04	3.41%		76552.47	3.41%		388987.69		550897.20
建筑安装工程费		元				2588496.14			2321492.81			11796251.46		16706240.40

续上表

编制范围：K64+180～K82+000
工程名称：路基工程

第 4 页　共 14 页　08 表

代号	工程项目			工程细目			路基工程 8t以内自卸汽车运土方 3km 1000m³ 天然密实方 3787.544 1-1-11-9+0.5×4			路基工程 8t以内自卸汽车运石方 2km 1000m³ 天然密实方 325.6 1-1-11-9+0.5×2			路基工程 15t以内振动压路机碾压土方路基 1000m³ 碾压方 3079.304 1-1-18-4			合计	
	工料机名称	单位	单价				定额	数量	金额	定额	数量	金额	定额	数量	金额	数量	金额
1	人工	工日	49.2										3	9237.91	454505.27	9237.91	454505.27
1057	120kW以内自行式平地机	台班	1017.3										1.63	5019.27	5106098.81	5019.27	5106098.81
1075	6～8t光轮压路机	台班	277										1.55	4772.92	1322099.17	4772.92	1322099.17
1088	15t以内振动压路机	台班	871.24										2.41	7421.12	6465578.89	7421.12	6465578.89
1385	8t以内自卸汽车	台班	551.69				15.82	59918.95	33056683.36	20.17	6567.35	3623142.42				66486.30	36679825.79
1999	基价	元	1				8896	33693991.42	33693991.42	9811	3194461.60	3194461.60	3884	11960016.74	11960016.74	48848469.76	48848469.76
	直接工程费	元							33056683.36			3623142.42			13348282.15		50028107.93
	其他工程费	I	元				1.92%		634688.32	1.92%		69564.33	3.32%		443162.97		1147415.62
		II	元						0.00			0.00	38%		172712.00		172712.00
	间接费	规费	元				38%			38%							
		企业管理费	元				2.34%		773526.39	2.34%		84781.53	4.21%		561962.68		1420270.60
	利润		元				7%		2412542.87	7%		264424.18	7%		1016828.39		3693795.43
	税金		元				3.41%		1257520.74	3.41%		137829.22	3.41%		530014.53		1925364.48
	建筑安装工程费		元						38134961.68			4179741.69			16072962.71		58387666.08

编制范围:K64+180~K82+000
工程名称:路基工程

续上表
第 5 页 共 14 页 08 表

工程项目					路基工程			排水及防护工程			排水及防护工程			合 计	
工程细目					15t以内振动压路机碾压石方路基			人工挖边沟、排水沟、截水沟			浆砌片石边沟、排水沟、截水沟				
定额单位					1000m³碾压方			1000m³天然密实方			10m³实体				
工程数量					353.913			5.295			158.9				
定额表号					1-1-18-17			1-2-1-1			1-2-3-1				
代号	工料机名称	单位	单价	定额	数量	金额	定额	数量	金额	定额	数量	金额	数量	金额
1	人工	工日	49.2	80.7	28560.78	1405190.33	169.5	897.50	44157.12	15.8	2510.62	123522.50	31968.90	1572869.96
832	32.5级水泥	t	394.2							0.869	138.08	54432.75	138.08	54432.75
866	水	t	2.95							18	2860.20	8437.59	2860.20	8437.59
899	中(粗)砂	m³	50.85							4.27	678.50	34501.88	678.50	34501.88
931	片石	m³	53.96							11.5	1827.35	98603.81	1827.35	98603.81
996	其他材料费	元	1							2.4	381.36	381.36	381.36	381.36
1003	75kW以内履带式推土机	台班	615.23	2.34	828.16	509506.67							828.16	509506.67
1075	6~8t光轮压路机	台班	277	2.03	718.44	199008.82							718.44	199008.82
1088	15t以内振动式压路机	台班	871.24	2.66	941.41	820192.81							941.41	820192.81
1999	基价	元	1	6540	2314591.02	2314591.02	8339	44155.01	44155.01	1714	272354.60	272354.60	2631100.63	2631100.63

156

续上表　　第 6 页　共 14 页　　08 表

建设项目名称：乐广高速公路
工程名称：K64+180～K82+000

工程项目		路基工程			排水及防护工程			排水及防护工程			合计
工程细目		15t以内振动压路机碾压石方路基			人工挖边沟、排水沟、截水沟			浆砌片石边沟、排水沟、截水沟			
定额单位		1000m³ 碾压方			1000m³ 天然密实方			10m³ 实体			
工程数量		353.913			5.295			158.9			
定额表号		1-1-18-17			1-2-1-1			1-2-3-1			
代号		定额	数量	金额	定额	数量	金额	定额	数量	金额	金额
工料机名称	单价										
	单位										
直接工程费	元			2933898.64			44157.12			319879.89	3297935.65
其他工程费 Ⅰ	元	3.67%		107674.08	3.51%		1549.92	3.43%		10971.88	120195.88
其他工程费 Ⅱ	元										
间接费 规费	元	38%		533972.33	38%		16779.71	38%		46938.55	597690.58
间接费 企业管理费	元	4.19%		122930.35	4.36%		1925.25	4.28%		13690.86	138546.46
利润	元	7%		258893.28	7%		4508.84	7%		27403.68	290805.80
税金	元	3.41%		134946.27	3.41%		2350.20	3.41%		14283.97	151580.45
建筑安装工程费	元			4092314.94			71271.04			433168.84	4596754.82

项目三　总预算编制及审查

编制范围：K64+180～K82+000
工程名称：路基工程

工程项目	排水及防护工程			排水及防护工程			排水及防护工程			合计	
工程细目	碎石料盲沟			人工植草根			干砌片石护坡				
定额单位	10m			1000m²			10m³ 实体				
工程数量	1828.6			278.176			225.8				
定额表号	1-2-2-1			5-1-2-6			5-1-10-1				
代号	工料机名称	单位	单价	定额	数量	金额	定额	数量	金额	定额	数量	金额	数量	金额

代号	工料机名称	单位	单价	定额	数量	金额	定额	数量	金额	定额	数量	金额	数量	金额
1	人工	工日	49.2	1	1828.60	89967.12	12.2	3393.75	166972.36	7.1	1603.18	78876.46	6825.53	335815.94
770	土工布	m²	8.21	10.7	19566.02	160637.02							19566.02	160637.02
931	片石	m³	53.96							12.5	2822.50	152302.10	2822.50	152302.10
952	碎石(4cm)	m³	69.76	0.7	1280.02	89294.20							1280.02	89294.20
996	其他材料费	元	1				5938	1651809.09	1651809.09				1651809.09	1651809.09
1999	基价	元	1	192	351091.20	351091.20	6538	1818714.69	1818714.69	774	174769.20	174769.20	2344575.09	2344575.09
	直接工程费	元				339898.34			1818781.45			231178.56		2389858.35
其他工程费	Ⅰ	元		5.46%		18558.45	5.46%		99305.47	5.46%		12622.35		130486.27
	Ⅱ	元												
	规费	元		38%		34187.51	38%		63449.50	38%		29973.05		127610.06
间接费	企业管理费	元		5.59%		19000.32	5.59%		101669.88	5.59%		12922.88		133593.08
	利润	元		7%		28815.12	7%		145824.44	7%		20068.78		194708.34
	税金	元		3.41%		15019.68	3.41%		76009.95	3.41%		10460.71		101490.33
	建筑安装工程费	元				455479.41			2305040.69			317226.33		3077746.42

第 7 页 共 14 页 续上表 08 表

编制范围：K64+180～K82+000
工程名称：路基工程、路面工程

续上表　08 表

代号	工程项目 工料机名称	工程细目 定额单位 工程数量 定额表号 单位	单价	排水及防护工程 浆砌片石护坡 10m³ 实体 4538 5-1-10-2			排水及防护工程 现浇混凝土挡土墙 10m³ 实体 3067.5 5-1-18-2			路面工程 机械铺筑砂砾垫层 1000m² 665.816 2-1-1-12+1×5			合计	
				定额	数量	金额	定额	数量	金额	定额	数量	金额	数量	金额
1	人工	工日	49.2	11.4	51733.20	2545273.44	19.5	59816.25	2942959.50	0.9	599.23	29482.33	112148.68	5517715.27
101	原木	m³	881.4				0.04	122.70	108147.78				122.70	108147.78
272	组合钢模板	t	6160.15				0.02	61.35	377925.20				61.35	377925.20
651	铁件	kg	5.55				50.7	155522.25	863148.49				155522.25	863148.49
655	8～12号铁丝	kg	5.55				2.1	6441.75	35751.71				6441.75	35751.71
832	32.5级水泥	t	394.2	0.866	3929.91	1549169.73	2.876	8822.13	3477683.65				12752.04	5026853.38
866	水	m³	2.95	18	81684.00	240967.80							81684.00	240967.80
899	中（粗）砂	m³	50.85	4.26	19331.88	983026.10	5.51	16901.93	859462.89				36233.81	1842488.98
902	砂砾	m³	56.03							262.06	174483.74	9776324.01	174483.74	9776324.01
931	片石	m³	53.96	11.5	52187.00	2816010.52							52187.00	2816010.52
954	碎石（8cm）	m³	66.65				8.36	25644.30	1709192.60				25644.30	1709192.60
996	其他材料费	元	1	2.4	10891.20	10891.20	20.5	62883.75	62883.75				73774.95	73774.95
1057	120kW 以内自行式平地机	台班	1017.3							0.27	179.77	182880.35	179.77	182880.35
1075	6～8t 光轮压路机	台班	277							0.25	166.45	46107.76	166.45	46107.76
1078	12～15t 光轮压路机	台班	466.05							0.5	332.91	155151.77	332.91	155151.77

项目三　总预算编制及审查

续上表

第 9 页 共 14 页 08 表

编制范围:K64+180～K82+000
工程名称:路面工程

	工程项目				排水及防护工程			排水及防护工程			路面工程			合 计	
	工程细目				浆砌片石护坡			现浇混凝土挡土墙			机械铺筑砂砾垫层				
	定额单位				10m³ 实体			10m³ 实体			1000m²				
	工程数量				4538			3067.5			665.816				
	定额表号				5-1-10-2			5-1-18-2			2-1-1-12+1×5				
代号	工料机名称	单位	单价	定额	数量	金额	定额	数量	金额	定额	数量	金额	数量	金额
1272	250L 以内混凝土搅拌机	合班	131.07				0.43	1319.03	172884.61				1319.03	172884.61
1405	6000L 以内洒水汽车	合班	571.01							0.44	292.96	167282.54	292.96	167282.54
1450	8t 以内汽车式起重机	合班	573.75				0.26	797.55	457594.31				797.55	457594.31
1998	小型机具使用费	元	1	14.9			14.9	45705.75	45705.75				45705.75	45705.75
1999	基价	元	1	1496		6788848.00	3235	9923362.50	9923362.50	6703	4462964.65	4462964.65	21175175.15	21175175.15
	直接工程费	元		5.46%		8145338.79	5.46%		11113340.23	4.47%		10357228.76		29615907.78
	其他工程费 Ⅰ	元				444735.50			606788.38			462968.13		1514492.00
	Ⅱ	元		38%		967203.91	38%		1118324.61	38%		11203.29		2096731.80
	规费	元													
	间接费 企业管理费	元		5.59%		455324.44	5.59%		621235.72	4.07%		421539.21		1498099.37
	利润	元		7%		700882.18	7%		942178.23	7%		787705.76		2430766.17
	税金	元		3.41%		365329.83	3.41%		491103.67	3.41%		410586.00		1267019.50
	建筑安装工程费	元				11078814.65			14892970.83			12451231.14		38423016.62

续上表

第 10 页 共 14 页   08 表

编制范围:K64+180～K82+000
工程名称:路面工程

代号	工料机名称	单位	单价	\multicolumn{3}{c}{工程项目: 路面工程}						
				\multicolumn{3}{c}{厂拌二灰碎石混合料}	\multicolumn{3}{c}{自卸汽车运二灰碎石混合料4km}	\multicolumn{3}{c}{9.5m以内摊铺机铺筑二灰碎石基层}	合计
				\multicolumn{3}{c}{1000m² / 665.816 / 2-1-7-31+1×3}	\multicolumn{3}{c}{1000m³ / 121.045 / 2-1-8-9+0.5×6}	\multicolumn{3}{c}{1000m² / 665.816 / 2-1-9-9}	
				定额	数量	金额	定额	数量	金额	定额	数量	金额	数量	金额
1	人工	工日	49.2	3.1	2064.03	101550.26				4.2	2796.43	137584.22	4860.46	239134.47
866	水	m³	2.95	34	22637.74	66781.34							22637.74	66781.34
891	生石灰	t	643.9	19.185	12773.68	8224972.53							12773.68	8224972.53
945	粉煤灰	m³	93.07	76.73	51088.06	4754765.90							51088.06	4754765.90
958	碎石	m³	62.51	199.84	133056.67	8317372.41							133056.67	8317372.41
1051	3m³以内轮胎式装载机	台班	868.15	0.52	346.22	300574.64							346.22	300574.64
1075	6～8t光轮压路机	台班	277							0.14	93.21	25820.34	93.21	25820.34
1078	12～15t光轮压路机	台班	466.05							1.27	845.59	394085.50	845.59	394085.50
1160	300t/h以内铺路厂拌设备	台班	1299.91	0.25	166.45	216375.22							166.45	216375.22
1165	9.5m以内稳定土摊铺机	台班	2006.04							0.24	159.80	320556.85	159.80	320556.85
1405	6000L以内洒水汽车	台班	571.01							0.31	206.40	117858.15	206.40	117858.15
1385	8t以内自卸汽车	台班	573.75				18.77	2272.01	1303568.41				2272.01	1303568.41
1999	基价	元	1	9996		6655496.74	9120	1103930.40	1103930.40	1379	918160.26		8677587.40	8677587.40

编制范围：K64+180～K82+000
工程名称：路面工程

第 11 页　共 14 页　　续上表　　08 表

工程项目			路面工程		路面工程		路面工程		合计
工程细目			厂拌二灰碎石混合料		自卸汽车运二灰碎石混合料 4km		9.5m 以内摊铺机铺筑二灰碎石基层		
定额单位			1000m²		1000m³		1000m²		
工程数量			665.816		121.045		665.816		
定额表号			2-1-7-31+1×3		2-1-8-9+0.5×6		2-1-9-9		
代号	工料机名称	单位	定额	金额	定额	金额	定额	金额	金额
	直接工程费	元	4.47%	21982392.30	1.92%	1303568.41	4.47%	995905.07	24281865.77
其他工程费	Ⅰ	元	38%	982612.94	38%	25028.51	4.47%	44516.96	1052158.41
	Ⅱ	元	38%	38589.10			38%	52282.00	90871.10
间接费	规费	元	4.07%	894683.37	2.34%	30503.50	4.07%	40533.34	965720.20
	企业管理费	元	7%	1672879.44	7%	95137.03	7%	79326.62	1847343.08
	利润	元							
	税金	元	3.41%	871976.46	3.41%	49589.50	3.41%	41348.43	962914.39
	建筑安装工程费	元		26443133.59		1503826.95		1253912.41	29200872.95

续上表

编制范围：K64+180～K82+000 第 12 页 共 14 页 08 表
工程名称：路面工程

工程项目		路面工程				路面工程				路面工程			
工程细目		粗粒式沥青混凝土拌和				细粒式沥青混凝土拌和				8t 以内自卸汽车运输沥青混凝土			
定额单位		1000m³ 路面实体				1000m³ 路面实体				1000m³ 路面实体			
工程数量		39.949				19.974				59.923			
定额表号		2-2-11-6				2-2-11-18				2-2-13-9+0.5×6			
代号	工料机名称	单位	单价	定额	数量	金额	定额	数量	金额	定额	数量	金额	合计	
													数量	金额
1	人工	工日	49.2	26.3	1050.66	51692.41	26.2	523.32	25747.28				1573.98	77439.69
851	石油沥青	t	4445.53	105.857	4228.88	18799618.65	122.536	2447.53	10880586.11				6676.42	29680204.76
897	砂	m³	56.03	296.66	11851.27	664026.68	471.22	9412.15	527362.67				21263.42	1191389.35
949	矿粉	t	165.54	96.104	3839.26	635550.88	128.404	2564.74	424567.31				6404.00	1060118.19
961	石屑	m³	46.98	168.13	6716.63	315547.06	261.18	5216.81	245085.70				11933.43	560632.76
965	路面用碎石(1.5cm)	m³	95.64	259.89	10382.35	992967.53	723.22	14445.60	1381576.83				24827.94	2374544.36
966	路面用碎石(2.5cm)	m³	90.46	299.07	11947.55	1080775.14							11947.55	1080775.14
967	路面用碎石(3.5cm)	m³	85.28	469.28	18747.27	1598766.91							18747.27	1598766.91
996	其他材料费	元	1	191.7	7658.22	7658.22	287.5	5742.53	5742.53				13400.75	13400.75
997	设备摊销费	元	1	2499.3	99844.54	99844.54	2893.1	57786.78	57786.78				157631.32	157631.32
1051	3m³ 以内轮胎式装载机	台班	868.15	2.53	101.07	87744.76	2.52	50.33	43697.88				151.41	131442.64
1207	320t/h 以内沥青拌合设备	台班	42745.01	1.35	53.93	2305287.55	1.34	26.77	1144077.03				80.70	3449364.58
1383	5t 以内自卸汽车	台班	459.09	1.46	58.33	26776.67	1.45	28.96	13296.30				87.29	40072.97
1385	8t 以内自卸汽车	台班	551.69							23.61	1414.78	780521.10	1414.78	780521.10

项目三 总预算编制及审查

编制范围:K64+180～K82+000
工程名称:路面工程

第 13 页 共 14 页

续上表 08 表

代号	工料机名称	单位	单价	工程项目			工程项目			工程项目			合计	
				路面工程			路面工程			路面工程				
	工程细目			粗粒式沥青混凝土拌和			细粒式沥青混凝土拌和			8t以内自卸汽车运输沥青混凝土				
	定额单位			1000m³ 路面实体			1000m³ 路面实体			1000m³ 路面实体				
	工程数量			39.949			19.974			59.923				
	定额表号			2-2-11-6			2-2-11-18			2-2-13-9+0.5×6				
				定额	数量	金额	定额	数量	金额	定额	数量	金额	数量	金额
1999	基价	元	1	566643	22636821.21	22636821.21	630022	12584059.43	12584059.43					35220880.64
	直接工程费	元				26666257.00			14749526.42			780521.10		42196304.52
其他工程费	Ⅰ	元		4.62%		1231981.07	4.62%		681428.12	1.92%		14986.01		1928395.20
	Ⅱ	元		38%		19643.12	38%		9783.97	38%				29427.08
间接费	规费	元		2.65%		706655.81	2.65%		390862.45	2.34%		18264.19		1115782.45
	企业管理费	元		7%		2003717.59	7%		1108212.07	7%		56963.99		3168893.65
利润		元		3.41%		1044423.48	3.41%		577647.62	3.41%		29692.07		1651763.18
税金		元				31672678.08			17517460.64			900427.36		50090566.08
建筑安装工程费		元												

续上表 08表

编制范围：K64+180～K82+000　　　　　　　　　　　　　　　　　　　　　　　第14页　共14页
工程名称：路面工程

工程项目				路面工程			路面工程			合计	
工程细目				粗粒式沥青混凝土下面层铺筑			细粒式沥青混凝土上面层铺筑				
定额单位				1000m³ 路面实体			1000m³ 路面实体				
工程数量				39.949			19.974				
定额表号				2-2-14-50			2-2-14-52				
代号	工料机名称	单位	单价	定额	数量	金额	定额	数量	金额	数量	金额
1	人工	工日	49.2	20.8	830.94	40882.21	22.6	451.41	22209.49		35220880.64
1075	6～8t 光轮压路机	台班	277	2.86	114.25	31648.40	2.9	57.92	16045.11		
1078	12～15t 光轮压路机	台班	466	4.28	170.98	79677.48	4.35	86.89	40489.30		
1214	12.5m 以内沥青混合料摊铺机	台班	3425.72	1.45	57.93	198438.43	1.47	29.36	100585.24		
1224	16～20t 轮胎压路机	台班	674.48	0.83	33.16	22364.19	0.85	16.98	11451.25		
1225	20～25t 轮胎压路机	台班	826.65	1.95	77.90	64396.49	1.97	39.35	32527.67		
1999	基价	元	1	10207	407759.44	407759.44	10427	208268.90	208268.90		
	直接工程费	元				437407.19			223308.06		660715.25
	其他工程费	元		4.62%		20208.21	4.62%		10316.83		30525.04
	规费 Ⅰ	元		38%		15535.24	38%		8439.61		23974.85
	规费 Ⅱ	元		2.65%		11591.29	2.65%		5917.66		17508.95
	企业管理费	元									
	间接费	元									
	利润	元		7%		33931.94	7%		17358.75		51290.69
	税金	元		3.41%		17686.78	3.41%		9048.13		26734.90
	建筑安装工程费	元				536360.65			274389.04		810749.68

项目三　总预算编制及审查

材料预算单价计算表

表 3-6

建设项目名称：乐广高速公路

编制范围：K64+180～K82+000

第 1 页 共 1 页　09 表

序号	规格名称	单位	原价（元）	供应地点	运输方式、比重及运距	运杂费 毛重系数	运杂费构成说明或计算式	单位运费（元）	原价运费合计（元）	场外运输损耗 费率(%)	场外运输损耗 金额(元)	采购及保管费 费率(%)	采购及保管费 金额(元)	预算单价（元）
1	原木	m³	850	料场—工地	汽车,1,0,20km	1	(0.34×20+3.1)×1×1	9.9	859.9			2.5	21.50	881.40
2	组合钢模板	t	6000	料场—工地	汽车,1,0,20km	1	(0.34×20+3.1)×1×1	9.9	6009.9			2.5	150.25	6160.15
3	铁件	kg	5.4	料场—工地	汽车,1,0,20km	1.1	[(0.34×20+3.1)×1×1.1]÷1000	0.01	5.41			2.5	0.14	5.55
4	铁钉	kg	5.4	料场—工地	汽车,1,0,20km	1.1	[(0.34×20+3.1)×1×1.1]÷1000	0.01	5.41			2.5	0.14	5.55
5	8～12号铁丝	kg	5.4	料场—工地	汽车,1,0,20km	1.1	[(0.34×20+3.1)×1×1.1]÷1000	0.01	5.41			2.5	0.14	5.55
6	土工布	m²	8	料场—工地	汽车,1,0,20km	1	(0.34×20+3.1)×1×1	0.01	8.01			2.5	0.20	8.21
7	32.5级水泥	t	370	料场—工地	汽车,1,0,20km	1.01	(0.34×20+3.1)×1×1.01	10.78	380.78	1	3.81	2.5	9.61	394.20
8	石油沥青	t	4200	料场—工地	汽车,1,0,20km	1.01	(0.34×20+3.1)×1×1.01	10.78	4210.78	3	126.32	2.5	108.43	4445.53
9	水	m³							0		0.00			2.95
10	生石灰	t	600	料场—工地	汽车,1,0,20km	1	(0.34×20+3.1)×1×1	9.9	609.9	3	18.30	2.5	15.70	643.90
11	砂	m³	50	料场—工地	汽车,1,0,3km	1	(0.34×3+2.1)×1×1	4.12	54.12	1	0.54	2.5	1.37	56.03
12	中（粗）砂	m³	45	料场—工地	汽车,1,0,3km	1	(0.34×3+2.1)×1×1	4.12	49.12	1	0.49	2.5	1.24	50.85
13	砂砾	m³	50	料场—工地	汽车,1,0,3km	1	(0.34×3+2.1)×1×1	4.12	54.12	1	0.54	2.5	1.37	56.03
14	片石	m³	48	料场—工地	汽车,1,0,3km	1	(0.34×3+2.1)×1×1	4.12	52.12	1	0.52	2.5	1.32	53.96
15	粉煤灰	t	80	料场—工地	汽车,1,0,20km	1	(0.34×20+3.1)×1×1	9.9	89.9	1	0.90	2.5	2.27	93.07
16	矿粉	t	150	料场—工地	汽车,1,0,20km	1	(0.34×20+3.1)×1×1	9.9	159.9	1	1.60	2.5	4.04	165.54
17	碎石(4cm)	m³	65	料场—工地	汽车,1,0,2km	1	(0.34×2+1.7)×1×1	2.38	67.38	1	0.67	2.5	1.70	69.76
18	碎石(8cm)	m³	62	料场—工地	汽车,1,0,2km	1	(0.34×2+1.7)×1×1	2.38	64.38	1	0.64	2.5	1.63	66.65
19	碎石	m³	58	料场—工地	汽车,1,0,2km	1	(0.34×2+1.7)×1×1	2.38	60.38	1	0.60	2.5	1.52	62.51
20	石屑	m³	43	料场—工地	汽车,1,0,2km	1	(0.34×2+1.7)×1×1	2.38	45.38	1	0.45	2.5	1.15	46.98
21	路面用碎石(1.5cm)	m³	90	料场—工地	汽车,1,0,2km	1	(0.34×2+1.7)×1×1	2.38	92.38	1	0.92	2.5	2.33	95.64
22	路面用碎石(2.5cm)	m³	85	料场—工地	汽车,1,0,2km	1	(0.34×2+1.7)×1×1	2.38	87.38	1	0.87	2.5	2.21	90.46
23	路面用碎石(3.5cm)	m³	80	料场—工地	汽车,1,0,2km	1	(0.34×2+1.7)×1×1	2.38	82.38	1	0.82	2.5	2.08	85.28

表 3-7

机械台班单价计算表

建设项目名称：乐广高速公路
编制范围：K64+180～K82+000

第 1 页 共 2 页 11 表

序号	定额号	机械规格名称	台班单价(元)	不变费用(元)		可变费用(元)								合计
				调整系数	调整值	人工 49.2 (元/工日)		柴油 6.22 (元/kg)		重油 2.70 (元/kg)		汽油 7.36 (元/kg)		电 1.2 [元/(kW·h)]		
				定额		定额	金额	定额	金额	定额	金额	定额	费用	定额	费用	
1	1003	75kW 以内履带式推土机	615.23	245.14		2	98.4	43.68	271.69							370.09
2	1027	0.6m³ 以内履带式单斗挖掘机	548.94	219.84		2	98.4	37.09	230.7							329.10
3	1037	2.0m³ 以内履带式单斗挖掘机	1527.20	855.38		2	98.4	92.19	573.422							671.82
4	1051	3m³ 以内轮胎式装载机	868.15	241.36		1	49.2	92.86	577.589							626.79
5	1057	120kW 以内自行式平地机	1017.30	408.05		2	98.4	82.13	510.849							609.25
6	1075	6～8t 光轮压路机	277.00	107.57		1	49.2	19.33	120.233							169.43
7	1078	12～15t 光轮压路机	466.05	164.32		1	49.2	40.6	252.532							301.73
8	1088	15t 以内振动压路机	871.24	315.05		2	98.4	73.6	457.792							556.19
9	1160	300t/h 以内稳定土厂拌设备	1299.91	455.64		4	196.8							539.56	647.472	844.27

续上表

建设项目名称：乐广高速公路 第 2 页 共 2 页 11 表
编制范围：K64+180～K82+000

序号	定额号	机械规格名称	台班单价(元)	不变费用(元)		可变费用(元)									合计
				定额	调整系数 调整值	人工 49.2 (元/工日)		柴油 6.22 (元/kg)		重油 2.70 (元/kg)		汽油 7.36 (元/kg)		电 1.2 [元/(kW·h)]	
						定额	金额	定额	金额	定额	金额	定额	费用	定额	费用	
10	1165	9.5m 以内稳定土摊铺机	2006.04	1373.09		2	98.4	85.94	534.547							632.95
12	1214	12.5m 以内沥青混合料摊铺机	3425.72	2429.65		3	147.6	136.41	848.47							996.07
13	1224	16～20t 轮胎压路机	674.48	362.24		1	49.2	42.29	263.044							312.24
14	1225	20～25t 轮胎压路机	826.65	464.65		1	49.2	50.29	312.804							362.00
15	1272	250L 以内混凝土搅拌机	131.07	18.58		1	49.2							52.74	63.288	112.49
16	1383	5t 以内自卸汽车	459.09	103.49		1	49.2					41.63	306.3968			355.60
17	1385	8t 以内自卸汽车	551.69	194.91		1	49.2	49.45	307.579							356.78
18	1405	6000L 以内洒水汽车	571.01	257.9		1	49.2	42.43	263.915							313.11
19	1450	8t 以内汽车式起重机	573.75	273.95		2	98.4	32.38	201.404							299.80

人工、材料、机械台班单价汇总表

建设项目名称：乐广高速公路

编制范围：K64+180～K82+000

表 3-8 第 1 页 共 1 页 07 表

序号	名称	单位	代号	预算单价（元）	备注	序号	名称	单位	代号	预算单价（元）	备注
1	人工	工日	1	49.20		23	路面用碎石（2.5cm）	m³	966	90.46	
2	原木	m³	101	881.40		24	路面用碎石（3.5cm）	m³	967	85.28	
3	组合钢模板	t	272	6160.15		25	75kW以内履带式推土机	台班	1003	615.23	
4	铁件	kg	651	5.55		26	0.6m³以内履带式单斗挖掘机	台班	1027	548.94	
5	铁钉	kg	653	5.55		27	2.0m³以内履带式单斗挖掘机	台班	1037	1527.20	
6	8～12号铁丝	kg	655	5.55		28	3m³以内轮胎式装载机	台班	1051	868.15	
7	土工布	m²	770	8.21		29	120kW以内自行式平地机	台班	1057	1017.30	
8	32.5级水泥	t	832	394.20		30	6～8t光轮压路机	台班	1075	277.00	
9	石油沥青	t	851	4445.53		31	12～15t轮胎压路机	台班	1078	466.05	
10	水	m³	866	2.95		32	15t以内振动压路机	台班	1088	871.24	
11	生石灰	t	891	643.90		33	300t/h以内稳定土厂拌设备	台班	1160	1299.91	
12	砂	m³	897	56.03		34	9.5m以内稳定土摊铺机	台班	1165	2006.04	
13	中（粗）砂	m³	899	50.85		35	320t/h以内沥青拌合设备	台班	1207	42745.01	
14	砂砾	m³	902	56.03		36	12.5m以内沥青混合料摊铺机	台班	1214	3425.72	
15	片石	m³	931	53.96		37	16～20t轮胎压路机	台班	1224	674.48	
16	粉煤灰	m³	945	93.07		38	20～25t轮胎压路机	台班	1225	826.65	
17	矿粉	t	949	165.54		39	250L以内混凝土搅拌机	台班	1272	131.07	
18	碎石（4cm）	m³	952	69.76		40	5t以内自卸汽车	台班	1383	459.09	
19	碎石（8cm）	m³	954	66.65		41	8t以内自卸汽车	台班	1385	551.69	
20	碎石	m³	958	62.51		42	6000L以内汽车洒水车	台班	1405	571.01	
21	石屑	m³	961	46.98		43	8t以内汽车式起重机	台班	1450	573.75	
22	路面用碎石（1.5cm）	m³	965	95.64							

其他工程费及间接费综合费率计算表

建设项目名称：乐广高速公路
编制范围：K64+180～K82+000

表3-9
第1页 共1页 04表

序号	工程类别	其他工程费(%) 冬季施工增加费	雨季施工增加费	夜间施工增加费	高原地区施工增加费	风沙地区施工增加费	沿海地区施工增加费	行车干扰工程施工增加费	安全及文明施工措施费	临时设施费	施工辅助费	工地转移费	综合费率 I	综合费率 II	间接费(%) 规费 养老保险费	失业保险费	医疗保险费	住房公积金	工伤保险费	综合费率	企业管理费 基本费用	主副食运费补贴	职工探亲路费	职工取暖补贴	财务费用	综合费率
1	人工土方		0.31						0.59	1.57	0.89	0.15	3.51		20	2	10	5	1	38	3.36	0.67	0.10		0.23	4.36
2	机械土方		0.32						0.59	1.42	0.49	0.50	3.32		20	2	10	5	1	38	3.26	0.52	0.22		0.21	4.21
3	汽车运输		0.32						0.21	0.92	0.16	0.31	1.92		20	2	10	5	1	38	1.44	0.55	0.14		0.21	2.34
4	人工石方		0.23						0.59	1.60	0.85	0.16	3.43		20	2	10	5	1	38	3.45	0.51	0.10		0.22	4.28
5	机械石方		0.29						0.59	1.97	0.46	0.36	3.67		20	2	10	5	1	38	3.28	0.49	0.22		0.20	4.19
6	高级路面		0.29						1.00	1.92	0.80	0.61	4.62		20	2	10	5	1	38	1.91	0.33	0.14		0.27	2.65
7	其他路面		0.28						1.02	1.87	0.74	0.56	4.47		20	2	10	5	1	38	3.28	0.33	0.16		0.30	4.07
8	构造物 I		0.23						0.72	2.65	1.30	0.56	5.46		20	2	10	5	1	38	4.44	0.49	0.29		0.37	5.59

表 3-10

建筑安装工程费表

建设项目名称：乐广高速公路
编制范围：K64+180～K82+000
路线长度：17.524km

第 1 页 共 1 页　　03 表

序号	工程名称	单位	工程量	直接费（元）					间接费（元）	利润（元）		税金（元）		建安工程费	
				直接工程费				其他直接费	合计		费率	金额	综合税率	金额	合计（元）	单价（元）
				人工费	材料费	机械使用费	合计				7%		3.41%			
1	2	3	4	6	7	8	9	11	12	14		16		17	18	19
1	路基工程	km	17.524	3347606.87	11606185.52	5959948.6	74553278.51	2132418.21	76685696.72	3715408.97		5628077.40		2933595.14	88962778.23	5076625.10
2	排水及防护工程	km		5891728.52	15490366.74	630479.15	22012574.41	1194531.94	23207106.35	3502626.18		1869681.28		974558.01	29553971.82	
3	路面工程	km	17.524	409148.18	68959982.25	8126983.87	77496114.30	3474046.77	80970161.07	2676027.14		5855233.17		3051998.47	92553419.86	5281523.62
	合计	公路公里	17.524	9648483.57	96056534.51	68356949.14	174061967.22	6800996.92	180862964.14	9894062.29		13352991.85		6960151.62	211070169.91	12044634.21

1.5 归纳总结

建筑安装工程费的计算是一个复杂的过程,其中工程量计算的准确与否、分项是否准确、定额应用是否正确等都会对最后的结果产生相当大的影响。在计算时还要抱着细心、认真、负责的态度,勤复核、换人复核,确保预算编制的准确。

1.6 项目实训

某二级公路其中的一段,设计速度 80km/h,路基宽 12m,路线长 347m,主要工程量见表 3-11,试完成本项目建筑安装工程费的预算。

某公路施工主要工程量 表 3-11

工 程 项 目	单 位	工 程 量
路基土方(松土/普通土/硬土)	m³	8269(1654/4961/1654)
借方	m³	123780.6
填方	m³	113780.6
砌石护肩	m³	33
石砌挡土墙	m³/m	14991.68/132
水泥混凝土路面(24cm)	m²	3956
石灰、粉煤灰稳定碎石基层(22cm)	m²	4164
路缘石	m³	49.97
钢筋混凝土拱涵	m/道	59.67/1

任务2 设备、工具、器具及家具购置费计算

2.1 相关知识

2.1.1 设备、工具、器具购置费

(1)费用内容

设备购置费,系指为满足公路的运营、管理、养护需要购置的达到固定资产标准的设备和虽低于固定资产标准但属于设计明确列入设备清单的设备的费用,包括渡口设备,隧道照明、消防、通风的动力设备,高等级公路的收费、监控、通信、供电设备,养护用的机械、设备和工具、器具等的购置费用。

(2)设备与材料的划分标准

工程建设设备与材料的划分,直接关系到投资构成的合理划分、概预算的编制以及施工产值的计算等方面,为合理确定工程造价,加强对建设过程投资管理,统一概预算编制口径,现对

交通工程中设备与材料提出如下划分原则和规定。本规定如与国家主管部门新颁的规定相抵触时,按国家规定执行。

①设备与材料的划分原则

a. 设备

凡是经过加工制造,由多种材料和部件按各自用途组成生产加工、动力、传送、储存、运输、科研等功能的机器、容器和其他机械、成套装置等均为设备。

设备分为标准设备和非标准设备。

标准设备(包括通用设备和专用设备):是指按国家规定的产品标准批量生产的、已进入设备系列的设备。

非标准设备:是指国家未定型、非批量生产的、由设计单位提供制造图纸,委托承制单位或施工企业在工厂或施工现场制作的设备。

设备一般包括以下各项:

(a)各种设备的本体及随设备到货的配件、备件和附属于设备本体制作成型的梯子、平台、栏杆及管道等。

(b)各种计量器、仪表及自动化控制装置、试验的仪器及属于设备本体部分的仪器仪表等。

(c)附属于设备本体的油类、化学药品等设备的组成部分。

(d)无论用于生产、生活或附属于建筑物的水泵、锅炉及水处理设备,电气、通风设备等。

b. 材料

为完成建筑、安装工程所需的原料和经过工业加工在工艺生产过程中不起单元工艺生产作用的设备本体以外的零配件、附件、成品、半成品等均为材料。

材料一般包括以下各项:

(a)设备本体以外的不属于设备配套供货,需由施工企业进行加工制作或委托加工的平台、梯子、栏杆及其他金属构件等,以及成品、半成品形式供货的管道、管件、阀门、法兰等。

(b)设备本体以外的各种行车轨道、滑触线、电梯的滑轨等均为材料。

②设备与材料的划分界限

a. 设备

(a)通信系统。市内、长途电话交换机,程控电话交换机,微波、载波通信设备,电报和传真设备,中、短波通信设备及中、短波电视天馈线装置,移动通信设备,卫星地球站设备,通信电源设备,光纤通信数字设备,有线广播设备等各种生产及配套设备和随机附件等。

(b)监控和收费系统。自动化控制装置,计算机及其终端,工业电视,检测控制装置,各种探测器,除尘设备,分析仪器,显示仪表,基地式仪表,单元组合仪表,变送器、传送器及调节阀,盘上安装器,压力、温度、流量、压差、物位仪表,成套供应的盘、箱、柜、屏(包括箱和已经安装就位的仪表、元件等)及随主机配套供应的仪表等。

(c)电气系统。各种电力变压器、互感器、调压器、感应移相器、电抗器、高压断路器、高压熔断器、稳压器、电源调整器、高压隔离开关、装置式空气开关、电力电容器、蓄电池、磁力启动器、交直流报警器、成套箱式变电站、共箱母线、密封式母线槽、成套供应的箱、盘、柜、屏及其随设备带来的母线和支持瓷瓶等。

(d)通风及管道系统。空气加热器、冷却器,各种空调机、风尘管、过滤器、制冷机组、空调机组、空调器、各类风机、除尘设备、风机盘管、净化工作台、风淋室、冷却塔、公称直径 300mm

以上的人工阀门和电动阀门等。

(e)房屋建筑。电梯,成套或散装到货的锅炉及其附属设备,汽轮发电机及其附属设备,电动机、污水处理装置、电子秤、地中衡、开水炉、冷藏箱,热力系统的除氧器水箱和疏水箱,工业水系统的工业水箱,油冷却系统的油箱,酸碱系统的酸碱储存槽,循环水系统的旋转滤网,启闭装置的启闭机等。

(f)消防及安全系统。隔膜式气压水罐(气压罐)、泡沫发生器,比例混合器,报警控制器,报警信号前端传输设备,无线报警发送设备,报警信号接收机,可视对讲主机,联动控制器,报警联动一体机,重复显示器,远程控制器,消防广播控制柜,广播功放,录音机,广播分配器,消防通信电话交换机,消防报警备用电源,X射线安全检查设备,金属武器探测门,摄像设备,监视器,镜头,云台,控制台,监视器柜,支台控制器,视频切换器,全电脑视频切换设备,音频,视频,脉冲分配器,视频补偿器,视频传输设备,汉字发生设备,录像、录音设备,电源,CRT 显示终端,模拟盘等。

(g)炉窑砌筑。装置在炉窑中的成品炉管、电机、鼓风机和炉窑传动、提升装置,属于炉窑本体的金属铸体、锻件、加工件及测温装置,仪器仪表,消烟、回收、除尘装置,随炉供应已安装就位的金具、耐火衬里、炉体金属预埋件等。

(h)各种机动车辆。

(i)各种工艺设备在试车时必须填充的一次性填充材料(如各种瓷环、钢环、塑料环、钢球等),各种化学药品(如树脂、珠光砂、触媒、干燥剂、催化剂等)及变压器油等,不论是随设备带来的,还是单独订货购置的,均视为设备的组成部分。

b. 材料

(a)各种管道、管件、配件、公称直径300mm以内的人工阀门、水表、防腐保温及绝缘材料、油漆、支架、消火栓、空气泡沫枪、泡沫炮、灭火器、灭火机、灭火剂、泡沫液、水泵接合器、可曲橡胶接头、消防喷头、卫生器具、钢制排水漏斗、水箱、分汽缸、疏水器、减压器、压力表,温度计、调压板、散热器、供暖器具、凝结水箱、膨胀水箱、冷热水混合器、除污器、分水缸(器)、各种风管及其附件和各种调节阀、风口、风帽、罩类消声器及其部(构)件、散流器、保护壳、风机减振台座、减振器、凝结水收集器、单双人焊接装置、煤气灶、煤气表、烘箱灶、火管式沸水器、水型热水器、开关、引火棒、防雨帽、放散管拉紧装置等。

(b)各种电线、母线、绞线、电缆、电缆终端头、电缆中间头、吊车滑触线、接地母线,接地极、避雷线、避雷装置(包括各种避雷器、避雷针等)、高低压绝缘子、线夹、穿墙套管、灯具、开关、灯头盒、开关盒、接线盒、插座、闸盒保险器、电杆、横担、铁塔、各种支架、仪表插座、桥架、梯架、立柱、托臂、人孔手孔、挂墙照明配电箱、局部照明变压器、按钮、行程开关、刀闸开关、组合开关、转换开关、铁壳开关,电扇、电铃、电表、蜂鸣器、电笛、信号灯、低音扬声器、电话单机、熔断器等。

(c)循环水系统的钢板闸门及拦污栅、启闭构架等。

(d)现场制作与安装的炉管及其他所需的材料或填料,现场砌筑用的耐火、耐酸、保温、防腐、捣打料、绝热纤维、天然白泡石、玄武岩、金具、炉门及窥视孔、预埋件等。

(e)所有随管线(路)同时组合安装的一次性仪表、配件、部件及元件(包括就地安装的温度计、压力表)等。

(f)制造厂以散件或分段分片供货的塔、器、罐等,在现场拼接、组装、焊接、安装内件或改制时所消耗的物料均为材料。

(g)各种金属材料、金属制品、焊接材料、非金属材料、化工辅助材料、其他材料等。

c. 其他

对于一些在制造厂未整体制作完成的设备,或分片压制成型,或分段散装供货的设备,需要建筑安装工人在施工现场加工、拼装、焊接的,按上述划分原则和其投资构成应属于设备购置费。为合理反映建筑安装工人付出的劳动和创造的价值,可按其在现场加工组装焊接的工作量,将其分片或组装件按其设备价值的一部分以加工费的形式计入安装工程费内。

供应原材料,在施工现场制作安装或施工企业附属生产单位为本单位承包工程制作并安装的非标准设备,除配套的电机、减速机外,其加工制作消耗的工、料(包括主材)、机等均应计入安装工程费内。

凡是制造厂未制造完成的设备。已分片压制成型,散装或分段供货,需要建筑安装工人在施工现场拼装、组装、焊接及安装内件的,其制作、安装所需的物料为材料,内件、塔盘为设备。

(3)费用的计算

①设备购置费

设备购置费的计算应根据设计规格、数量清单,在可行性研究报告、初步设计、技术设计和施工图设计阶段按以下公式计算。

$$设备购置费＝设备原价＋运杂费(运输费＋装卸费＋搬运费)＋ \\ 运输保险费＋采购及保管费 \qquad (3-1)$$

需要安装的设备,应在第一部分建筑安装工程费的有关项目内加计安装工程费用。

a. 国产设备原价的构成及计算

国产设备的原价一般是指设备制造厂的交货价,即出厂价或订货合同价。它一般根据生产厂或供应商的询价、报价、合同价确定,或采用一定的方法计算确定。内容包括按专业标准规定的在运输过程中不受损失的一般包装费,及按产品设计规定配带的工具、附件和易损件的费用,即:

$$设备原价＝出厂价(或供货地点价)＋包装费＋手续费 \qquad (3-2)$$

b. 进口设备原价的构成及计算

进口设备的原价是指进口设备的抵岸价,即抵达买方边境港口或边境车站,且交完关税为止形成的价格,即:

$$进口设备原价＝货价＋国际运费＋运输保险费＋银行财务费＋外贸手续费＋关税＋ \\ 增值税＋消费税＋商检费＋检疫费＋车辆购置附加税 \qquad (3-3)$$

(a)货价。一般指装运港船上交货价(FOB,习惯称离岸价)。设备货价分为原币货价和人民币货价,原币货价一律折算为美元表示,人民币货价按原币货价乘以外汇市场美元兑换人民币的中间价确定。进口设备货价按有关生产厂商询价、报价、订货合同价计算。

(b)国际运费。即从装运港(站)到达我国抵达港(站)的运费,即:

$$国际运费＝原币货价(FOB价)\times 运费费率 \qquad (3-4)$$

我国进口设备大多采用海洋运输,小部分采用铁路运输,个别采用航空运输。运费费率参照有关部门或进出口公司的规定执行,海运费费率一般为6%。

(c)运输保险费。对外贸易货物运输保险是由保险人(保险公司)与被保险人(出口人或进口人)订立保险契约,在被保险人交付议定的保险费后,保险人根据保险契约的规定对货物在运输过程中发生的承保责任范围内的损失给予经济上的补偿。这是一种财产保险,计算公式为：

$$运输保险费 = [原币货价(FOB 价) + 国际运费] \div (1 - 保险费费率) \times 保险费费率 \quad (3-5)$$

保险费费率是按保险公司规定的进口货物保险费费率计算，一般为 0.35%。

(d) 银行财务费。一般指中国银行手续费，可按下式简化计算：

$$银行财务费 = 人民币货价(FOB 价) \times 银行财务费费率 \quad (3-6)$$

银行财务费费率一般为 0.4%～0.5%。

(e) 外贸手续费。指按规定计取的外贸手续费，计算公式为：

$$外贸手续费 = [人民币货价(FOB 价) + 国际运费 + 运输保险费] \times 外贸手续费费率 \quad (3-7)$$

外贸手续费费率一般为 1%～1.5%。

(f) 关税。指海关对进口国境或关境的货物和物品征收的一种税，计算公式为：

$$关税 = [人民币货价(FOB 价) + 国际运费 + 运输保险费] \times 进口关税税率 \quad (3-8)$$

进口关税税率按我国海关总署发布的进口关税税率计算。

(g) 增值税。对从事进口贸易的单位和个人，在进口商品报关进口后征收的税种。按《中华人民共和国增值税条例》的规定，进口应税产品均按组成计税价格和增值税税率直接计算应纳税额，即：

$$增值税 = [人民币货价(FOB 价) + 国际运费 + 运输保险费 + 关税 + 消费税] \times 增值税税率 \quad (3-9)$$

增值税税率根据规定的税率计算，目前进口设备适用的税率为 17%。

(h) 消费税。对部分进口设备（如客车、摩托车等）征收，一般计算公式为：

$$应纳消费税额 = [人民币货价(FOB 价) + 国际运费 + 运输保险费 + 关税] \div (1 - 消费税税率) \times 消费税税率 \quad (3-10)$$

消费税税率根据规定的税率计算。

(i) 商检费。指进口设备按规定付给商品检查部门的进口设备检验鉴定费，其计算公式为：

$$商检费 = [人民币货价(FOB 价) + 国际运费 + 运输保险费] \times 商检费费率 \quad (3-11)$$

商检费费率一般为 0.8%。

(j) 检疫费：指进口设备按规定付给商品检疫部门的进口设备检验鉴定费，其计算公式为：

$$检疫费 = [人民币货价(FOB 价) + 国际运费 + 运输保险费] \times 检疫费费率 \quad (3-12)$$

检疫费费率一般为 0.17%。

(k) 车辆购置附加费。指进口车辆需缴纳的进口车辆购置附加费，计算公式为：

$$进口车辆购置附加费 = [人民币货价(FOB 价) + 国际运费 + 运输保险费 + 关税 + 消费税 + 增值税] \times 进口车辆购置附加费费率 \quad (3-13)$$

在计算进口设备原价时，应注意工程项目的性质，有无按国家有关规定减免进口环节税的可能。

c. 设备运杂费的构成及计算

国产设备运杂费指由设备制造厂交货地点起至工地仓库（或施工组织设计指定的需要安装设备的堆放地点）止所发生的运费和装卸费；进口设备运杂费指由我国到岸港口或边境车站起至工地仓库（或施工组织设计指定的需要安装设备的堆放地点）止所发生的运费和装卸费，

其计算公式为：
$$运杂费 = 设备原价 \times 运杂费费率 \qquad (3-14)$$
设备运杂费费率见表 3-12。

设备运杂费费率表　　　　　　　　　　　　　　　　　　　　　　　表 3-12

运输里程(km)	100 以内	101~201	201~300	301~400	401~500	501~750
费率(%)	0.8	0.9	1	1.1	1.2	1.5
运输里程(km)	751~1000	1001~1250	1251~1500	1501~1750	1751~2000	2000 以上每增 250
费率(%)	1.7	2	2.2	2.4	2.6	0.2

d. 设备运输保险费的构成及计算

设备运输保险费指国内运输保险费，其计算公式为：
$$运输保险费 = 设备原价 \times 保险费费率 \qquad (3-15)$$
设备运输保险费费率一般为 1%。

e. 设备采购及保管费的构成及计算

设备采购及保管费指采购、验收、保管和收发设备所发生的各种费用，包括设备采购人员、保管人员和管理人员的工资、工资附加费、办公费、差旅交通费，设备部门办公和仓库所占固定资产使用费、工具用具使用费、劳动保护费、检验试验费等，其计算公式为：
$$采购及保管费 = 设备原价 \times 采购及保管费费率 \qquad (3-16)$$
需要安装的设备的采购保管费费率为 2.4%，不需要安装的设备的采购保管费费率为 1.2%。

②工(器)具及生产家具[简称工(器)具]购置费

工(器)具购置费系指建设项目交付使用后为满足初期正常运营必须购置的第一套不构成固定资产的设备、仪器、仪表、工卡模具、器具、工作台(框、架、柜)等的费用。该费用不包括构成固定资产的设备、工(器)具和备品、备件，及已列入设备购置费中的专用工具和备品、备件。

2.1.2 办公和生活家具购置费

(1) 费用内容

办公和生活用家具购置费系指为保证新建、改建项目初期正常生产、使用和管理所必须购置的办公和生活用家具、用具的费用。其具体范围包括：行政、生产部门的办公室、会议室、资料档案室、阅览室、单身宿舍及生活福利设施等的家具、用具。

(2) 计算办法

办公和生活用家具购置费，按路线工程的设计里程和有看桥房的独立大中桥的座数，乘以表 3-13 的相应购置费标准计算，对改建工程取费标准按 3-13 表所列数的 80% 计。

办公和生活用家具购置费标准表　　　　　　　　　　　　　　　　　表 3-13

工程所在地	路线(元/km)				有看桥房的独立大桥(元/座)	
	高速公路	一级公路	二级公路	三四级公路	一般大桥	技术复杂大桥
内蒙古、黑龙江、青海、新疆、西藏	21500	14600	7800	4000	24000	60000
其他省、自治区、直辖市	17500	15600	5800	2900	19800	49000

注：改建工程按表列数 80% 计。

2.2 任务描述

在本任务中,要计算本项目总预算的第二个组成部分:设备、工具、器具及家具购置费。在本工程项目中,工程的施工图设计中配置了收费系统、通信系统、监控系统、供电照明系统等设备;同时,还拟从国外进口一台用于今后运营养护的路面铣刨机,质量100t,装运港船上交货价(即离岸价FOB)为200万美元,到达我国港口后运至施工现场距离为400km。国外海运运费率为6%,运输保险费费率0.35%,银行财务费费率0.5%,外贸手续费费率1.5%,关税税率15%,增值税税率17%,消费税税率10%,商检费费率0.8%,检疫费费率0.17%,车辆购置附加费费率8%。根据以上资料,计算本工程项目的设备、工具、器具及家具购置费。

2.3 任务分析

设备、工具、器具及家具购置费中分为设备、工具、器具购置费和办公、生活家具购置费。在本项目中,收费系统、通信系统、监控系统、供电照明系统、进口路面铣刨机的购置费用均属于设备、工具、器具购置费,分别计算该费用所含的各种费用,汇总后即可得到本项目的设备、工具、器具购置费。办公和生活家具购置费的计算根据《编制办法》中所列的"办公和生活家具购置费标准表"进行计算。最后将两部分费用汇总即可得到本项目的设备、工具、器具及家具购置费。

2.4 任务实施

2.4.1 设备、工具、器具购置费的计算

(1)进口路面铣刨机购置费的计算

①设备原价的计算

a. 进口设备货价(FOB价)=200万美元×6.83=1366万元人民币

b. 国际运费=FOB价×运输费费率=1366×6%=81.96万元

c. 运输保险费=(FOB价+国际运费)÷(1−保险费费率)×保险费费率
   =(1366+81.96)÷(1−0.35%)×0.35%
   =5.09万元

d. 银行财务费=FOB价×银行财务费费率=1366×0.5%=6.83万元

e. 外贸手续费=(FOB价+国际运费+运输保险费)×外贸手续费费率
   =(1366+81.96+5.09)×1.5%
   =21.8万元

f. 关税=(FOB价+国际运费+运输保险费)×进口关税税率
   =(1366+81.96+5.09)×15%
   =218万元

g. 消费税=(FOB价+国际运费+运输保险费+关税)÷(1−消费税税率)×消费税税率
   =(1366+81.96+5.09+218)÷(1−10%)×10%
   =185.67万元

h. 增值税=(FOB价+国际运费+运输保险费+关税+消费税)×增值税税率

$$=(1366+81.96+5.09+218+185.67)\times 17\%$$
$$=315.64 \text{ 万元}$$

i. 商检费＝(FOB 价＋国际运费＋运输保险费)×商检费费率
$$=(1366+81.96+5.09)\times 0.8\%$$
$$=11.62 \text{ 万元}$$

j. 检疫费＝(FOB 价＋国际运费＋运输保险费)×商检费费率
$$=(1366+81.96+5.09)\times 0.17\%$$
$$=2.47 \text{ 万元}$$

k. 车辆购置附加费＝(FOB 价＋国际运费＋运输保险费＋关税＋消费税＋增值税)× 进口车辆购置附加费费率
$$=(1366+81.96+5.09+218+185.67+315.64)\times 8\%$$
$$=173.79$$

进口设备原价＝货价＋国际运费＋运输保险费＋银行财务费＋外贸手续费＋增值税＋ 关税＋消费税＋商检费＋检疫费＋车辆购置附加税
$$=1366+81.96+5.09+6.83+21.8+315.64+218+185.67+11.62+$$
$$2.47+173.79$$
$$=2388.87 \text{ 万元}$$

②运杂费的计算

查表 3-12，运距为 400km 时，运杂费率为 1.1%。

运杂费＝设备原价×运杂费费率＝2388.87×1.1%＝26.28 万元

③运输保险费的计算

根据《编制办法》，运输保险费率取 1%。

运输保险费＝设备原价×1%＝2388.87×1%＝23.89 万元

④采购及保管费的计算

根据《编制办法》，采购保管费费率按照不需安装的设备取 1.2%

采购及保管费＝设备原价×采购及保管费费率＝2388.87×1.2%＝28.67 万元

⑤摊铺机的设备购置费总价计算

设备购置费＝设备原价＋运杂费＋运输保险费＋采购及保管费
$$=2388.87+26.28+23.89+28.67$$
$$=2467.71 \text{ 万元}$$

(2)收费系统、通信系统、监控系统、供电照明系统等设备购置费的计算

按计划清单逐项调查，确定各种设备的出厂价、运输方式、运输里程、运价率等数据，并按式(3-1)计算购置费。

计算结果如下：(过程从略)

收费系统设备购置费＝8322304 元

通信系统设备购置费＝2295000 元

监控系统设备购置费＝3771760 元

供电照明系统设备购置费＝1172205 元

(3)本项目合计设备购置费计算

合计设备购置费＝24677100＋8322304＋2295000＋3771760＋1172205＝40238369 元

2.4.2 办公和生活用家具购置费的计算

根据表 3-13 查得办公和生活用家具购置费标准为 17500 元/km,则:

办公和生活用家具购置费=17.524×17500=306677 元

2.4.3 设备、工具、器具及家具购置费总计金额

设备、工具、器具及家具购置费=40238369+306677=40545046 元

2.5 归纳总结

设备、工具、器具及家具购置费是公路工程总预算费用中的一项重要内容。在计算这项费用的过程中,要本着求实、严谨、细心的态度去进行,同时,这项工作还需要具有一定的金融知识,尤其是在计算进口设备的购置费时,还要对多种费用进行计算,这就要求我们及时获取一些实时的金融资料和数据,力求各项计算结果的准确、真实。

2.6 知识扩展

进口设备货价的类别:

进口设备的交货类别可以分为内陆交货类、目的地交货类、装运港交货类。

(1)内陆交货类:即卖方在出口国内陆的某个地点交货。在交货地点,卖方及时提交合同规定的货物和有关凭证,并负担交货前的一切费用和风险;买方按照合同规定接受货物,交付货款,负担接货后的一切费用和风险,并自行办理出口手续和装运出口。货物的所有权也在交货后由卖方转移给买方。分为:约定在铁路交货点的货价(F.O.R)、约定在公路(货车)交货点的货价(F.O.T)等。

(2)目的地交货类:即卖方在进口国的港口或内地交货,有目的港船上交货价、目的港船边交货价(FOS)和目的港码头交货价(关税已付)及完税后交货价(进口国的指定地点)等几种交货价。它们的特点是:买卖双方承担的责任、费用和风险是以目的地约定交货点为分界线,只有当卖方在交货点将货物置于买方控制下才算交货,才能向买方收取货款。这种交货类别对卖方来说承担的风险较大。

(3)装运港交货类:即卖方在出口国装运港交货,主要有装运港船上交货价(FOB),习惯称离岸价格;离岸加运输价(C.A.F):为包括海运费在内的交货价格(Cost And Freight)。到岸价(C.I.F):为包括国外运输费、国外运输保险费在内的交货价格(Cost Insurance And Freight)。它们的特点是:卖方按照约定的时间在装运港交货,只要卖方把合同规定的货物装船后提供货运单据便完成交货任务,可凭单据收回货款。

装运港船上交货的价格(Free On Board,FOB):是我国进口设备采用最多的一种货价。采用船上交货价时卖方的责任是:在规定的期限内,负责在合同规定的装运港口将货物装上买方指定的船只,并及时通知买方;负担货物装船前的一切费用和风险,负责办理出口手续;提供出口国政府或有关方面签发的证件;负责提供有关装运单据。买方的责任是:负责租船或订舱,支付运费,并将船期、船名通知卖方;负担货物装船后的一切费用和风险;负责办理保险及支付保险费,办理在装运港的进口和收货手续;接受卖方提供的有关装运单据,并按合同规定支付货款。

2.7 项目实训

某公路工程项目,全长125km,设计中配置了监控和自动指挥系统(原价:3060000元)、通信系统设备(原价:1250000元)、路政计算机管理设备(原价:310000)、自动收费设备(原价:240000元)、急救系统设备(原价:170000元),多功能养路机械(原价:2600000元);同时,还拟从国外进口一台用于运营养护的多功能洒水车,装运港船上交货价[即离岸价(FOB价)]为170万美元,到达我国港口后运至施工现场距离为758km。国外海运运费率为6%,运输保险费费率0.35%,银行财务费费率0.45%,外贸手续费费率1%,关税税率15%,增值税税率17%,消费税税率10%,商检费费率0.8%,检疫费费率0.17%,车辆购置附加费费率8%。计算本工程项目的设备、工具、器具及家具购置费。

任务3 工程建设其他费用计算

3.1 相关知识

工程建设其他费用包括:土地征用及拆迁补偿费、建设项目管理费、研究试验费、建设项目前期工作费、专项评价(估)费、施工机构迁移费、联合试运转费、生产人员培训费、建设期贷款利息等。

3.1.1 土地征用及拆迁补偿费

土地征用及拆迁补偿费是指按照《中华人民共和国土地管理法》及其实施条例、《中华人民共和国基本农田保护条例》等法律、法规的规定,为进行公路建设需征用土地所支付的土地使用及拆迁补偿费等费用。

(1)费用内容

①土地补偿费

指被征用土地地上、地下附着物及青苗补偿费,征用城市郊区的菜地等缴纳的菜地开发建设基金,租用土地费,耕地占用税,用地图编制费及勘界费,征地管理费等。

②征用耕地安置补助费

指征用耕地需要安置农业人口的补助费。

③拆迁补偿费

指被征用或占用土地上的房屋及附属构筑物、城市公用设施等拆除、迁建补偿费,拆迁管理费等。

④复耕费

指临时占用的耕地、鱼塘等,待工程竣工后将其恢复到原有标准所发生的费用。

⑤耕地开垦费

指公路建设项目占用耕地的,应由建设项目法人(业主)负责补充耕地所发生的费用;没有条件开垦或者开垦的耕地不符合要求的,按规定缴纳的耕地开垦费。

⑥森林植被恢复费

指公路建设项目需要占用、征用或者临时占用林地的,经县级以上林业主管部门审核同意或批准,建设项目法人单位按照有关规定向县级以上林业主管部门预缴的森林植被恢复费。

(2) 计算方法

土地征用及拆迁补偿费,应根据审批单位批准的建设工程用地和临时用地面积及其附着物的情况,以及实际发生的费用项目,按国家有关规定及工程所在地的省(自治区、直辖市)人民政府颁发的有关规定和标准计算。

森林植被恢复费应根据审批单位批准的建设工程占用林地的类型及面积,按国家有关规定及工程所地的省(自治区、直辖市)人民政府颁发的有关规定和标准计算。

当与原有的电力电信设施、水利工程、铁路及铁路设施互相干扰时,应与有关部门联系,商定合理的解决方案和补偿金额,也可由这些部门按规定编制费用以确定补偿金额。

例 3-1 试计算某路线工程经过市郊某乡时,占用其土地、青苗补偿的费用。

已知的调查资料:该乡现有耕地 17065 亩,人口 5294 人,旱田前三年平均产量 755kg/亩,旱田玉米征收价 0.64 元/kg;菜田前三年平均亩产值 960 元/亩。公路永久占地为旱田 507 亩,菜田 78 亩。

解

(1) 计算前三年平均产值

①旱田:$755 \times 0.64 = 496$ 元/亩

②菜田:960 元/亩

(2) 土地补偿费

按国家土地管理条例及有关规定,取旱田被征用前三年平均年产值 5 倍,菜田被征用前 3 年平均年产值 8 倍计算补偿费。即:

$$507 \times 496 \times 5 + 78 \times 960 \times 8 = 1866400 \text{ 元}$$

(3) 安置补助费

按国家土地管理法的有关规定,每个安置人口的安置补助费为该地被征用前 3 年平均每亩年产值的 5 倍计算安置补助费。

①占旱田须安置的人口数为:

$$5294 \div 17065 \times 507 = 157.3 \text{ 人}$$

②占菜田须安置的人口数为:

$$5294 \div 17065 \times 78 = 24.2 \text{ 人}$$

③安置补助费金额:

$$157.3 \times 496 \times 5 + 24.2 \times 960 \times 5 = 506264 \text{ 元}$$

(4) 新菜田开发建设基金

按土地管理条例的有关规定,为该地被征用前三年平均年产值的 8 倍,即:

$$78 \times 960 \times 8 = 599040 \text{ 元}$$

(5) 土地管理费

按国家有关文件规定,每平方米土地,一次性征收 0.6 元(1 亩 $= 667 m^2$),即:

$$(507 + 78) \times 667 \times 0.6 = 234117 \text{ 元}$$

(6) 占地补偿费总计

$$占地补偿费总计 = 1866400 + 506264 + 599040 + 234117 = 3205821 \text{ 元}$$

3.1.2 建设项目管理费

建设项目管理费,包括建设单位(业主)管理费、工程监理费、设计文件审查费和竣(交)工验收试验检测费。

(1)建设单位管理费

①定义

建设单位管理费是指建设单位为建设项目的立项、筹建、建设、竣(交)工验收、总结等工作所发生的费用。不包括应计入设备、材料预算价格的建设单位采购及保管设备、材料所需的费用。

②费用内容

费用内容包括：

a.工作人员的工资、工资性补贴、施工现场津贴、社会保障费用(基本养老、基本医疗、失业、工伤保险)、住房公积金、职工福利费、工会经费、劳动保护费；

b.办公费、会议费、差旅交通费、固定资产使用费(包括办公及生活房屋折旧、维修或租赁费,车辆折旧、维修、使用或租赁费,通信设备购置、使用费、测量、试验设备仪器折旧、维修或租赁费,其他设备折旧、维修或租赁费等)、零星固定资产购置费、招募生产工人费；

c.技术图书资料费、职工教育经费、工程招标费(不含招标文件及标底编制费)；

d.合同契约公证费、法律顾问费、咨询费；

e.建设单位的临时设施费、完工清理费、竣(交)工验收费(含其他行业或部门要求的竣工验收费用)、各种税费(包括房产税、车船使用税、印花税等)；

f.建设项目审计费、境内外融资费用(不含建设期贷款利息)、业务招待费、安全生产管理费和其他管理性开支。

由施工企业代建设单位办理"土地、青苗等补偿费"的工作人员所发生的费用,应在建设单位管理费项目中支付。当建设单位委托有资质的单位代理招标时,其代理费应在建设单位管理费中支出。

③计算方法

建设单位管理费以建筑安装工程费总额为基数,按表3-14的费率,以累进办法计算。

建设单位管理费费率表　　　　　　　　　　　表3-14

第一部分　建筑安装工程费(万元)	费率(%)	算例(万元)	
		建筑安装工程费	建设单位(业主)管理费
500以下	3.48	500	500×3.48%=17.4
501～1000	2.73	1000	17.4+500×2.73%=31.5
1001～5000	2.18	5000	31.05+4000×2.18%=118.25
5001～10000	1.84	10000	118.25+5000×1.84%=210.25
10001～30000	1.52	30000	210.25+20000×1.52%=514.25
30001～50000	1.27	50000	514.25+20000×1.27%=768.25
50001～100000	0.94	100000	768.25+50000×0.94%=1238.25
100001～150000	0.76	150000	1238.25+50000×0.76%=1618.25
150001～200000	0.59	200000	1618.25+50000×0.59%=1913.25
200001～300000	0.43	300000	1913.25+100000×0.43%=2343.25
300000以上	0.32	310000	2343.25+10000×0.32%=2375.25

注：1.水深≥15m,跨度≥400m的斜拉桥和跨度≥800m的悬索桥等独立特大型桥梁工程的建设单位管理费按表中的费率乘以1.0～1.2的系数计算；

2.海上工程[指由于风浪影响,工程施工期(不包括封冻期)全年月平均工作日少于15天的工程]的建设单位管理费按表中的费率乘以1.0～1.3的系数计算。

(2)工程监理费

①定义

指建设单位委托具有公路工程监理资格的单位,按施工监理规范进行全面的监督和管理所发生的费用。

②费用内容

费用内容包括:

a.工作人员的基本工资、工资性津贴、社会保障费用(基本养老、基本医疗失业、工伤保险)、住房公积金、职工福利费、工会经费、劳动保护费;

b.办公费、会议费、差旅交通费、固定资产使用费(包括办公及生活房屋折旧、维修或租赁费,车辆折旧、维修、使用或租赁费,通信设备购置、使用费,测量、试验、检测设备仪器折旧、维修或租赁费,其他设备折旧、维修或租赁费等)、零星固定资产购置费、招募生产工人费;

c.技术图书资料费、职工教育经费、投标费用;

d.合同契约公证费、咨询费、业务招待费;

e.财务费用、监理单位的临时设施费、各种税费和其他管理性开支。

③计算方法

$$工程监理费=建筑安装工程费总额 \times 工程监理费费率 \quad (3-17)$$

工程监理费费率见表 3-15。

工程监理费费率 表 3-15

工程类别	高速公路	一级及二级公路	三级及四级公路	桥梁及隧道
费率(%)	2	2.5	3	2.5

注:表中的桥梁指水深>15m 的斜拉桥和悬索桥等独立特大型桥梁工程;隧道指水下隧道工程。

建设单位管理费和工程监理费均为实施建设项目管理的费用,执行时可根据建设单位和施工监理单位所实际承担的工作内容和工作量统筹使用。

(3)设计文件审查费

设计文件审查费是指国家和省级交通主管部门在项目审批前,为保证勘察设计工作的质量,组织有关专家或委托有资质的单位,对设计单位提交的建设项目可行性研究报告和勘察设计文件以及对设计变更、调整概算进行审查所需要的相关费用。其计算公式为:

$$设计文件审查费=建筑安装工程费总额 \times 0.1\% \quad (3-18)$$

(4)竣(交)工验收试验检测费

竣(交)工验收试验检测费,指在公路建设项目交工验收和竣工验收前,由建设单位或工程质量监督机构,委托有资质的公路工程质量检测单位,按照有关规定对建设项目的工程质量进行检测,并出具检测意见所需要的相关费用。

竣(交)工验收试验检测费按表 3-16 的规定计算。

竣(交)工验收试验检测费标准 表 3-16

项 目	路线(元/公路公里)				独立大桥(元/座)	
	高速公路	一级公路	二级公路	三、四级公路	一般大桥	技术复杂大桥
试验检测费	15000	12000	10000	5000	30000	100000

注:竣(交)工验收试验检测费,高速公路、一级公路按四车道计算;二级及以下等级公路按两车道计算,每增加一条车道,按表中的费用增加 10%。

3.1.3 研究试验费

研究试验费是指为本建设项目提供或验证设计数据、资料进行必要的研究试验和按照设计规定在施工过程中必须进行试验、验证所需的费用,以及支付科技成果、先进技术的一次性技术转让费。但它不包括:

(1)应由科技三项费用(即新产品试制费、中间试验费和重要科学研究补助费)开支的项目。

(2)应由施工辅助费开支的施工企业对建筑材料、构件和建筑物进行一般鉴定、检查所发生的费用及技术革新研究试验费。

(3)应由勘察设计费或建筑安装工程费用中开支的项目。

其计算方法为:按照设计提出的研究试验内容和要求进行编制,不需验证设计基础资料的不计本项费用。

3.1.4 建设项目前期工作费

建设项目前期工作费是指委托勘察设计、咨询单位对建设项目进行可行性研究、工程勘察设计,以及设计、监理、施工招标文件及招标标底或造价控制值文件编制时,按规定应支付的费用。它包括:

(1)编制项目建议书(或预可行性研究报告)、可行性研究报告、投资估算,以及相应的勘察、设计、专题研究等所需的费用。

(2)初步设计和施工图设计的勘察费(包括测量、水文调查、地质勘探等)、设计费、概预算及调整概算编制费等。

(3)设计、监理、施工招标文件及招标标底(或造价控制值或清单预算)文件编制费等。

其计算方法为:依据委托合同计列,或按国家颁发的收费标准和有关规定进行编制。

3.1.5 专项评价(估)费

专项评价(估)费是指依据国家法律、法规规定须进行评价(评估)、咨询,按规定应支付的费用。它包括环境影响评价费、水土保持评估费、地震安全性评价费、地质灾害危险性评价费、压覆重要矿床评估费、文物勘察费、通航论证费、行洪论证(评估)费、使用林地可行性研究报告编制费、用地预审报告编制费等费用。

其计算方法是:按国家颁发的收费标准和有关规定进行编制。

3.1.6 施工机构迁移费

施工机构迁移费是指施工机构根据建设任务的需要,经有关部门决定成建制地(指工程处等)由原驻地迁移到另一地区所发生的一次性搬迁费用。但它不包括:

(1)应由施工企业自行负担的,在规定距离范围内调动施工力量以及内部平衡施工力量所发生的迁移费用。

(2)由于违反基建程序,盲目调迁队伍所发生的迁移费。

(3)因中标而引起施工机构迁移所发生的迁移费。

施工机构迁移费内容包括:职工及随同家属的差旅费,调迁期间的工资,施工机械、设备、工具、用具和周转性材料的搬运费。

其计算方法是:施工机构迁移费应经建设项目的主管部门同意按实计算。但计算施工机构迁移费后,如迁移地点即新工地地点(如独立大桥),则其他工程费内的工地转移费应不再计算;如施工机构迁移地点至新工地地点尚有部分距离,则工地转移费的距离,应以施工机构新地点为计算起点。

3.1.7 联合试运转费

联合试运转费是指新建、改(扩)建工程项目,在竣工验收前按照设计规定的工程质量标准,进行动(静)载荷载实验所需的费用,或进行整套设备带负荷联合试运转其间所需的全部费用抵扣试车期间收入的差额。但它不包括应由设备安装工程项下开支的调试费的费用。

联合试运转费内容包括:联合试运转期间所需的材料、油燃料和动力的消耗,机械和检测设备使用费,工具用具和低值易耗品费,参加联合试运转人员工资及其他费用等。

联合试运转费以建筑安装工程费总额为基数,独立特大型桥梁按 0.075%、其他工程按 0.05% 计算。

3.1.8 生产人员培训费

生产人员培训费是指新建、改(扩)建公路工程项目,为保证生产的正常运行,在工程竣工验收交付使用前对运营部门生产人员和管理人员进行培训所必需的费用。

生产人员培训费内容包括:培训人员的工资、工资性补贴、职工福利费、差旅交通费、劳动保护费、培训及教学实习费等。

生产人员培训费按设计定员和 2000 元/人的标准计算。

3.1.9 建设期贷款利息

建设期贷款利息是指建设项目中分年度使用国内贷款或国外贷款部分,在建设期内应归还的贷款利息。费用内容包括:各种金融机构贷款、企业集资、建设债券和外汇贷款等利息。

建设期贷款利息应根据不同的资金来源按需付息的分年度投资计算。

其计算公式如下:

建设期贷款利息=Σ(上年末付息贷款本息累计+本年度付息贷款额÷2)×年利率

即:
$$S = \sum (F_{n-1} + b_n/2) \times i \tag{3-19}$$

式中:S——建设期贷款利息;

n——施工年度;

F_{n-1}——建设期第($n-1$)年末需付息贷款本息累计;

b_n——建设期第 n 年度付息贷款额;

i——建设期贷款年利率(%)。

例 3-2 某省新建高速公路项目,建设期三年,利用世行贷款。第一年贷款 300 万元,第二年贷款 600 万元,第三年贷款 400 万元,年利率 6%,试计算该项目建设期贷款利息。

解 根据式(3-19)计算。

第一年贷款利息:
$$S_1 = b_1 \div 2 \times i = 300 \div 2 \times 6\% = 9 \text{ 万元}$$

第二年贷款利息:
$$S_2 = (F_1 + b_2 \div 2) \times i = (300 + 9 + 600 \div 2) \times 6\% = 36.54 \text{ 万元}$$

第三年贷款利息:
$$S_3 = (F_2 + b_3 \div 2) \times i = (300 + 9 + 600 + 36.54 + 400 \div 2) \times 6\% = 68.73 \text{ 万元}$$

所以,该项目建设期贷款利息为:
$$S = S_1 + S_2 + S_3 = 9 + 36.54 + 68.73 = 114.27 \text{ 万元}$$

3.2 任务描述

在本任务中,要计算本项目总预算的第三个组成部分:工程建设其他费用。

(1)本工程项目需要征用耕地 100 亩,被征用前第一年平均每亩产值 1200 元,征用前第二年平均每亩产值 1100 元,征用前第 3 年平均每亩产值 1000 元,该乡镇人均耕地 2.5 亩,地上附着物共有树木 3000 棵,按照 20 元/棵补偿,青苗补偿按照 100 元/亩计取。

(2)本工程项目前期的可行性研究、勘察、招投标等前期工作费用共计 2665656 元。

(3)本工程项目的环境影响评价、水土保持评估、地震安全性评价、地质灾害危险性评价等勘察评价费用共计 1565870 元。

根据以上资料,计算本工程项目的工程建设其他费用。

3.3 任务分析

首先要明确工程建设其他费是由哪些费用构成的,这些费用是如何计算的。然后根据工程资料,逐项计算这些费用,工程资料中没有涉及的费用,如果是一定发生的,也要计入总费用中。最后将这些费用合计后就是本工程项目的工程建设其他费用。

3.4 任务实施

工程建设其他费用由土地征用及拆迁补偿费、建设项目管理费、研究试验费、建设项目前期工作费、专项评价(估)费、施工机构迁移费、联合运转费、生产人员培训费、建设期贷款利息等费用构成。下面逐项计算这些费用。

3.4.1 土地征用及拆迁补偿费计算

根据国家有关规定,取被征用前三年平均产值的 8 倍计算土地补偿费,则有:

$$土地补偿费 = (1200+1100+1000) \div 3 \times 100 \times 8 = 88 \text{ 万元}$$

取该耕地被征用前三年平均产值的 5 倍计算安置补助费,则:

需要安置的农业人口数为:$100 \div 2.5 = 40$ 人

人均安置补助费 $= (1200+1100+1000) \div 3 \times 5 = 1.375$ 万元

安置补助费 $= 1.375$ 万 $\times 40$ 人 $= 55$ 万元

地上附着物补偿费 $= 3000 \times 20 = 6$ 万元

青苗补偿费 $= 100 \times 100 = 1$ 万元

则土地费用估价为:$88+55+6+1=150$ 万元

3.4.2 建设项目管理费计算

(1)建设单位管理费

根据任务1的结果,本工程项目的建筑安装工程费为 211070169.91 元,即 21107.02 万元,查表 3-14 并计算:

建设单位管理费 $= 210.25 + 20107.02 \times 1.52\% = 5158767.04$ 元

(2)工程监理费

查表 3-15,得工程监理费费率为 2%,根据式(3-17),则

工程监理费 $= 211070169.91 \times 2\% = 4221403.4$ 元

(3)设计文件审查费

根据式(3-18),则

设计文件审查费=211070169.91×0.1‰=211070.20元

(4)竣(交)工验收试验检测费

查表3-16,得检测费标准为15000元/km,则

竣(交)工验收试验检测费=17.524×15000=262860元

本工程建设单位管理费为：

5158767.04+4221403.4+211070.20+262860=9854100.64元

3.4.3 研究试验费

工程资料中未涉及这方面的内容,本项费用不计。

3.4.4 建设项目前期工作费

根据工程资料,本项费用为2665656元。

3.4.5 专项评价(估)费

根据工程资料,本项费用为1565870元。

3.4.6 施工机构迁移费

根据工程概况,本工程项目不计本项费用。

3.4.7 联合试运转费

联合试运转费=211070169.91×0.05‰=105535.08元

3.4.8 生产人员培训费

工程资料中未涉及这方面的内容,本项费用不计。

3.4.9 建设期贷款利息

工程资料中未涉及这方面的内容,本项费用不计。

3.4.10 工程建设其他费用合计

将以上出现的几项费用合计,即得工程建设其他费:14191161.72元。

3.5 归纳总结

工程建设其他费所包含的费用种类多,发生时间跨度大(从工程筹建起到未来工程产品的运营),所以在计算本项费用时一定要提前从各方面做好资料的收集工作,以便能够准确得到结果。

3.6 知识扩展

已取消或暂停收取的几项属于工程建设其他费的费用：

3.6.1 工程质量监督费

指根据国家有关部门规定,各级公路工程质量监督机构对工程建设质量和安全生产实施监督应收取的管理费用。

工程质量监督费=建筑安装工程费总额×0.15‰

根据财政部、国家发改委财综[2008]78号文,已取消该项收费。

3.6.2 工程定额测定费

指各级公路(交通)工程定额(造价管理)站为测定劳动定额、搜集定额资料、编制工程定额及定额管理所需要的工作经费。

工程定额测定费以建筑安装工程费总额为基数,按0.12%计算。

根据财政部、国家发改委财综[2008]78号文,已取消该项收费。

3.6.3 供电贴费

指按国家规定,建设项目应交付的供电工程贴费、施工临时用电贴费。

该费用目前已停止征收。

3.6.4 固定资产投资方向调节税

指为了贯彻国家产业政策,控制投资规模,引导投资方向,调整投资结构,加强重点建设,促进国民经济持续稳定协调发展,依照《中华人民共和国固定资产投资方向调节税暂行条例》规定,公路建设项目应缴纳固定资产投资方向调节税。

该项费用目前已经暂停征收。

3.7 项目实训

(1)某桥梁工程,其建筑安装工程费为800万元,试计算该工程的建设单位管理费、工程监理费、设计文件审查费和竣(交)工验收试验检验费。

(2)某工程贷款4550万元,建设期三年,第一、三年均贷款1500万元,第二年贷款1550万元,贷款利率为7%,求其贷款利息。

任务4 预备费计算

4.1 相关知识

预备费由价差预备费和基本预备费两部分组成。在公路工程建设期限内,凡需动用预备费时,属于公路交通部门投资的项目,需经建设单位提出,按建设项目隶属关系,报交通运输部或交通运输厅(局)基建主管部门核定批准;属于其他部门投资的建设项目,按其隶属关系报有关部门核定批准

4.1.1 价差预备费

价差预备费是指设计文件编制年至工程竣工年期间,第一部分费用的人工费、材料费、机械使用费、其他工程费、间接费等以及第二、三部分费用由于政策、价格变化可能发生上浮而预留的费用及外资贷款汇率变动部分的费用。

(1)价差预备费的计算方法是:价差预备费以概预算或修正概算第一部分建筑安装工程费总额为基数,按设计文件编制年始至建设项目工程竣工年终的年数和年工程造价增涨率计算。

其计算公式如下:

$$价差预备费 = P \times [(1+i)^{n-1} - 1] \tag{3-20}$$

式中：P——建筑安装工程费总额；

　　 i——工程造价年增涨率(%)；

　　 n——设计文件编制年至建设项目开工年＋建设项目建设期限。

(2)工程造价年增涨率为：按有关部门公布的工程投资价格指数计算，或由设计单位会同建设单位根据该工程人工费、材料费、施工机械使用费、其他工程费、间接费，以及第二、三部分费用可能发生的上浮等因素，以第一部分建安费为基数进行综合分析预测。

(3)设计文件编制至工程完工在一年以内的工程，不列此项费用。

4.1.2　基本预备费

基本预备费是指在初步设计和概算中难以预料的工程和费用，其用途如下：

(1)在进行技术设计、施工图设计和施工过程中，在批准的初步设计和概算范围内所增加的工程费用。

(2)在设备订货时，由于规格、型号改变的价差；材料货源变更、运输距离或方式的改变以及因规格不同而代换使用等原因发生的价差。

(3)由于一般自然灾害所造成的损失和预防自然灾害所采取的措施费用。

(4)在项目主管部门组织竣(交)工验收时，验收委员会(或小组)为鉴定工程质量必须开挖和修复隐蔽工程的费用。

(5)投保的工程根据工程特点和保险合同发生的工程保险费用。

其计算方法是：以第一、二、三部分费用之和(扣除固定资产投资方向调节税和建设期贷款利息两项费用)为基数按下列费率计算：

① 设计概算按5%计列；

② 修正概算按4%计列；

③ 施工图预算按3%计列。

即：基本预备费＝[建筑安装该工程费＋设备、工具、器具及家具购置费＋工程建设
　　　　　　　 其他费－固定资产投资方向调节税－建设期货款利息]×费率　　(3-22)

例 3-3　某特大隧道工程，于1992年3月开始设计、于1994年6月开工，1998年9月竣工，隧道的建安费3.8亿元，经预测，工程造价年增涨率为4.8%，计算该工程价差预备费。

解　由题意可知，$n=2+4=6$ 年。按式(3-21)计算：

$$价差预备费 = 3.8 \times [(1+4.8\%)^{6-1} - 1] = 1.234 \text{ 亿元}$$

4.2　任务描述

在本任务中，要计算工程建设项目费用中的预备费。完成预备费的计算后，计算本项目的总预算金额，完成总预算表(01表)。根据工程项目资料，本工程项目的设计工作开始于2010年8月，2012年4月完成，预计工程造价年增长率为3.8%，计算本工程项目的预备费。

4.3　任务分析

首先要明确什么是预备费，预备费是由哪些费用构成的，这些费用是如何计算的。然后根据工程资料，逐项计算这些费用。最后将这些费用合计后就是本工程项目的预备费。

4.4 任务实施

4.4.1 价差预备费

根据工程资料,设计文件编制年至建设项目开工年为 2 年,工程建设期限为 2 年,则
$$n=2+2=4 \text{ 年}$$

根据式(3-21),得:

价差预备费 $=211070169.91\times[(1+3.8\%)^{4-1}-1]=24987937.19$ 元

4.4.2 基本预备费

根据式(3-22),费率选 3%,得:

基本预备费 $=(211070169.91+40545046+13986628.1)\times 3\% = 7968055.32$ 元

4.4.3 预备费

预备费 = 价差预备费 + 基本预备费 = 24987937.19 + 7968055.32 = 32955992.51 元

4.4.4 编制总预算表

总预算见表 3-17。

总 预 算 汇 总 表

表 3-17

建设项目名称:乐广高速公路　　　　　　　　第 1 页共 1 页　　01 表

序号	工程或费用名称	单位	总数量	预算金额（元）	经济技术指标	各项费用比例（%）	备注
1	第一部分　建筑安装工程费	公路公里	17.524	211070169.91	12044634.21	70.65	
2	第二部分　设备、工具、器具及家具购置费	公路公里	17.524	40545046	2313686.72	13.57	
3	第三部分　工程及建设其他费用	公路公里	17.524	14191161.72	809812.93	4.75	
4	第四部分　预备费	公路公里	17.524	32955992.51	1880620.44	11.03	
5	第一、二、三、四部分合计	公路公里	17.524	298762370.14	17048754.29	100	
6	预算总金额	公路公里	17.524	298762370.14		100	
7	本项目基本造价	公路公里	17.524	298762370.14	17048754.29	100	

4.5 知识拓展

有些工程不计算预备费,而是用施工图预算加系数包干承包,包干系数为施工图预算中直接费与间接费之和的 3%。施工图预算包干费用由施工单位包干使用。即:

$$\text{施工图预算加系数包干费} = (\text{直接费} + \text{间接费}) \times 3\% \tag{3-21}$$

该包干费用的具体内容为:

(1)在施工过程中,设计单位对分部分项工程修改设计而增加的费用。但不包括因水文地质条件变化造成的基础变更、结构变更、标准提高、工程规模改变而增加的费用。

(2)预算审定后,施工单位负责采购的材料由于货源变更、运输距离或方式的改变以及因规格不同而代换使用等原因发生的价差。

(3)由于一般自然灾害所造成的损失和预防自然灾害所采取的措施的费用(例如一般防台风、防洪的费用)等。

4.6 项目实训

某高速公路工程,预算总金额21.6亿元,扣除固定资产投资方向调节税和建设期贷款利息两项费用之后为19.2亿元;施工图预算中直接工程费与间接费之和为13.2亿元。

试求:(1)施工图预算的基本预备费;

(2)加系数包干时的预备费。

任务5 预算审查

5.1 相关知识

5.1.1 概预算审查的意义和目的

公路工程概预算文件是确定工程造价的重要文件,又是论证和评价公路基本建设投资效益和制定投资计划的重要依据。随着高等级公路的不断建造,投资的数额也越来越大,其概预算文件的质量不仅直接关系到公路基本建设计划的制定和执行,而且直接关系到投资效益。因此,不但要编制好概预算,而且还要审查好概预算。

(1)概预算审查的意义

①审查概算,有利于合理分配投资资金,加强管理,设计概算编制得偏高或偏低,均会影响其真实性,会影响投资比例的合理分配。

②审查设计概预算,有助于促进设计的技术先进性和经济合理性,对进一步优化设计有指导意义。

③审查设计概预算,可使建设项目的总投资做到准确、完整,防止任意扩大投资规模或出现漏项,使投资与实际造价基本接近,同时为招投标提供一个较为可靠的依据。

④审查施工图预算,有助于准确核实工程造价,节约国家资金,同时也有利于施工企业经济核算,改善经营管理。

⑤审查概预算,有利于对概预算的合理确定。

(2)概预算审查的目的

概(预)算审查的目的是为了使设计文件严格执行国家的方针政策,符合公路工程设计及施工技术规范。

5.1.2 概预算审查的方式与方法

公路工程概预算审查是公路工程建设程序不可缺少的一环,在编制过程中应做到编制与核审分离,技术上先进,经济上合理,使概预算更能反映工程实际情况。

(1)审查概预算的方式

审查公路工程概预算的方式应因地制宜,一般采用下列一种:

①单独审查。主要是由建设单位或有关主管部门主持对概预算进行单独审查,将审查中发现的问题向设计单位提出,根据有关定额和有关文件进行研究协商,并加以修改。这种方式比较灵活,不受时间和场所的限制,故使用较广泛。

②多方会审。主要由建设单位或主管部门主持,邀请有关专家及有关单位组成会审组,对编制文件进行全面审查,这种方式通常用于大、中型建设项目的概预算的审查。

(2)审查概预算的方法

审查概预算的方法也应根据具体情况确定,一般有下列两种方法:

①全面审查法。即按照各阶段设计图的要求,结合有关概预算定额和编制办法的要求,以及施工组织设计文件,对分项工程的细目和各项内容,逐一全面地进行审查,其审查方法与编制的过程基本相同。这种方法比较全面、细致,审查质量较高,但工作量大。因此,该方法适合一些工程量较小、工艺简单、差错率较高的工程。

②重点审查法。一般是根据审查人员积累的经验,对差错率较高的地方进行审查,特别对于易重项、漏项的工程;对于采用新工艺新技术工程所使用的有关补充定额;或由于设计变更引起的概预算造价的增减等。还有公路工程中属于非公路专业的工程,如房屋等,是否执行了有关专业部和工程所在地区统一的直接费用定额和相应间接费定额等。

5.1.3 概预算审查的步骤和内容

(1)审查概预算的步骤

①安排好审查时间

概预算文件应由设计单位事先提交各有关单位和有关专家,以便让各有关单位或有关专家熟悉概预算文件的内容。组织审查的部门应事先发通知安排好会审时间。

②收集好有关资料

作为审查人员应熟悉定额、编制办法及有关文件,对设计图纸等有关技术文件也应熟悉。同时,收集有关资料(有的资料可由编制单位提供),了解现场,并与编制单位取得联系;调阅有关编制资料,如设计的有关基础资料、施工组织设计文件、工程量计算底稿等。资料收集力求完整,以供审查时参考。

③准备好各种依据

审查的依据一般为有关的定额、编制办法、地方性及相关文件、补充定额和上级有关批文,以及提供的地方性价格信息、规定的各类工程技术经济指标等,可根据这些依据审查概预算的各项内容。

④搞好审查定案

通过审查,把发生的问题提交原编制单位和有关单位共同协商、研究,得出统一的结论,然后据此修正原工程概预算。这是准确确定建设项目造价、巩固审查成果的重要环节。审核定案并经上级有关部门批准后的概预算才能作为编制施工图文件及签订有关合同的依据。

(2)审查概预算的内容

①概预算审查的重点内容

a.概预算编制人员是否具有"概预算人员资格证书",审查人员是否具有"编审资格证书",对无证书者所编、审的概预算一律不得受理;

b. 有无违背预算价格管理、概预算制度、工程造价管理方面的问题；

c. 项目是否齐全、合理,工程量计算或划分是否重复或遗漏；

d. 定额使用是否正确；

e. 工、料、机械台班单价的取定是否正确；

f. 各项费率的计算是否正确；

g. 对伸缩比较大或金额比较大的费用项目要特别细致审查；

h. 计算有无错误。

②审查过程

审查时,首先从总体上看工程与定额使用是否一致。若符合基本条件,审查时应把重点放在乙组文件上,即有关基础计算的表格。下面就审查的一些顺序、要点作一简要介绍。

a. 首先要看所列项目是否重漏

这个问题在工程实践中往往是影响概预算编制质量的主要因素之一。主要原因是编制人员对施工工艺流程不清,不熟悉施工,对定额中某工程细目的内容不了解。例如,路基工程这一项的土方常出现重项,重项原因是对同一路段的土方数量重复计算或重复列项,这主要反映在 08 表里。所以就土方而言,它必须考虑整个土方该填的应填好,该挖运的要挖运,直至把断面填筑至设计的断面要求为止,在此期间发生的各个环节的费用均要计算,这样才不至于有漏项。其他工程费计算首先要对所编制的构造物的构造、施工流程、实地情况、定额细目、工程内容了解清楚并熟练掌握,才能准确计算。

b. 审查各分项细目的工程量

工程量审核是审查的又一重要环节。作为审核人员应熟悉各项工程量计算规则,特别要熟练掌握各定额的总说明和各章的分说明(例如路基土方数量)。同时还应结合施工组织设计,提出有关数量,例如路基填方段,当清除表土或零填方地段的基底压实、耕地填前夯(压)实后,回填至原地面高程所需的土、石方数量等。又例如,在预算定额之桥梁工程中,构件体积均为实际体积,不包括空心部分,钢筋混凝土构件中钢筋搭接长度未计入定额,在编制时应按实际长度计算等。

c. 定额套用的审查

定额套用时应执行"干什么工程套用什么定额"的规定,在套用定额时要重点审查所列项目与施工组织设计是否相对应,同时还要审查定额中各种机械配套使用的问题。所以通过定额套用的审查,反过来检查施工组织设计的合理性,使施工组织设计得以优化。例如,路基土方中挖掘机与运输机械配套等,路面工程中搅拌站位置与混凝土运输距离等问题。

d. 材料预算单价的审查

材料预算单价是概预算审查的重要环节,因为是计算直接费和其他费用的基础,数据的审查主要从以下几方面着手:

(a)材料的供应价(即原价)。若为市场调查价,应附有关调查资料；若为省内统一规定价,看是否执行有关规定；若为自采材料的料场价,看计算是否正确。

(b)运距。根据施工组织设计要求确定,并按有关规则计算。

(c)运杂费。审核有关参数的取值依据,看是否符合当地主管部门的有关规定,或是否与实际相符。

e. 机械台班预算单价和人工预算单价的审查

审查其是否符合《编制办法》的规定和当地有关文件的规定。

f. 其他费用计算的审查

认真审查其他各种费用的计算基数和所取用有关费率是否符合《编制办法》要求和相关文件规定。

g. 对有关补充定额使用的审查

在施工中采用的新工艺、新方法,现行定额中无法查阅而采用其他定额,应认真审查所采用定额的使用范围,看定额与施工工艺方法是否相适应。常用的方法有两种:

(a)若工程项目是完全新建,定额中有不能查阅的项时,由编制概预算设计单位自拟补充定额,报上一级定额管理单位批准后使用。

(b)若新工程项目与定额工程项目中某些工序用材料与使用设备不同,那么则增加(减少)这些材料,抽换某些机械设备调整原定额后暂时使用。应严格执行"干什么工程执行什么定额"的规定,维护使用定额的严肃性。同时,还要检查计算有无错误,计量单位是否正确,是否符合国家标准。

总之,审查公路工程概预算是政策性较强、要求较高、工作量很大的工作。在审查过程中,小至尺寸单位和小数点,均应严格审查。作为审查人员应对审查成果作出结论,并对审查成果负责。

5.2 任务描述

以审查部门的身份对项目的预算进行审查,出具审查意见。

5.3 任务分析

预算审查工作我们要转换角色,作为预算审查部门,要按照审查程序和要点审查工程预算的工程量计算是否准确,预算单价套用是否恰当,各项取费标准是否符合现行规定,最终出具审查报告。

5.4 任务实施

拟以省审计厅的身份对本工程施工图预算进行审计,审计后编写审计意见。

关于乐广高速公路××标段施工图预算的审计意见

××省审计(2010)×号

省高等级公路建设指挥部,省交通规划勘察设计院:

根据交通部(2010)交工字×号文批设计文件要求,经过工地核对和设计审查后,对乐广高速公路××标段施工图预算核定值为 337106898.17 元,其中预备费按有关规定管理。

××省审计厅

2010 年×月×日

附件:乐广高速公路××标段施工图预算审计核定表(表3-18)

乐广高速公路××标段施工图预算审计核定表　　　　表 3-18

序号	工程或费用名称	单位	原预算 数量	原预算 金额	审预算 数量	审预算 金额	核减总额
1	第一部分　建筑安装工程费	公路公里			17.52	211070169.91	
2	第二部分　设备、工具、器具及家具购置费	公路公里			17.52	40545046	
3	第三部分　工程及建设其他费用	公路公里			17.52	13986628.1	
4	第四部分　预备费	公路公里			17.52	71505054.16	
5	预算总金额	公路公里			17.52	337106898.17	

5.5 归纳总结

工程预算审查可以帮助建设单位提高预算的准确性、合理安排建设资金,有效控制工程进度款、降低建设工程造价。预算审查人员应熟悉国家和地区制定的有关预算定额、工程量计算规则、材料信息价格以及各种费用提取标准的规定,既要审查重复列项或多算了的工程量,也应审查漏项或少算了工程量,还应注意工程量计算单位是否和预算定额一致。

总之,应该实事求是地提出应增加或应减少的意见,以提高工程预算的质量,确保工程造价合理。

5.6 知识扩展

变更设计与概预算的增减。

5.6.1 工程设计与概预算的关系

工程设计包括结构设计和施工组织设计两大部分,它与概预算的关系很密切。前已简述了概预算编制的基本方法,从中可以看出,工程结构设计文件和施工组织设计文件是编制概预算的基础,概预算费用的项目、工程量等均取之于工程设计文件。概预算是反映在该设计前提下的工程费用的多少,也是衡量设计文件合理性的重要依据,以及衡量其施工组织设计是否合理、先进的重要标志。较好的工程设计可以节省工程造价,而概预算反过来可用以衡量施工组织,使工程设计、施工组织更趋完善、先进和合理。

5.6.2 变更设计的概念

变更设计有时称之为设计变更,即在特定的环境条件下对原工程设计中的局部进行修改。任何工程项目,无论其设计多么合理,考虑的情况多么全面,在实施过程中很可能遇到一些意外的问题,从而必须进行设计变更。设计变更的目的是使项目更完善,在原来没有考虑到或考虑不周的情况下,选择较好的方式处理问题,保证项目顺利进行;或者是完善设计,提高工程质量和性能;或者是节约工程费用,降低造价,提高工程的经济性。总之,设计变更的目的是为了更好地实施工程。因此,在工程实施过程中,很可能要遇到一些设计变更,而无论是什么样的变更(数量上、形式上还是质量上的变更),都将涉及工程费用问题。

5.6.3 变更设计与概预算的增减

变更设计涉及建设单位和施工单位之间的经济利益,当工程实际情况与原设计不同时,一般变更设计可由建设单位审批。若涉及规模、标准的变更,变更设计应由主管部门或有权批准该项目的单位批准。例:若某项工程因群众要求和当地政府意见在某处要增加一小项目,此项目较小,在整个批准的概算内可以调整,不涉及整个线路的规模,建设单位有权审批。又例:某高速公路原设计四车道要改六车道,某处数公里道路要改为高架桥,或某处要增加一个互通式立交等,这些变更设计均涉及该工程项目的规模、标准等大的问题,且均涉及调整概预算造价问题,所以建设单位无法审批,一定要主管部门或有权审批该项目的单位审批。凡涉及变更部分的各种相应费用在原概预算或经济合同中予以增减,其方法与编制概预算相同。

项目四 公路工程量清单计价

【项目描述】

某桥为城市道路上的一座小桥,跨越 25m 宽规划河道。桥中桩号 K2+247,桥梁斜交 20.8°。桥位处地质条件较好,桥墩、桥台均采用天然基础。桥型为 3 孔 8+10+8m 简支板梁桥,上部结构中孔采用先张法预应力混凝土空心板梁,边孔采用钢筋混凝土实心板梁。下部结构桥墩采用薄壁式桥墩,天然扩大基础,桥台采用重力式桥台,天然扩大基础。工程数量见表 4-1。

该项目主要任务是根据施工图工程数量计算工程量清单,完成工程量清单报价。

预应力板梁小桥主要工程数量表　　　表 4-1

序 号	工程量名称	工程名称	单 位	工程数量
1	8m 板梁	光圆钢筋	kg	10455
		带肋钢筋	kg	23350
		C45 混凝土	m³	225
2	10m 板梁	光圆钢筋	kg	4522
		带肋钢筋	kg	9020
		钢绞线	kg	3141
		C45 混凝土	m³	117
3	桥台	光圆钢筋	kg	1462
		带肋钢筋	kg	3644
		C30 混凝土	m³	261
4	桥墩	光圆钢筋	kg	1232
		带肋钢筋	kg	2806
		C30 混凝土	m³	68
5	基础	光圆钢筋	kg	568
		带肋钢筋	kg	2360
		C25 混凝土	m³	285
6	伸缩缝	钢筋	kg	1806
		型钢伸缩缝	m	64
		C45 混凝土	m³	5
7	桥面铺装	光圆钢筋	kg	4632
		带肋钢筋	kg	2243
		C45 混凝土	m³	114

【项目分析】

本项目实际是两个项目,工程量清单和工程量清单报价。要站在不同的角度来完成任务,工程量清单一般是招标文件的组成部分,由业主负责编制,或由业主委托其他单位编制,编制人应站在业主的角度来完成工程量清单;工程量清单报价是投标文件的组成部分,由投标人负责编制,编制人应站在承包人的角度来完成工程量清单报价。两项任务都要遵守《公路工程工程量清单计量规则》。

任务1 工程量清单计算

1.1 相关知识

1.1.1 工程量清单的概念和内容

工程量清单是表现拟建工程的分部分项工程项目、临时工程项目、其他项目名称和相应工程量的明细清单,是按照招标要求和施工设计图纸要求将拟建招标工程的全部项目和内容,依据统一的工程量计算规则、统一的工程量清单项目编制规则要求,计算拟建招标工程的分部分项工程数量的表格。

工程量清单作为招标文件的组成部分,一个最基本的功能是作为信息的载体。工程量清单的内容应全面、准确,以便投标人能对工程有全面充分的了解。工程量清单主要包括工程量清单说明和工程量清单表两部分。

工程量清单说明主要是招标人解释拟招标工程的工程量清单的重要组成部分。合理的清单项目设置和准确的工程数量,是清单计价的前提和基础。对于招标人来说,工程量清单是进行投资控制的前提和基础,工程量清单表编制的质量直接关系和影响到工程建设的最终结果。

1.1.2 工程量清单的作用

公路工程工程量清单的作用主要表现为以下几个方面:

(1)作为招标文件的组成部分,同时也作为信息的载体,为潜在的投标者提供必要的信息。

(2)采用工程量清单招标有利于将工程的"质"与"量"紧密地结合起来。质量、造价、工期三者之间存在着一定的必然联系,报价当中必须充分考虑到工期和质量因素,这是客观规律的反映和要求。采用工程量清单招标有利于投标单位通过报价的调整来反映质量、工期、成本三者之间的科学关系。

(3)为计价和询标、评标的基础。招标工程标底的编制和企业的投标报价,都必须在清单的基础上进行。同样也为今后的询标、评标奠定了基础。

(4)为施工过程中支付工程进度款和办理竣工结算及工程索赔提供了重要依据。

(5)为投标者提供一个公开、公平、公正的竞争环境。工程量清单由招标人统一提供,统一的工程量避免了由于计算不准确和项目不一致等人为因素造成的不公正影响,为投标者站在同一起跑线上,创造了一个公平的竞争环境。

(6)有利于标底的管理与控制。在传统的招标投标方法中,标底的正确与否、保密程度如何一直是人们关注的焦点。而采用工程量清单招标方法,工程量是公开的,是招标文件内容的一部分,标底只起到参考和一定的控制作用(即控制报价不能突破工程概算的约束),而与评标过程无关,并且在适当的时候甚至可以不编制标底。

(7)有利于中标企业精心组织施工,控制成本。中标后,中标企业可以根据中标价及投标文件中的承诺,通过对单位工程成本、利润进行分析,统筹考虑、精心选择施工方案;并根据企业定额合理确定人工、材料、施工机械要素的投入与配置,优化组合,合理控制现场费用和施工技术措施费用等,以便更好地履行承诺,抓好工程质量和工期。

1.1.3 公路工程工程量清单格式

工程量清单应采用统一格式,一般应由工程细目、专项暂定金额汇总表、计日工明细表、投标报价汇总表、工程量清单汇总表组成。工程量清单按照《公路工程工程量清单计量规则》编制,分别介绍如下。

(1)工程细目

工程细目是对拟完成的分部分项工程项目、临时工程项目、其他项目和相应工程量的具体名称的描述,详见表4-2。

工程量清单(1) 表4-2a)

清单 第100章 总则

细目号	项 目 名 称	单位	数量	单价(元)	合价(元)
101	保险费	元			
101-a	建筑工程一切险	元			
101-b	第三方责任险	元			
102-1	竣工文件	元			
102-2	施工环保费	元			
103-1	临时道路修建、养护与拆除	元			
103-2	临时工地用地	m²			
103-3	临时供电设施	m²			
103-4	通信设施的提供、维修与拆除	元			
104-1	承包人驻地建设	元			
清单 第100章合计				人民币	

工程量清单(2) 表4-2b)

清单 第200章 路基

细目号	项 目 名 称	单位	数量	单价(元)	合价(元)
202-1	清理与掘除				
-a	清理现场	m²			
-b	砍树、挖根	棵			
202-2	挖除旧路面	m²			
-a	水泥混凝土路面	m²			
-b	沥青混凝土路面	m²			
-c	砂砾(碎石)路面	m²			
202-3	拆除结构物				
-a	钢筋混凝土结构	m³			
-b	混凝土结构	m³			

续上表

细目号	项目名称	单位	数量	单价(元)	合价(元)
—c	砖、石及其他砌体结构	m³			
203—1	路基挖方				
—a	挖土方	m³			
—b	挖除非适用材料(包括淤泥)	m³			
203—2	改河、改渠、改路挖方				
—a	挖土方	m³			
—b	挖石方	m³			
—c	挖除非适用材料(包括淤泥)	m³			
204—1	路基填筑(包括填前压实)				
—a	回填土	m³			
—b	土方	m³			
—c	石方	m³			
204—2	改路、改河、改渠填筑				
—a	回填土	m³			
—b	土方	m³			
—c	石方	m³			
204—3	结构物台背回填及锥坡填筑				
—a	涵洞通道台背回填	m³			
—b	桥梁台背回填	m³			
—c	锥坡填筑	m³			
205—1	软土地基处理				
—a	抛石挤淤	m³			
—b	砂垫层、砂砾垫层	m³			
—c	超载预压	m³			
—d	袋装砂井	m³			
	…				
	清单 第200章合计	人民币			

工程量清单(3)   表4-2c)

清单　第300章　路面

细目编号	项目名称	单位	数量	单价(元)	合价(元)
302—1	碎石垫层	m²			
302—2	砂砾垫层	m²			
303—1	石灰稳定土(或粒料)底基层	m²			
303—2	水泥稳定土(或粒料)底基层	m²			
303—3	水泥粉煤灰稳定土(或粒料)底基层	m²			
303—4	级配砾石(砂砾)底基层	m²			
304—1	水泥稳定粒料基层	m²			

续上表

细目编号	项 目 名 称	单位	数量	单价(元)	合价(元)
304-2	水泥粉煤灰稳定基层	m^2			
304-3	级配碎(砾)石基层	m^2			
304-4	贫混凝土基层	m^2			
307-1	透层	m^2			
307-2	黏层	m^2			
307-3	封层	m^2			
308-1	细粒式沥青混凝土面层	m^2			
308-2	中粒式沥青混凝土面层	m^2			
308-3	粗粒式沥青混凝土面层	m^2			
309-1	沥青表面处治				
-a	沥青表面处治(层铺)	m^2			
-b	沥青表面处治(拌和)	m^2			
309-2	沥青贯入式面层	m^2			
309-3	泥结碎(砾)石路面	m^2			
309-4	级配碎(砾)石面层	m^2			
309-5	天然砂砾面层	m^2			
310-1	改性沥青面层	m^2			
310-2	SMA 面层	m^2			
311-1	水泥混凝土面层	m^2			
311-1	连续配筋混凝土面层	m^2			
	…				
	清单 第300章合计		人民币		

工程量清单(4) 表 4-2d

清单 第400章 桥梁涵洞

细目号	项 目 名 称	单位	数量	单价(元)	合价(元)
401-1	桥梁荷载试验	元			
401-2	补充地质钻探及取样钻探	元			
401-3	钻取混凝土芯样	元			
401-4	无破损试验	元			
403-1	基础钢筋				
-a	光圆钢筋	kg			
-b	带肋钢筋	kg			
403-2	下部结构钢筋				
-a	光圆钢筋	kg			
-b	带肋钢筋	kg			
403-3	上部构造钢筋				
-a	光圆钢筋	kg			

续上表

细目号	项目名称	单位	数量	单价(元)	合价(元)
—b	带肋钢筋	kg			
403—4	钢筋拱钢材	kg			
404—1	干处挖土方	m³			
404—2	干处挖石方	m³			
405—1	水中钻孔灌注桩	m			
405—2	陆上钻孔灌注桩	m			
405—3	人工挖孔灌注桩	m			
406—1	钢筋混凝土沉桩	m			
406—2	预应力混凝土沉桩	m			
410—1	基础				
—a	混凝土基础	m³			
410—2	下部构造混凝土				
—a	斜拉桥索塔	m³			
—b	重力式U型桥台	m³			
—c	肋板式桥台	m³			
—d	轻型桥台	m³			
—e	柱式桥墩	m³			
—f	薄壁式桥墩	m³			
—g	空心桥墩	m³			
410—3	上部构造混凝土				
—a	连续刚构	m³			
—b	混凝土箱型梁	m³			
—c	混凝土T型梁	m³			
—d	钢管拱	m³			
—e	混凝土拱	m³			
—f	混凝土空心板	m³			
	…				
	清单 第400章合计			人民币	

工程量清单(5)　　　　　　　　　　　　　　　　　　　　　表 4-2e

第500章　隧道

细目号	项目名称	单位	数量	单价(元)	合价(元)
502—1	洞口、明洞开挖				
—a	挖土方	m³			
—b	挖石方	m³			
—c	弃方超运	m³·km			
502—2	防水与排水				
—a	浆砌片石边沟、排水沟	m³			

续上表

细目号	项目名称	单位	数量	单价(元)	合价(元)
－b	浆砌混凝土预制块排水沟	m³			
－c	现浇混凝土水沟	m³			
502－3	洞门建筑				
－a	浆砌片石	m³			
－b	现浇混凝土	m³			
－c	光圆钢筋	kg			
－d	带肋钢筋	kg			
503－1	洞身开挖				
－a	挖土方	m³			
－b	挖石方	m³			
－c	弃方超运	m³·km			
503－2	超前支护				
－a	注浆小导管	m			
－b	超前锚杆	m			
－c	管棚	m			
	…				
	清单 第500章小计		人民币		

(2)专项暂定金额汇总表

专项暂定金额汇总表是根据合同通用条款第52条和第58条的规定或具体的合同约定，为应付某些难以预见的费用而计列的费用，具体格式见表4-3。

专项暂定金额汇总表(示例)　　　　　　　　　　　　　表4-3

清单编号	细目号	名称	估计金额(元)
400	401－1	桥梁荷载试验(举例)	60000
…	…	…	…
…	…	…	…
	专项暂定金额小计		

(3)计日工明细表

①总则

a.计日工明细表应参照《公路工程国内招标文件范本》(2009年版)合同通用条款第52.4款一并理解。

b.未经监理工程师书面指令，任何工程不得按计日工施工；接到监理工程师按计日工施工的书面指令时，承包人也不得拒绝。

c.投标人应在本节计日工单价表中填列计日工细目的基本单价或租价，该基本单价或租价适用于监理工程师指令的任何数量的计日工的结算与支付。计日工的劳务、材料和施工机械由招标人(或业主)列出正常的估计数量，投标人报出单价，计算出计日工总额后列入工程量清单汇总表并进入评标价。

d.计日工不调价。

②计日工劳务

a.在计算应付给承包人的计日工工资时,工时应从工人到达施工现场,并开始从事指定的工作算起,到返回原出发地点为止,扣去用餐和休息的时间。只有直接从事指定的工作,且能胜任该工作的工人能计工,随同工人一起做工的班长应计算在内,但不包括领工(工长)和其他质检管理人员。

b.承包人可以得到用于计日工劳务的全部工时的支付,此支付按承包人填报的"计日工劳务单价表"(表4-4)所列单价计算,该单价应包括基本单价及承包人的管理费、税费、利润等所有附加费,说明如下:

计日工劳务单价表 表4-4

合同段:

细 目 号	名 称	估计数量(小时)	单价(元/小时)	合价(元)
101	班长			
102	普通工			
103	焊工			
104	电工			
105	混凝土工			
	…			
计日工劳务(结转计日工汇总表)				

(a)劳务基本单价包括:施工单位劳务的全部直接费用,如工资、加班费、津贴、福利费及劳动保护费等;

(b)劳务附加费包括施工单位的利润、管理费、质检费、保险费、税费;易耗品的使用费;水电及照明费;工作台、脚手架、临时设施费;手动机具与工具的使用及维修费,以及上述各项伴随而来的费用。

③计日工材料

施工单位可以得到计日工使用的材料费用的支付,此费用按施工单位"计日工材料单价表"(表4-5)中所填报的单价计算,该单价应包括基本单价及施工单位的管理费、税费、利润等所有附加费,说明如下:

计日工材料单价表 表4-5

合同段:

细 目 号	名 称	单 位	估计数量	单价(元)	合价(元)
201	水泥	t			
202	钢筋	t			
203	钢绞线	t			
204	沥青	t			
205	木材	m³			
	…				
计日工材料小计(结转计日工汇总表)					

a.材料基本单价按供货价加运杂费(到达施工单位现场仓库)、保险费、仓储管理费以及运

输损耗等计算,也可以按市场价直接计算;

  b.材料附加费包括施工单位的利润、管理费、质检费、保险费、税费及其他附加费;

  c.从现场运至使用地点的人工费和施工机械使用费不包括在上述基本单价内。

 ④计日工施工机械

  a.施工单位可以得到用于计日工作业的施工机械费用的支付,该费用按施工单位填报的"计日工施工机械单价表"(表 4-6)中的租价计算。该租价应包括施工机械的折旧、利息、维修、保养、零配件、油燃料、保险和其他消耗品的费用以及全部有关使用这些机械的管理费、税费、利润和驾驶员助手的劳务费等费用。

计日工施工机械单价表   表 4-6

合同段:

细 目 号	名 称	估计数量(小时)	单价(元/小时)	合价(元)
301	装载机			
301—1	1.5m³ 以下			
301—2	1.5~2.5m³			
301—3	2.5m³ 以上			
302	推土机			
	…			
计日工施工机械小计(结转计日工汇总表)				

  b.在计日工作业时,施工单位计算所用的施工机械费用时,应按实际工作小时支付。除非经监理工程师的同意,计算的工作小时才能将施工机械从现场某处运到监理工程师指令的计日工作业的另一现场往返运送时间包括在内。

 在完成以上表格后,可填报计日工汇总表(表 4-7)。

计 日 工 汇 总 表   表 4-7

合同段:

名 称	金额(元)
计日工:	
1.劳务	
2.材料	
3.施工机械	
计日工合计(结转工程量清单汇总表)	

(4)工程量清单汇总表

 工程量清单汇总表(表 4-8)用于投标报价汇总表。

工程量清单汇总表   表 4-8

合同段:

序 号	章 次	科目名称	金额(元)
1	100	总则	
2	200	路基	
3	300	路面	

续上表

序　号	章　次	科目名称	金额(元)
4	400	桥梁涵洞	
5	500	隧道	
6	600	安全设施及预埋管线	
7	700	绿化及环境保护	
8	800	房建工程	
9		第100章至800章清单小计	
10		已包含在清单中的专项暂定金额小计	
11		清单合计减去专项暂定金额	
12		计日工合计	
13		不可预见费	
14		投标价(9＋12＋13＝14)	

(5)填表说明

①工程量清单应与投标人须知、合同条款、计量规则、技术规范及图纸等文件结合起来查阅与理解。

②工程量清单中所列工程数量是依据设计文件估算的预计数量，仅作为投标的共同基础，不作为最终结算与支付的依据。实际支付应按实际完成的工程量，由施工单位按计量规则、技术规范规定的计量方法，以监理工程师认可的尺寸、断面计量，按工程量清单的单价和总额价计算支付金额；或者，根据具体情况，按合同条款的规定，由监理工程师确定的单价或总额价计算支付金额。

③除非合同另有规定，工程量清单中有标价的单价和总额价均已包括了为实施和完成工程合同所需的劳务、材料、机械、质检(自检)、安装、缺陷修复、管理、保险(工程一切险和第三方责任险除外)、税费、利润等费用，以及合同明示或暗示的所有责任、义务和一般风险。

④工程一切险的投保金额为工程量清单第100章(不含工程一切险及第三方责任险的保险费)至第700章的合计金额，保险费率为_____‰；第三方责任险的投保金额为_____元，保险费率为_____‰。工程量清单第100章内列有上述保险费的支付细目，投标人根据上述保险费率计算出保险费，填入工程量清单。除上述工程一切险及第三方责任险以外，所投其他保险的保险费均由施工单位承担并支付，不在报价中单列。

⑤工程量清单中本合同工程有数量的每一个细目，都需填入单价；对于没有填入单价或总额价的细目，其费用应视为已包括在工程量清单的其他单价或总额价中，施工单位必须按监理工程师指令完成工程量清单中未填入单价或总额价的工程细目，但不能得到结算与支付。

⑥符合合同条款规定的全部费用应认可已被计入有标价的工程量清单所列各细目之中，未列细目不予计量的工作，其费用应视为已分摊在本合同工程的有关细目的单价或总额价之中。

⑦工程量清单各章是按计量规则、技术规范相应章次编号的，因此，工程量清单中各章的工程细目的范围与计量应与计量规则、技术规范相应章节的范围、计量与支付条款结合起来理解或解释。

⑧对作业和材料的一般说明或规定，未重复写入工程量清单内，在给工程量清单各细目标

价前,应参阅招标文件中计量规则、技术规范的有关部分。

⑨对于符合要求的投标文件,在签订合同协议书前,如发现工程量清单中有计算方面的算术性差错,应按投标人须知的规定予以修正。

⑩工程量清单中所列工程量的变动,丝毫不会降低或影响合同条款的效力,也不免除施工单位按规定的标准进行施工和修复缺陷的责任。

⑪施工单位用于为本合同工程的各类装备提供运输、维护、拆卸、拼装等支付的,已包括在工程量清单的单价与总额价之中。

⑫在工程量清单中标明的暂估价,除合同另有规定外,应由监理工程师按合同条款的规定,结合工程具体情况,报经建设单位批准后全部或部分使用,或根本不予动用。

⑬计量方法:

a.用于支付已完工程的计量方法,应符合计量规则、技术规范中相应章节的"计量与支付"条款的规定;

b.图纸中所列的工程数量表及数量汇总表仅是提供资料,不是工程量清单的外延。但图纸与工程量清单所列数量不一致时,以工程量清单所列数量作为报价的依据。

⑭工程量清单中各项金额均以人民币(元)结算。

1.1.4 工程量清单计量规则

(1)工程量清单按照《公路工程工程量清单计量规则》进行计量。

(2)一般要求。

①《技术规范》所有工程项目,除个别注明者外,均采用中国法定的计量单位,即国际单位及国际单位制导出的辅助单位进行计量。

②《技术规范》的计量与支付,应与合同条款、工程量清单以及图纸同时阅读,工程量清单中的支付项目号和《技术规范》的章节编号是一致的。

③任何工程项目的计量,均应按《技术规范》规定或监理工程师书面指示进行。

④按合同提供的材料数量和完成的工程量所采用的测量与计算方法,应符合《技术规范》的规定。所有这些方法,应经监理工程师批准或指令。承包人应提供一切计量设备和条件,并保证其设备精度符合要求。

⑤除非监理工程师另有准许,一切计量工作都应在监理工程师在场的情况下,由承包人测量、记录。有承包人签名的计量记录原本,应提交给监理工程师审查和保存。

⑥工程量应由承包人计算,由监理工程师审核。工程量计算的副本应提交给监理工程师并由监理工程师保存。

⑦全部必需的模板、脚手架、装备、机具、螺栓、垫圈和钢制件等其他材料,应包括在工程量清单中所列的有关支付项目中,均不单独计量。

⑧除监理工程师另有批准外,凡超过图纸所示的面积或体积,都不予计量与支付。

⑨承包人应严格标准计量基础工作和材料采购检验工作。沥青混凝土、沥青碎石、水泥混凝土、高强度水泥砂浆的施工现场必须使用电子计量设备称重。因不符合计量规定引发的质量问题,所发生的费用由承包人承担。

⑩如《技术规范》规定的任何分项工程或其细目未在工程量清单中出现,则应被认为是其他相关工程的附属工作,不再另行计量。

(3)总则说明。

①总则包括:保险费、竣工文件、施工环保、临时道路、临时用地、临时供电设施、电讯设施、

承包人驻地建设费用。

②保险费分为工程一切险和第三方责任险。

工程一切险是为永久工程、临时工程和设备及已运至施工工地用于永久工程的材料和设备所投的保险。

第三方责任险是对因实施本合同工程而造成的财产(本工程除外)的损失和损害或人员(业主和承包人雇员除外)的死亡或伤残所负责任进行的保险。保险费率按规定保险合同费率办理。

③竣工文件编制费是承包人对承建工程在竣工后按交通部发布的《公路工程竣工验收办法》的要求，编制竣工图表、资料所需的费用。

④施工环保费是承包人在施工过程中采取预防和消除环境污染措施所需的费用。

⑤临时道路(包括便道、便桥、便涵、码头)是承包人为实施与完成工程建设所必须修建的设施，包括工程竣工。

⑥临时用地费是承包人为完成工程建设，临时占用土地的租用费。工程完工后承包人应自费负责恢复到原来的状况，不另行计量。

⑦临时供电设施、电讯设施费是承包人为完成工程建设所需要的临时电力、电讯设施的架设与拆除的费用，不包括使用费。

⑧承包人的驻地建设费是指承包人为工程建设必须临时修建的承包人住房、办公房、加工车间、仓库、试验室和必要的供水、卫生、消防设施所需的费用，其中包括拆除并恢复到原来的自然状况的费用。

(4)重量。

①凡以重量计量或以重量作为配合比设计的材料，都应在精确与标准的磅秤上，由称职合格的人员在监理工程师指定或批准的地点进行称重。

②称重计量时应满足以下条件：监理工程师在场；称重记录；载有包装材料、支撑装置、垫块、捆束物等重量的说明书在称重前提交给监理工程师作为称重依据。

③钢筋、钢板或型钢计量时，应按图纸或其他资料标示的尺寸和净长计算。搭接、接头套筒、焊接材料、下脚料和定位架立钢筋等，则不予计量。钢筋、钢板或型钢应以千克(kg)计量，四舍五入，不计小数。钢筋、钢板或型钢由于理论单位重量与实际单位重量的差异而引起材料重量与数量不相匹配的情况，计量时不予考虑。

④金属材料的重量不得包括施工需要加放或使用的灰浆、楔块、填缝料、垫衬物、油料、接缝料、焊条、涂敷料等的重量。

⑤承运按重量计量的材料的货车，应每天在监理工程师指定的时间和地点称出空车重量，每辆货车还应标示清晰易辨的标记。

⑥对有规定标准的项目，例如钢筋、金属线、钢板、型钢、管材等，均有规定的规格、重量、截面尺寸等指标，这类指标应视为通常的重量或尺寸。除非引用规范中的允许偏差值加以控制，否则可用制造商列示的允许偏差值。

(5)面积。

除非另有规定，计算面积时，其长、宽应按图纸所示尺寸线或按监理工程师指示计量。对于面积在 $1m^2$ 以下的固定物(如检查井等)不予扣除。

(6)结构物。

①结构物应按图纸所示净尺寸线，或根据监理工程师指示修改的尺寸线计量。

②水泥混凝土的计量应按监理工程师认可的并已完工工程的净尺寸计算,钢筋的体积不扣除,倒角不超过 0.15m×0.15m 时不扣除,体积不超过 0.03m³ 的开孔及开口不扣除,面积不超过 0.15m×0.15m 的填角部分也不增加。

③所有以延米计量的结构物(如管涵等),除非图纸另有标示,应按平行于该结构物位置的基面或基础的中心方向计量。

(7)土方。

①土方体积可采用平均断面积法计算,但与似棱体公式计算结果比较时,如果误差超过±5%,监理工程师可指示采用似棱体公式。

②各种不同类别的挖方与填方计量,应以图纸所示界线为限,而且应在批准的横断面图上标明。

③用于填方的土方量,应按压实后的纵断面高程和路床面为准来计量。承包人报价时,应考虑在挖方或运输过程中引起的体积差。

④在现场钉桩后 56 天内,承包人应将设计和进场复测的土方横断图连同土方的面积与体积计算表,一并提交监理工程师批准。所有横断面图,都应标有图题框,其大小由监理工程师指定。一旦横断面图得到最后批准,承包人应交给监理工程师原版图及三份复制图。

(8)运输车辆体积。

①用体积计量的材料,应以经监理工程师批准的车辆装运,并在运到地点进行计量。

②用于体积运输的车辆,其车厢的形状和尺寸应使其容量能够容易而准确地测定并应保证精确度。每辆车都应有明显标记。每车所运材料的体积应于事前由监理工程师与承包人相互达成书面协议。

③所有车辆都应装载成水平容积高度,车辆到达送货点时,监理工程师可以要求将其装载物重新整平,对超过定量运送的材料将不予支付。运量达不到定量的车辆,应被拒绝或按监理工程师确定减少的体积接收。根据监理工程师的指示,承包人应在货物交付点,随机将一车材料刮平,在刮平后如发现货车运送的材料少于定量时,从前一车起所有运到的材料的计量都按同样比率减为目前的车载量。

(9)重量与体积换算。

①如承包人提出要求并得到监理工程师的书面批准后,已规定要用立方米(m³)计量的材料可以称重,并将此重量换算为立方米(m³)计量。

②从重量计量换算为体积计量的换算系数应由监理工程师确定,并应在此种计量方法使用之前征得承包人的同意。

(10)沥青和水泥。

①沥青和水泥应以千克(kg)计量。

②如用卡车或其他运输工具装运沥青材料,可以按经过检定的重量或体积计算沥青材料的数量,但要对漏失或泡沫进行校正。

③水泥可以以袋作为计量的依据,但一袋的标准应为 50kg。散装水泥应称重计量。

(11)成套的结构单元。

如规定的计量单位是一成套的结构物或结构单元(实际上就是按"总额"或称"一次支付"计的工程细目),该单元应包括了所有必需的设备、配件和附属物及相关作业。

(12)标准制品项目。

①如规定采用标准制品(如护栏、钢丝、钢板、轧制型材、管子等),而这类项目又是以标准

规格(单位重、截面尺寸等)标示的,则这种标示可以作为计量的标准。

②除非采用标准制品的允许误差比规范要求的允许误差要求更严格,否则,生产厂确定的制造允许误差将不予认可。

(13)图纸。

①业主提供的图纸中的工程数量表内数值,仅供施工作业时参考,并不代表支付项目,因此不能作为计量与支付的依据。

②承包人施工时应核对图中标注的构造物尺寸和标高。发现错误时,应立即和监理工程师联系,按照监理工程师批准的尺寸及标高实施。

③合同授予后,监理工程师(业主)可提供进一步的详细图纸或补充图纸,供完成施工工艺图参考,但这并不免除承包人完成施工工艺图和对施工质量负责的任何义务。承包人应向监理工程师提出图纸使用计划,以保证施工进度不被延误。

(14)工程变更。

①施工过程中,出现下列情况时,可以进行工程项目的增减、结构形式的局部更改、结构物位置的变动等工程变更。

a.业主认为有必要提出的工程变更;

b.施工中发现设计图纸有错误、遗漏者;

c.施工中发现地质条件与设计图纸不符,工程不变更就不能保证其质量者;

d.施工中环境条件发生变化,不变更不能发挥工程效能者(如涵洞位置、高程等)。

②业主提出的工程变更,由监理工程师向承包人下达变更令后执行。

③承包人提出的工程变更,必须报经监理工程师审查批准,必要时报业主同意。复杂的工程变更,或其变更涉及或影响到主体工程结构的变化,应经由监理工程师会同原设计单位研究解决,重大的变更应由原设计单位进行变更设计,并应按设计文件报批程序进行审批。所有的工程变更均须由监理工程师向承包人下达变更令后执行。

④由于工程变更而出现的工程价格、工期等问题,应按合同通用条款第51、52条的规定和《公路工程施工监理规范》(JTG G10—2006)的有关规定办理。

(15)税金和保险。

①承包人应根据中华人民共和国税法的规定缴纳工商统一税。

②在施工期及缺陷责任期内,承包人应按照合同条款要求办理保险,包括工程一切险和第三方责任保险。

③承包人应按照合同条款要求办理其施工机械设备的保险和雇用职工的安全事故保险,其费用由承包人负担。

(16)各支付项的范围。

①承包人应得到并接受按合同规定的报酬,作为实施各工程项目(不论是临时的或永久性的)与缺陷修复中需提供的一切劳务(包括劳务的管理)、材料、施工机械及其他事务的充分支付。

②除非另有规定,工程量清单中各支付细目所报的单价或总额,都应认为是该支付细目全部作业的全部报酬。包括所有劳务、材料和设备的提供、运输、安装和维修、临时工程的修建、维护与拆除、责任和义务等费用,均应认为已计入工程量清单标价的各工程细目中。

③工程量清单未列入的细目,其费用应认为已包括在相关的工程细目的单价和费率中,不再另行支付。

(17)其他。

属履行《技术规范》101节中各项要求的,除保险和税金按下述规定办理外,其他不另单独计量与支付。

①承包人按合同条款办理的工程一切险和第三方责任保险,按总额计量。

②承包人应交纳的所有税金(包括营业税、城市建设维护税和教育附加税)和他雇用的所有人员的安全事故保险费、施工设备保险费,由承包人摊入各相关工程细目的单价和费率之中,不单独计量。

1.1.5 各种工程量之间的关系

(1)投标报价中工程量的含义

①设计工程量

设计工程量是在公路工程招标文件的招标图纸中列出的某合同(标段)范围内各分项工程的工程数量。各分项工程数量一般由列在招标图纸前面的"工程材料数量汇总表"和图纸后面的各分项工程细部详图共同定义,如二者不一致时一般应以后者修正前者或由编标人员重新计算。由于公路工程多数是在初步设计或技术设计完成后即开始施工招标,招标图纸中的设计精度达不到施工图设计精度,其工程量仅作为投标人报价的共同计算基础,是预估工程量。招标图纸中的设计工程量是招标工程量清单中预期计量工程量的计算依据。

②清单工程量

清单工程量是指工程量清单中所列的工程数量,是由业主或其委托的造价工程师根据招标图纸设计工程量和工程量清单计量规则,进行工程量的同类项合并之后确定的工程数量。由于招标图纸设计深度不够或清单编制人工作疏漏等原因,清单工程量经常会有偏差。但在单价合同中,清单工程量仅作为报价和评标的依据,而不是承包人应予以完成的实际和准确的工程量。报价时应以清单工程量和投标人分析的计价工程细目综合单价的乘积计算,即"合价或总额价=∑清单工程量×综合单价"。

③预期计量工程量

预期计量工程量是投标人根据业主提供的招标图纸、工程量清单计量规则对工程量清单中各计价工程细目进行复核后的工程数量,如果图纸没有错误,则该数量是将来实际计量的工程数量,因而是比较准确的工程量,也是分析计价工程细目综合单价的重要依据。

如果招标图纸就是施工图纸,将来也没有设计变更,并且清单编制人也没有工作疏漏,则清单工程量、预期计量工程量和将来实际计量工程量三个数量应是相等的。如果清单编制人没有工作疏漏,只是由于招标图纸设计问题,则清单工程量与投标人预期计量工程量应该是一致的,但和将来实际计量工程量可能不相等,"实际计量工程量=施工图数量+设计变更数量"。如果招标图纸和清单编制人工作都有失误,则清单工程量、预期计量工程量和将来实际计量工程量三个数量各不相同。

④预算工程量

投标报价预算工程量是编标人员在工程现场勘察、招标文件分析和编制投标施工组织设计基础上,根据招标文件技术规范中的计量与支付条款、招标图纸设计工程量、施工组织方案确定的施工措施工程量(又称辅助工程量)和预算定额子目的口径大小四个要素,以工程量清单计价工程细目为编制单元计算出来的工程量。其计算结果成为"报价原始数据表"。预算工程量是与设计工程量和预期计量工程量有密切关系,但内涵与外延均不相同的工程量。预算工程量包括该计价工程细目计价工作内容内的设计工程量和施工措施工程量。

(2)设计工程量、预期计量工程量和预算工程量三者关系

由于工程量清单是业主或其委托的造价工程师参考招标文件范本中工程细目划分原则和招标文件计量与支付条款的规定,依据"成品、实体、净数量"的原则编制而成的。编标报价时工程量计算的思路是,首先要将清单计价工程细目"还原",找到计价工程细目与招标图纸中设计工程量之间的对应关系;其次,除了完成该预期计量工程量需要的设计工程量之外,还要结合投标施工组织设计确定需要哪些施工措施工程量,从而得到该计价工程细目下的预算工程量;最后还要将预算工程量调整成能套工程定额的程度。

其中,在单价合同中,计价细目综合单价一般应根据投标人认为正确的预算工程量和计量工程量来分析。以计价工程细目中计算得到的预算工程量所计算得到的全部建筑安装工程费及其风险费或摊销费为分子,以计价工程细目对应的预期计量工程量为分母,得到的商值就是该计价工程细目的综合单价。再将该综合单价与清单中的相应报价工程量相乘,就得到该计价工程细目的"合价"。

1.2 任务描述

工程量清单是招标人根据设计文件预估的工程量明细表,也是承包人编制投标报价的依据。《公路工程国内招标范本》分9章列出各单位工程的细目编号、名称、计量单位、数量、单价和合价(或金额)。公路工程工程量清单是招标文件的组成部分,是一套注有拟建工程各实物工程名称、性质、特征、单位、数量及开办项目、税费等相关表格组成的文件。工程量清单是一份由招标人提供的文件,编制人是招标人或其委托的工程造价咨询单位。工程量清单是招标文件的组成部分,一经中标且签订合同,即成为合同的组成部分。因此,无论招标人还是投标人都应该慎重对待。

1.3 任务分析

分析施工图,以施工图的工程数量为基础,按照《公路工程工程量清单计量规则》相应章节,列出该工程相应的项目名称。

清单数量的计算要针对不同的情况,区别对待。少数项目与施工图的工程数量一一对应,可直接用施工图的数量;大多数项目与施工图的工程数量不对应,需要合并、整理及计算;还有的施工图中有,但计量规则未涵盖的工作项目可以在相应之处增列,为此,必须增列该项工作相应的技术要求和计量方法,如不能增列则未涵盖的工作项目的单价和合价应包含在其他某些项目的单价和合价之中。

本项目是桥梁项目,应对照《公路工程工程量清单计量规则》清单第400章桥梁涵洞,找出与施工图数量相应或相近的项目名称,并计算相应工程数量。

1.4 任务实施

工程量清单数量是按合同图纸并通过工程量计量规则计算得到的工程量。工程量是指以物理计量单位或自然计量单位所表示的建筑工程各个分项工程或结构件的实物数量。物理计量单位是指以度量表示的长度、面积、体积和质量等单位;自然计量单位是指以建筑成品表现在自然状态下的简单点数所表示的个、条、块等单位。

工程量是确定工程量清单、建筑工程直接费、编制施工组织设计、安排工程施工进度、编制材料供应计划、进行统计工作和实现经济核算的重要依据。工程量是以施工图的工程数量为基础进行计算。工程量清单按照《公路工程工程量清单计量规则》进行计算。

1.4.1 计算工程量的依据

(1)工程施工合同、招标文件的商务条款。
(2)工程量计量规则。
(3)施工图纸及设计说明书、相关图表、设计变更资料、评审记录等。
(4)经审定的施工组织设计或施工方案。

1.4.2 选择工程量计算的顺序

计算工程量应按照一定的顺序依次进行,既可节省时间加快计算速度,又可避免漏算或重复计算。

(1)按施工顺序计算法。按施工顺序计算法是按照工程施工顺序的先后次序来计算工程量。如桥梁按照基础、下部、上部、附属结构等顺序进行。

(2)按图纸分项编号顺序计算法。此法就是按照图纸上所注结构构件、配件的编号顺序计算工程量。如计算混凝土结构、门窗等分项工程,均可以按照此顺序进行计算。

桥梁工程一般按照第二种方法计算,这样思路清晰,可避免漏算或重复计算。

1.4.3 工程量计算的步骤

(1)根据工程内容和计量规则中规定的项目列出需计算工程量的分部分项工程。
(2)根据一定的计算顺序和计量规则列出计算式进行数值计算。
(3)根据施工图纸的要求确定有关数据代入计算式进行数值计算。
(4)对计算结果的计量单位进行调整,使之与计量规则中规定的相应分部分项工程的计量单位保持一致。

1.4.4 预应力板梁小桥工程数量清单计算

(1)以施工图工程数量表(表 4-1)为基础,对照《公路工程工程量清单计量规则》中工程量清单第 400 章桥梁涵洞的项目名称,列出该桥的项目名称,可列出基础钢筋、基础混凝土、下部结构钢筋、上部构造钢筋、预应力钢绞线、下部结构混凝土、上部构造混凝土、桥面铺装、伸缩缝等 9 个项目。

(2)找出对应的细目号。

(3)有些项目与施工图的数量是相同的,直接找出工程量,如:基础混凝土 285m^3,预应力钢绞线 3141kg。

(4)有些需要分项列出,如:下部结构混凝土分为轻型桥台混凝土(261m^3)和柱式桥墩混凝土(68m^3)两项,基础钢筋分为光圆钢筋(568kg)和带肋钢筋(2360kg)两项。

(5)有些需要分项列出并综合计算,如:

下部结构钢筋分为光圆钢筋和带肋钢筋两项,包括桥台钢筋和桥墩钢筋,则:

光圆钢筋:1642+1232=2694kg

带肋钢筋:3644+2806=6450kg

上部构造钢筋分为光圆钢筋和带肋钢筋两项,包括 8m 板梁钢筋和 10m 板梁钢筋,则:

光圆钢筋:10455+4522=14977kg

带肋钢筋:23350+9020=32370kg

(6)有些需要合并计算,如上部构造混凝土包括8m板梁和10m板梁的混凝土,则:

上部构造混凝土：225＋117＝342m³

(7)有些几个数量要综合为一个数量(或用清单的一个数量代替施工图的几个数量),如：

施工图中桥面铺装有光圆钢筋、带肋钢筋、混凝土三个数量,但清单中桥面铺装只有混凝土一个数量;施工图中伸缩缝有钢筋、型钢伸缩缝、混凝土三个数量,但清单中伸缩缝只有型钢伸缩缝一个数量。则:

桥面铺装：114m³

型钢伸缩缝：64m

工程量清单计算结果见表4-9。

预应力板梁小桥工程数量清单 表4-9

细目号	项目名称	单位	数量	单价	合价
403－1	基础钢筋				
－a	光圆钢筋	kg	568		
－b	带肋钢筋	kg	2360		
403－2	下部结构钢筋				
－a	光圆钢筋	kg	2694		
－b	带肋钢筋	kg	6450		
403－3	上部构造钢筋				
－a	光圆钢筋	kg	14977		
－b	带肋钢筋	kg	32370		
410－1	基础C25混凝土	m³	285		
410－2	下部结构混凝土				
－a	轻型桥台C30混凝土	m³	261		
－b	柱式桥墩C30混凝土	m³	68		
410－3	上部构造C45混凝土	m³	342		
411－2	先张法预应力钢绞线	kg	3141		
415－2	C45混凝土桥面铺装	m³	114		
417－3	型钢伸缩缝	m	64		

1.5 归纳总结

工程量清单是招标人根据设计文件预估的工程量明细表,也是承包人编制投标报价的依据。《公路工程工程量清单计量规则》分8章列出各单位工程的细目号、项目名称、单位、数量、单价和合价。表的格式、章节划分以及其中细目号、项目名称、单位都是标准化的,不得变动。数量则由招标人根据设计文件估算数量填入,单价与合价由投标人计算填写,招标人也可在开标前组织估算作为内部标底。有些工作可能发生,但难于预计发生的数量,清单中列入一笔费用,以"暂定金额"计入总标价,但不计入投标价。工程量清单对于投标价的构成起着决定性作用,招标人编制工程量清单时应当考虑以下因素:

(1)工程量清单应足以涵盖招标工程范围内的建筑安装费和合同条款规定的由承包人支付的其他费用或完成的其他工作。也就是说,预算所列费用项目中除了由业主承办或开支的项目之外,都列入其中。在编制清单时应注意检查,避免遗漏。

(2)为便于编标、评标和积累资料等工作,标准化的规则所列工程细目的编号不得改变。本工程项目不发生的工作项目可以空缺或删除;规则未涵盖的工作项目可以在相应之处增列,为此,必须增列该项工作相应的技术要求和计量方法,如不能增列则未涵盖的工作项目的单价和合价应包含在其他某些项目的单价和合价之中。

(3)工程量清单与投标须知、合同条款、技术规范及图纸等招标文件要互相对应,不能前后矛盾。

(4)有关工程量清单和报价应在清单表前加以说明,该说明可以在范本原文基础上进行增补。

(5)工程数量按照计量规则中的工程量计算规则计算,其精度按下列规定执行:
① 以 t 为单位的,保留小数点后三位,第四位小数四舍五入;
② 以 m^3、m^2、m 为单位的,保留小数点后两位,第三位小数四舍五入;
③ 以个、棵、kg 等为单位的,取整数;
④ 以总额为单位的,按金额数量。

【项目实训】

(1)K115+594 小桥施工图上部结构主要工程数量见表 4-10,计算工程量清单,填写工程量清单表。

K115+594 小桥主要工程数量汇总表(1)   表 4-10

省道 S273 线过境公路改线工程

编号	材料名称及型号规格	单位	上部结构工程数量							
			空心板	防撞栏	桥面铺装	铰缝	桥面连续	搭板及枕梁	防震	泄水管
1	水泥混凝土 C30	m^3	109.1		53.7	13.2				
2	水泥混凝土 C30	m^3		24.2						
3	水泥混凝土 C25	m^3						35.3		
4	水泥混凝土合计	m^3	109.1	24.2	53.7	13.2	0	35.3	0	0
5	M15 水泥砂浆	m^3				0.3				
6	4%水泥稳定碎石	m^3						15.3		
7	I级钢筋 $\phi8$	kg	4818		60	595	239	55		
8	I级钢筋 $\phi10$	kg	8514	792						
9	I级钢筋 $\phi18$	kg							69	
10	I级钢筋 $\phi28$	kg	817							
11	I级钢筋合计	kg	14149	792	60	595	239	55	69	0

续上表

编号	材料名称及型号规格	单位	上部结构工程数量							
			空心板	防撞栏	桥面铺装	铰缝	桥面连续	搭板及枕梁	防震	泄水管
12	II级钢筋 $\phi10$	kg			7674					
13	II级钢筋 $\phi12$	kg	5178	730		366	556	1342		
14	II级钢筋 $\phi16$	kg		1372				2899		
15	II级钢筋 $\phi22$	kg						184		
16	II级钢筋合计	kg	5178	2103	7674	366	556	4426	0	0
17	钢筋合计	kg	19327	2895	7734	962	795	4480	69	0
18	$\phi s15.24$	kg	4643							
19	波纹管内径55mm	m	910							
20	$\phi15cm$PVC管	m								10.5
21	锚具15—4	套	128							
22	锚具15—5	套	16							
23	隔栅盖	个								8
24	$D=7.6$钢套筒	kg						60		

(2)K115+594小桥施工图下部结构主要工程数量见表4-11,计算工程量清单,填写工程量清单表。

K115+594小桥主要工程数量汇总表(2)　　　　表4-11

省道S273线过境公路改线工程

编号	材料名称及型号规格	单位	下部构造						锥坡
			桥台			桥墩			
			前墙及耳墙	台帽含挡块	桩基D120	盖梁含挡块	立柱D100	桩基D120	
1	水泥混凝土C30	m³	12.1	40.1		16.8	2.3		
2	水泥混凝土C25	m³			137.6			63.3	
3	水泥混凝土合计	m³	12.1	40.1	137.6	16.8	2.3	63.3	
4	I级钢筋 $\phi8$	kg		5	1057	8			
5	I级钢筋 $\phi10$	kg	78				57	861	
6	I级钢筋合计	kg	78	5	1057	8	57	861	
7	II级钢筋 $\phi10$	kg		1118					
8	II级钢筋 $\phi12$	kg	1362	180		845			
9	II级钢筋 $\phi16$	kg		39	515	44	81	87	
10	II级钢筋 $\phi25$	kg		3248	11949		524	3723	
11	II级钢筋 $\phi28$	kg				3149			
12	II级钢筋合计	kg	1362	4586	12464	4038	605	3810	
13	钢筋合计	kg	1440	4591	13521	4046	662	4671	
14	M7.5水泥砂浆砌片石	m³							39.2

任务2 工程量清单计价

2.1 相关知识

2.1.1 工程量清单计价办法

工程量清单计价方法,是建设工程招标投标中,招标人或招标人委托具有资质的中介机构编制反映工程实体消耗和措施消耗的工程量清单,并作为招标文件的一部分提供给投标人,由投标人依据工程量清单,结合企业自身情况,自主报价的计价方式。它有效保证了投标人竞争基础的一致性,减少了投标人偶然工程量计算误差造成的投标失败。这种计价方法有助于形成"企业自主报价,市场竞争形成价格"的建筑市场,体现公开、公平、公正的竞争原则。

(1)工程量清单计价。工程量清单计价包括编制招标标底、投标报价、合同价款的确定与调整和办理工程结算等。

①招标工程如设标底,标底应根据招标文件中的工程量清单和有关要求、施工现场实际情况、合理的施工方法以及按照交通行政主管部门制订的有关工程造价计价办法进行编制。

②投标报价应根据招标文件中的工程量清单和有关要求、施工现场实际情况及拟订的施工方案或施工组织设计,根据企业定额和市场价格信息,并参照交通行政主管部门发布的现行消耗量定额进行编制。

③工程量清单计价应包括按招标文件规定完成工程量清单所需的全部费用,通常由分部分项工程直接费、其他工程费、间接费、利润、税金组成。

分部分项工程直接费是指为完成分部分项工程量所需的实体项目费用。

其他工程费是指除分部分项工程直接费以外,为完成该工程项目施工,发生于该工程施工前和施工过程中技术、生活、安全等方面的非工程实体项目所需的费用。

分部分项工程直接费、其他工程费和其他项目费均采用综合单价计价,综合单价由完成规定计量单位工程量清单项目所需的人工费、材料费、机械使用费、其他工程费、间接费、利润、税金等费用组成,综合单价应考虑风险因素。

(2)工程量变更及其计价。合同中综合单价因工程量变更,除合同另有约定外应按照下列办法确定。

①工程量清单漏项或由于设计变更引起新的工程量清单项目,其相应综合单价由施工单位提出,经建设单位确认后作为结算的依据。

②由于设计变更引起工程量增减部分,属合同约定幅度以内的,应执行原有的综合单价;增减的工程量属合同约定幅度以外的,其综合单价由施工单位提出,经建设单位确认后作为结算的依据。

③由于工程量的变更,且实际发生了规定以外的费用损失,施工单位可提出索赔要求,与建设单位协商确认后,给予补偿。

(3)工程量清单招投标报价的标准格式

工程量清单计价应采用统一格式。工程量清单计价格式应随招标文件发至投标人,由投标人填写。投标人应严格按工程量清单内容及计价格式填写。

2.1.2 工程量清单计价特点和作用

(1)工程量清单计价特点

①统一计价规则

通过制定统一的建设工程工程量清单计价方法、统一的工程量计量规则、统一的工程量清单项目设置规则,达到规范计价行为的目的。这些规则和办法是强制性的,建设各方面都应该遵守。

②有效控制消耗量

通过由政府发布统一的社会平均消耗量指导标准,为企业提供一个社会平均尺度,避免企业盲目或随意大幅度减少或扩大消耗量,从而达到保证工程质量的目的。

③彻底放开价格

将工程消耗量定额中的工、料、机价格和利润、管理费全面放开,由市场的供求关系自行确定价格。

"企业自主报价"——投标企业根据自身的技术专长、材料采购渠道和管理水平等,制定企业自己的报价定额,自主报价。企业尚无报价定额的,可参考使用造价管理部门颁布的《公路工程预算定额》。

④市场有序竞争形成价格

通过建立与国际惯例接轨的工程量清单计价模式,引入充分竞争形成价格的机制,制定衡量投标报价合理性的基础标准,在投标过程中,有效引入竞争机制,淡化标底的作用,在保证质量、工期的前提下,按国家《招标投标法》有关条例规定,最终以"不低于成本"的合理低价者中标。

针对上述特点不难总结出工程量清单计价的依据主要包括:

a. 工程量清单计价规范规定的计价规则;

b. 政府统一发布的消耗量定额;

c. 企业自主报价时参照的企业定额;

d. 由市场供求关系影响的工、料、机市场价格及企业自行确定的利润、管理费标准。

计价规范是统一工程量清单编制、规范工程量清单计价的国家标准,是调整建设工程工程量清单计价活动中发包人与承包人各种关系的规范性文件。

(2)工程量清单计价特征

工程量清单报价是指在建设工程投标时,招标人依据工程施工图纸,按照招标文件的要求,按现行的工程量计算规则为投标人提供实物工程量项目和技术措施项目的数量清单,供投标单位逐项填写单价,并计算出总价,再通过评标定标,最后确定合同价。工程量清单报价有如下特征。

①工程量清单均采用综合单价形式,综合单价中包括了工程直接费、间接费、利润、税金、风险费等,一目了然,更适合工程的招投标。

②工程量清单报价要求投标单位根据市场行情,自身实力报价,这就要求投标人注重工程单价的分析,在报价中反映出本投标单位的实际能力,从而能在招投标工作中体现公平竞争的原则,选择最优秀的承包商。

③工程量清单具有合同化的法定性,本质上是单价合同的计价模式,中标后的单价一经合同确认,在竣工结算时是不能调整的,即量变价不变。

④工程量清单报价详细地反映了工程的实物消耗和有关费用,因此易于结合建设项目的具体情况,变以预算定额为基础的静态计价模式为将各种因素考虑在单价内的动态计价模式。

⑤工程量清单报价有利于招投标工作,避免招投标过程中有盲目压价、弄虚作假、暗箱操作等不规范行为。

⑥工程量清单报价有利于项目的实施和控制,报价的项目构成、单价组成必须符合项目实施要求,工程量清单报价增加了报价的可靠性,有利于工程款的拨付和工程造价的最终确定。

⑦工程量清单报价有利于加强工程合同的管理,明确承发包双方的责任,实现风险的合理分担,即量由发包方或招标方确定,工程量的误差由发包方承担,工程报价的风险由投标方承担。

⑧工程量清单报价将推动企业编制自己的企业定额,提高自己的工程技术水平和经营管理能力。

(3)工程量清单计价作用

①规范建设市场秩序。实行工程量清单计价,是规范建设市场秩序,适应社会主义经济发展的需要。

工程量清单计价是市场形成工程造价的主要形式,工程量清单计价有利于发挥企业自主报价的能力;有利于规范业主在招标中的行为,有效避免招标单位在招标中盲目压价的行为,从而真正体现公开、公平、公正的原则,适应市场经济规律。

②促进建设市场。实行工程量清单计价,是促进建设市场有序竞争和健康发展的需要。工程量清单招标投标,对招标人来说由于工程量清单是招标文件的组成部分,招标人必须编制出准确的工程量清单,并承担相应的风险,促进招标人提高管理水平。由于工程量清单是公开的,将避免工程招标中弄虚作假、暗箱操作等不规范的行为。对投标人来说,要正确进行工程量清单报价,必须对单位工程成本、利润进行分析,精心选择施工方案,合理组织施工,合理控制现场费用和施工技术措施费用。此外,工程量清单对保证工程款的支付、结算都起到重要作用。

③利于职能转变。实行工程量清单计价,有利于工程造价政府管理职能的转变。实行工程量清单计价,将过去由政府控制的指令性定额计价转变为制定适宜市场经济规律需要的工程量清单计价方法,由过去政府直接干预转变为对工程造价依法监督,有效的加强政府对工程造价的宏观控制。

④适应国际市场。工程量清单计价是国际通行的计价办法,实行工程量清单计价,有利于提高国内建设各方主体参与国际化竞争的能力。

2.1.3 工程量清单计价编制依据

(1)招标文件(合同条件、技术规范、图纸及工程量清单)

报价时招标文件各部分的优先次序应是:合同专用条款及数据表(含招标文件补遗书中与此有关的部分)优先于合同通用条款;工程量清单中的工程数量(含招标文件补遗书中与此有关的部分)优先于图纸中的工程数量;工程量清单中项目划分、计量与技术规范相结合。

合同条件一般也称合同条款,它是合同中商务条款的重要组成部分。合同条件主要是论述在合同执行中,当事人双方的职责范围、权利和义务、监理工程师的职责和授权范围,遇到各类问题(诸如工程、进度、质量、检验、支付、索赔、争议、仲裁等)时,各方应遵循的原则及采取的措施等。

规范、图纸和工程量清单三者都是投标人在投标时必不可少的资料,因为依据这些资料,投标人才能拟定施工规划,包括施工方案、进度计划、施工工艺等,并据之拆分工程量、进行工程估价和确定投标价。

招标图纸是招标文件和合同的重要组成部分,这些资料具体地规定了兴建工程的形式、内容、地质情况、结构尺寸、施工技术要求等,是投标人在拟订施工组织方案,确定施工方法以至提出替代方案,计算投标报价时必不可少的资料。

(2)工程所在地的地质、地貌、水文和气候条件

工程所在地的地质、地貌、水文和气候条件都对施工组织设计产生影响,进而影响工程造价。

(3)施工组织设计资料

对施工期限、施工方法、机械化程度,以及大型构件预制场、路面混合料拌和场、材料堆放地点、临时工程的位置和临时占用土地数量等,都应作出明确而具体的规定,而这些资料是计算辅助工程数量、临时工程数量、套用预算定额和计算有关费用的重要依据。

(4)公路工程预算定额

预算定额不仅是计算建设项目的人工、材料、机械台班消耗量的主要依据和标准,而且是计算和确定工程量的主要依据。

使用公路工程预算定额确定工料机消耗量需要将工程内容与定额工作内容对照以确定是直接套用单个定额;或若干定额子目组合;或定额抽换;或补充定额。

(5)人工、材料、机械台班预算价格

人工、材料、机械台班预算价格,以及据以计算这些价格的工资标准、材料供应价、运价、机械台班费用定额、养路费等,都是编制预算的基础资料。

人工、材料、机械台班预算价格是影响报价的关键因素,目前一般采用"指导价或市场价"原则,即人工工日单价执行地区或行业规定的人工工日单价的指导价格,机械台班执行地区或行业统一工程机械台班费用定额的机械台班分析价或租赁价(标底一般用前者),材料价格采用业主规定的供应价或市场调查供应价分析出来的到工地材料价格。

(6)其他工程费、间接费等各项综合取费标准

所谓综合取费标准指其他工程费、间接费、利润、税金的取费标准,除税金和规费采用国家规定的法定费率以外的各项费用都是可以根据工程特点、企业经营管理水平和市场竞争状况综合取定,即采用"竞争费"原则。

(7)工程量计量规则和预算编制办法

工程量计量规则包括两个方面的含义:一是根据施工设计图纸资料如何计算工程量;二是按预算定额的内容要求如何正确计取工程量,两者都是编制预算时,必须严格遵守的规则。预算编制办法除规定了各种费率标准外,还对组成预算文件的各种计算表格和计价程序,都作出了十分明确的规定。投标时还应依据各省概、预算编制补充规定。

(8)有关的文件和规定

凡与编制预算有关的中央和地方的有关文件和规定,以及在外业调查中所签订的各种协议和合同都是编制预算的重要依据。

2.1.4 工程量清单计价费用组成

报价费用是以招标文件合同条件、技术规范、设计图纸及工程造价计算资料为基础,按招标文件中的工程量清单形式所列的完成该标段全部工程所需的各种费用。

一个项目的投标报价应由以下三个部分组成:

(1) 施工成本（包括直接成本）。即概预算建安工程费用中的工、料、机等直接工程费、其他工程费、间接费等各项费用。

(2) 利润和税金。税金是由国家统一征收的费用，利润是根据本项目的具体情况和公司的利润目标制定的。

(3) 风险费用。即根据合同约定在各种风险发生后需由承包人承担的风险损失。

对于以单价为结算依据的合同（通常称单价合同），投标人报出的各工程细目的单价同总报价的费用内容大体相当，也应包括施工成本、利润和税金、风险费用三部分。"工程量清单说明"第3条规定："除非合同另有规定，工程量清单中有标价的单价和总额价均已包括了为实施和完成合同工程所需的劳务、材料、机械、质检（自检）、安装、缺陷修复、管理、保险（工程一切险和第三方责任险除外）、税费、利润等费用，以及合同明示或暗示的所有责任、义务和一般风险"。因此，报价计算时计价细目单价中应包含建安工程全部费用，即现行《编制办法》中的直接工程费、其他工程费、间接费、利润、税金及建设期间的物价上涨费，另外，如果合同中要求承包人办理保险，则单价中还应包含保险费。

当前，公路工程标价计算一般是依据交通部颁布的《编制办法》和《公路工程预算定额》以及招标文件提供的工程量清单和有关规定，结合工程项目所在地的人工、材料、机械设备等市场行情及有关物价指数来进行计算的。

总报价与各计价细目综合单价的关系式如下：

总报价＝（单项包干项目）总额价＋Σ（计价细目工程量×计价细目综合单价）＋计日工＋（不可预见费的）暂定金额

式中，（单项包干项目）总额价是无法以单价计量的细目，如第100章中的驻地建设、监理设施、临时道路、桥梁检测等，并以一次或分期按百分比支付的方式予以计量支付。

计价细目综合单价＝计价细目预算单价＋计价细目摊入单价

摊入单价考虑的因素包括：未列入第100章总则中的临时工程费、保险费、供电贴费、工程造价增长费、技术复杂程度和地形地质条件造成的施工难度增加因素、工期质量要求等因素。

2.1.5 工程量清单计价与工程招投标、工程合同管理的关系

工程量清单计价虽然只是一种计价模式的改变，但其影响却不仅仅在于工程造价的计算方法和计算过程，这一计价模式的改革必然对招投标制度和工程合同管理体系带来深远的影响。

(1) 工程量清单计价与工程招投标

从严格意义上说，工程量清单计价作为一种独立的计价模式，并不一定用在招投标阶段，但在我国目前的情况下，工程量清单计价作为一种市场定价模式，主要在工程项目的招投标过程中使用，而估算、概算、预算的编制依然沿用过去的计算方法。因此，工程量清单计价方法又时常被称为工程量清单招标。

(2) 工程量清单计价与合同管理

在招投标阶段运用工程量清单计价办法确定的合同价格需要在施工过程中得到实施和控制，因此，工程量清单计价方法对于合同管理体制将带来新的挑战和变革。

① 工程量清单计价制度要求采用单价合同的合同计价方式。在现行的施工承包合同中，按计价方式的不同主要有总价合同与单价合同两种形式。总价合同的特点是总价包干、按总价办理结算，它只适用于施工图纸明确、工程规模较小且技术不太复杂的工程。在这种情况下，合同管理的工作量较小，结算工作也十分简单，且便于进行投资控制。单价合同的特点是

合同中各工程细目的单价明确,施工单位完成的工作量要通过计量来确定,单价合同在合同管理中具有便于处理工程变更及施工索赔的特点,且合同的公正性及可操作性相对较好。工程量清单是一份与技术规范相对应的文件,其中详细地说明了合同中需要或可能发生的工程细目及相应的工程量,可用于作为办理计量支付和结算的依据。因此,工程量清单计价制度必须配套单价合同的合同计价方式,当然最常用的还是固定合同单价的形式,即在工程结算时,结算单价按照投标人的投标价格确定,而工程量则依照实际完成的工程量结算,这是因为工程量清单中的工程量是由招标人提供的。因此,工程量变动的风险应该由招标人承担。

②工程量清单计价制度中工程量计算对合同管理的影响。由于工程量清单中所提供的工程量是投标单位投标报价的基本依据,因此其计算的要求相对较高,在工程量的计算工程中,要做到不重不漏,更不能发生计算错误,否则会带来下列问题。

a. 工程量的错误一旦被施工单位发现和利用,则会给建设单位带来损失。

b. 工程量的错误会引发其他施工索赔。施工单位除通过不平衡报价获取了超额利润外,还可能提出索赔。例如,由于工程数量增加,施工单位的开办费用(如施工队伍调遣费、临时设施费等)不够开支,可能要求建设单位赔偿。

c. 工程量的错误还会增加变更工程的处理难度。由于施工单位采用了不平衡报价,所以当合同发生设计变更而引起工程量清单中工程量的增减时,会使得工程师不得不和建设单位及施工单位协商确定新的单价,对变更工程进行计价。

d. 工程量的错误会造成投资控制和造价管理的困难。由于合同的预估金额通常是根据投标报价加上适当的预留费后确定的,工程量的错误还会造成项目管理中投资控制的困难和概算追加的难度。

2.1.6 概预算计算软件的应用

前面介绍的内容都是建立在手工计算的基础上,编制一份造价文件费时费工,最耗费工作量的就是材料、机械台班的计算。2008年3月,交通部已通过招标的形式确定可行的公路工程造价管理软件系统。有了这些可用的软件后,计算速度和准确率均有大幅度提高。软件系统应建立定额和材料价格数据库,设置材料运输的起讫地点,免去逐个材料录入的麻烦,将其导入到造价文件中,批量进行计算,大大提高编制、审核的效率。

软件系统可以对项目级的工、料、机汇总(即汇总多个造价文件的工料机),提供多种查询条件,查询所需的工、料、机信息,可以批量调整不同造价文件的材料价格,一次完成所有造价文件的工、料、机分析计算工作。

同时软件系统还应有汇总报表,包括编制和审核汇总报表。并批量打印的功能。本书以公路造价中常用的同望造价软件为平台对造价软件进行介绍。

(1)系统操作界面介绍

①项目管理界面

用户登录后,首先进入的是项目管理界面,如图4-1。用户可在此界面新建建设项目、子项目和造价文件的操作,并确认相应的项目信息。从8.2.2版本开始,软件增加了项目导航栏,能够实现对项目的快速定位切换。项目导航栏可以通过点击项目按钮激活或隐藏,也可以随便改变大小及摆放位置。具体界面如图4-2。

②预算书界面

选择项目节点下的造价文件,打开造价文件进入预算书界面。用户需在此界面添加工程细目,并根据自身项目特点及相应施工组织设计,采用套取定额、列计算公式等造价编辑操作。

图 4-1 用户登录界面

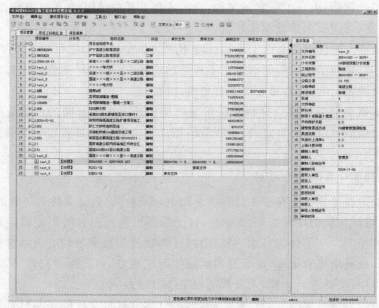

图 4-2 项目管理界面

从 8.2.2 版本开始,软件增加了项目导航栏(功能同项目管理界面)、工料机库栏、标准模板栏、分项模板栏、定额库栏(均可通过相应按钮激活及隐藏,也可随意改变大小及摆放位置),另一个重要的改变就是增加了预算书结构树,可以通过该树快速定位到关注的项、目、节,双击选定的项、目、节还可以使预算书结构及定额界面中只显示该部分的结构及定额,具体界面如图 4-3。

③工料机汇总界面

用户需在该界面进行工料机价格的录入和查询工作。如图 4-4。

可以通过材料价计算窗口对材料价格进行计算。如图 4-5。

可以通过机械费分析窗口对机械费用进行分析。如图 4-6。

④取费程序界面

用户需在此界面进行费用项目的取费设置。如图 4-7。

⑤报表界面

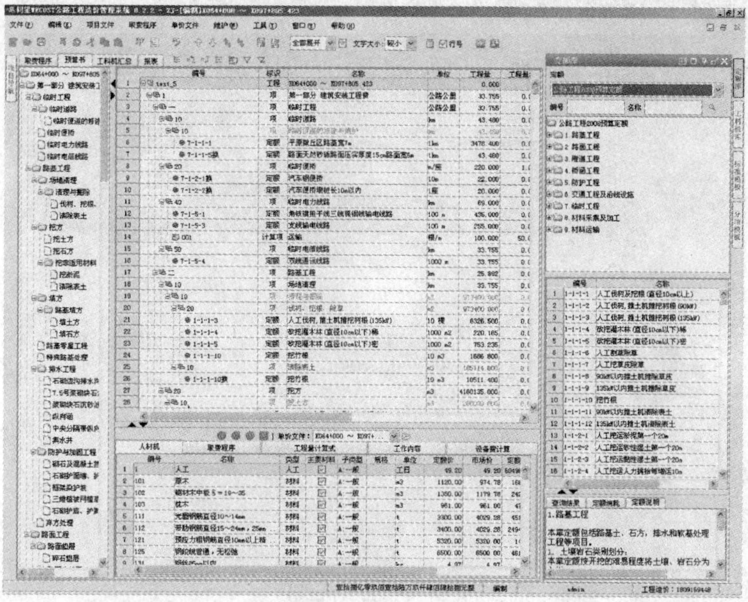

图 4-3 预算书界面

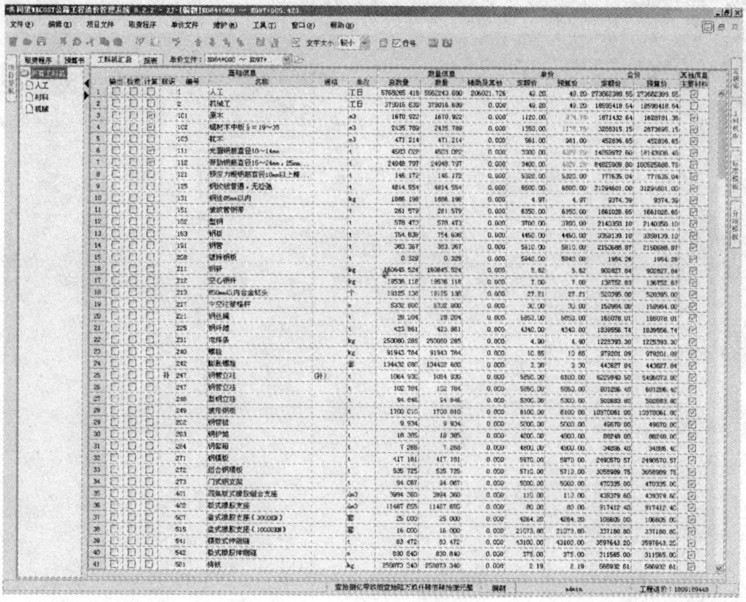

图 4-4 工料机汇总界面

在报表界面,用户可以根据需要查看、调整、导出或打印报表。如图 4-8。

(2)造价编制流程。

如图 4-9、图 4-10。

(3)编制造价文件(见图 4-11)

①新建建设项目、造价文件

在「项目管理」界面,按照图纸及项目汇总时的逻辑关系,创建××项目树,在末梢节点编制预算文件。

a. 新建建设项目

b. 新建子项目

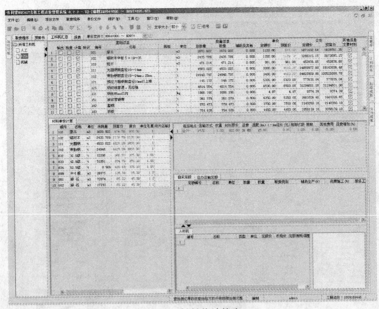

图 4-5　材料价计算窗口

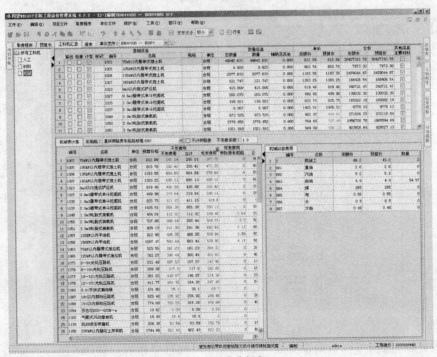

图 4-6　机械费分析窗口

c.新建造价文件,设置文件基本信息

新建造价文件时,需要选择计价依据。目前软件提供了公路工程可行估算、建议估算、概算、预算、清单等计价依据。

②增加标准项

造价文件创建好后,打开进入「预算书」界面。

a.从标准项目表中选择增加标准工程项目;

b.增加用户补充的非标准项目;

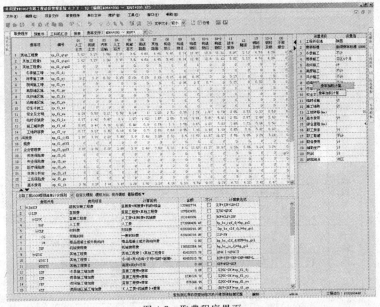

图 4-7 取费程序界面

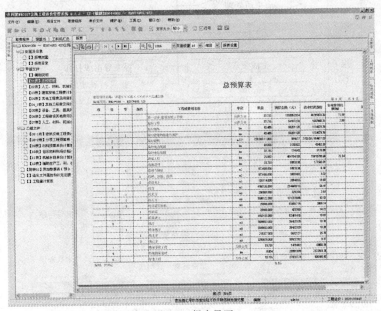

图 4-8 报表界面

c. 输入项目的工程量

操作提示:

a. 在增加标准项目时,软件按项、目、节(或清单项)代号自动排列 WBS 层次和位置;

b. 可以使用工具栏的 来调整 WBS 的层次和位置;

③选套定额(调整)

在「预算书」界面选套定额。选套方式:

a. 直接录入定额号,回车输入工程量;

b. 从定额库中选择增加定额子目,而后输入工程量;

c. 从分项模板中批量增加定额子目,而后输入工程量;

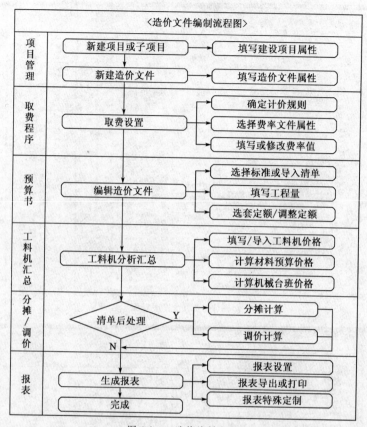

图 4-9 造价编制流程

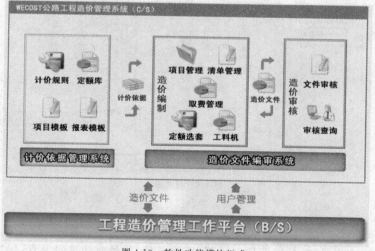

图 4-10 软件功能模块组成

操作提示：

a. 工程量格可以直接输入计算式；若有多条计算式，在「预算书/工程量计算式」窗口增加；

b. 默认按自然单位输入工程量，软件会将输入的工程量根据定额单位自动换算；

c. 选套定额时，软件根据定额内容自动带入取费类别。若不合适，用户可以更改。

d. 输入的定额号在定额库中没有，软件会直接添加为用户补充定额，定额号前软件统一加 LB-；

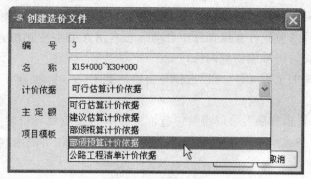

图 4-11 创建造价文件

e.在「预算书/工料机」窗口,增加用户补充定额的工料机消耗。可以直接增加补充工料机,也可以从工料机库中选择(如图 4-12);

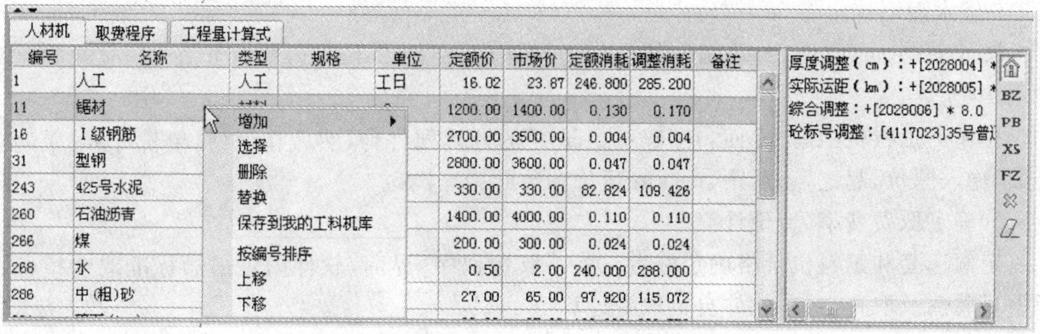

图 4-12 在「预算书/工料机」界面调整定额消耗

f.补充完成的定额,右键菜单"保存到——我的定额库",方便下次调用;

g."Shift"键多选预算书已选套的定额子目,右键菜单"保存到——我的分项模板"方便下次批量选套。

实例:

(a)1-1-11-9 8t 以内自卸汽车运输 1km,实际运距 4km。

操作:选中定额 1-1-11-9,在标准换算窗口打钩"实际运距(km)",输入 4,回车。

(b)4-5-2-5 浆砌片石墙身,M10 水泥砂浆 32.5 水泥换 M7.5 水泥砂浆 42.5 水泥。

操作方法 1:选中定额 4-5-2-5,在标准换算窗口打钩"砂浆标号调整",选择"M7.5 水泥砂浆 42.5 水泥";

操作方法 2:在工料机窗口,点击材料"M10 水泥砂浆 32.5 水泥"编号,替换为"M7.5 水泥砂浆 42.5 水泥"。

(c)2-1-7-7 水泥稳定土厚 15cm 水泥石屑(5:95),配比改为 4:96。

操作:选中定额(2-1-7-7),在配比调整窗口,输入调整比例。

④确定工料机价格

预算书编撰好后,系统自动分析汇总出定额消耗的人工、材料、机械。进入「工料机汇总」界面。

a.手工调整工料机的预算价格;

b.计算部分材料的预算价格;

c.计算机械的台班价格。

操作提示:

a.可以导入收集、整理好的EXCEL价格文件,软件对相同名称、规格、单位的材料价格进行批量修改。批量修改后软件在检查栏中自动标志本预算书中被刷新的工料机价格,提醒预算员对未刷新的材料价格继续核对询价;

b.已经编制完整的造价文件,可以选择导出价格到Excel中,来建立和维护自己的价格库文件;

c.右键菜单"工料机替换",可以将整份造价文件中的A材料批量替换为B材料;

d.右键菜单"工料机反查",可以获得该工料机被含在预算书的哪些项目和定额子目,用量多少;

实例:

a.将"42.5级水泥"批量替换为"32.5级水泥"。

操作:在「工料机汇总」界面,选中材料"42.5级水泥",右键菜单"工料机替换",从库中选"32.5级水泥",确定。

b.碎石(4cm)原价38元/m^3,从江门运至珠海,运距20km,运费1元/t·km,装卸一次,费用10元。

操作:「工料机汇总」界面,在"碎石(4cm)"的计算列打钩,然后在「材料单价计算/采购点」界面,输入原价、起讫点、运距、t·km运价和装卸费,计算。

⑤确定取费费率、造价计算

定额选套和工料机价格确定好后,进入「取费程序」界面,软件内置部颁标准取费模板,选择项目属性及取费参数,软件自行取费计算。

操作提示:

若需要调整取费程序,预算员可以在标准取费模板的基础上自定义模板。自定义模板可以编辑费用项目,修改计算公式,设定不计取费项目,修改费率,定义项目属性及取费参数,保存后可重复利用。

实例:

使用自定义取费模板,人工费整体上调0.5%。

操作:在「取费程序」界面自定义取费模板,如图4-13。修改模板中"人工费"的计算公式。

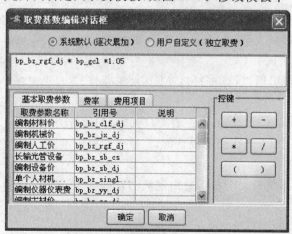

图4-13 取费基数编辑对话框

⑥项目汇总

取费计算完成后,造价文件则编制完成,再返回「项目管理」界面,继续编辑下一份造价文件。

当××公路工程项目的全部造价编制完成后,在项目工料机汇总界面,可以一次性汇总所有分项预算文件的工料机(见图4-14),价格调整与单项预算文件类似。在报表界面可以查看项目级的汇总报表。

操作提示:

a.对于类似项目,预算员可以通过复制粘贴,修改不同项后快速完成。编制单位也可以编一些标准预算,设置为模板预算,通过工程量批量乘系数等功能,方便预算员重复利用,提高编制效率,规范造价编制。

b.鼠标选中项目树上哪级项目,项目汇总报表汇总哪级项目的数据。

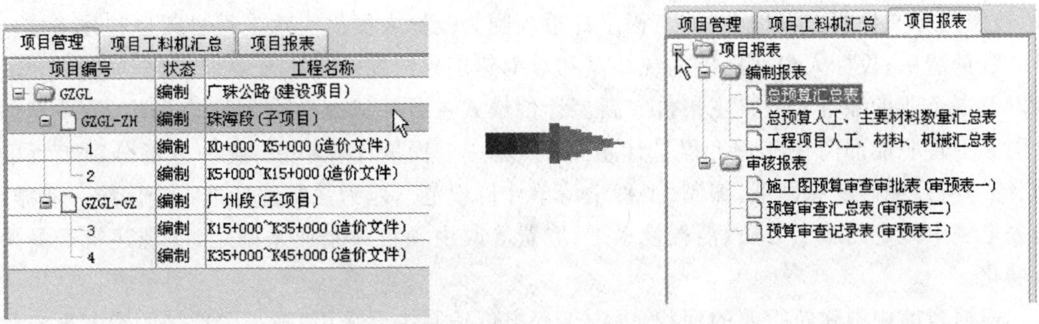

图4-14 项目汇总报表

⑦输出报表(见图4-15)

a.直接打印单种报表;

b.连续打印项目各种报表;

c.输出为 EXCEL、WORD、或 HTML 文件,进一步修改。

图4-15 连续打印项目报表

由于篇幅限制,在本项目中仅仅介绍同望造价软件的基本操作,至于其他的一些操作,例如工程量清单的导入、分摊、调价等,在上机操作时再详细介绍。

2.2 任务描述

工程量清单计价过程可以分为两个阶段:工程量清单格式的编制和利用工程量清单来编制招标标底和投标报价。招标标底是建设单位根据自身掌握的信息资料,依据一定的价格计算原则计算出来的工程项目预估价。投标报价是在建设单位提供的工程量清单的基础上，根据企业自身所掌握的各种信息、资料，结合企业定额编制得出的。

工程量清单计价方式，是在建设工程招投标中，招标人自行或委托具有资质的中介机构编制反映工程实体消耗和措施性消耗的工程量清单，并作为招标文件的一部分提供给投标人，由投标人依据工程量清单自主报价的计价方式。在工程招标中采用工程量清单计价是国际上较为通行的做法。

2.3 任务分析

工程量清单计价按照"量价分离"原则，在建设工程施工招投标时，招标人依据工程施工图纸、按照招标文件要求，以统一的工程量计量规则为投标人提供实物工程量项目和技术措施项目的数量清单；投标人根据提供的统一量和对拟建工程情况的描述及要求，结合项目、市场、风险以及本企业的综合实力自主报价。新型计价模式主导原则是"定额量、市场价、竞争费"，即由国家主管职能部门在统一工程量计量规则、统一工程量计算单位、统一分部分项工程的划分、统一项目编码的原则下，编制《工程量清单计价规范》，作为强制性标准在全国统一实施，把过去定额中规定的施工方法、消耗量水平、取费等改由项目或企业来确定，实现建筑产品价格市场化。

根据当前中国建筑行业的现状，国内工程报价编制主要采用"施工图预算的编制方法和工程量清单的格式"，工程量清单计价流程包括清单工程量拆分、正常估价、报价决策三个阶段：

(1)清单工程量拆分。在充分理解招标文件和进行现场考察基础上，根据工程量清单、招标图纸、计量与支付条款、预先拟订的初步施工组织方案、工料机消耗量标准（预算定额或企业定额），对业主提供的工程量进行拆分，以达到能够套用工料机消耗量标准和取定综合费率的程度。

(2)计算初步投标价并测算标价"上限"与"下限"。根据工程量拆分的结果、调查的工料机资源的市场价格，结合本公司施工管理水平测算的综合取费水平并参照本公司以往的经验，进行单价分析，确定表中每个工程细目的综合单价或(单项包干项目)总额价，再将业主提供的工程细目工程量与所分析确定的工程细目综合单价相乘，加上总额价、暂定金额等汇总为各工程细目的"合价"以及整个工程的投标报价。计算工程细目和总额价时的步骤与施工图预算相似，只是施工图预算的目的在于得到工程总价，而投标报价时的重点是分析工程细目单价或包干价。

根据该行业或地区工程造价计价办法以及通过市场询价确定的工程所在地工、料、机价格水平和综合费率水平，确定出的反映社会平均水平的工程预算价格（包括各项预算费用和分摊费用），作为"模拟标底"，从而确定出标价的上限；根据本企业技术装备、管理水平和成本降低措施，测算本企业完成该工程的最低保本点，即为标价的下限。

(3)报价决策，确定最终总标价。在前面所测算的标价的"上限"与"下限"之间的决策区间中，根据所掌握的业主及其他投标单位的信息适当调整其他工程费、间接费、利润等取费，以使总标价更有竞争力。

并且要充分利用报价技巧，进行"单价重分配（或不平衡报价）"。当投标人的总标价水平确定后，还要采用"单价重分配"的方法来调整单价，以期在工程结算时取得最好的经济效益。

工程量清单是招标人或招标代理人依据建设工程设计图纸、工程量清单计量规则、一定的计量单位和技术标准计算所得的构成工程实体各分部分项的、可供编制标底和投标报价的实物工程量的汇总清单表。工程量清单是业主编制标底或参考价的依据,也是投标人编制投标报价的依据。工程量清单体现招标人要求投标人完成的工程项目及其相应工程实体数量的列表,反映全部工程内容以及为实现这些内容而进行的其他工作。

投标后的工程量清单还是合同中各工程细目的单价及合同价格表,因此是合同的重要组成部分,是计量支付的重要依据之一。

工程量清单计价是指招标标底、投标报价的编制、合同价款确定与调整、工程结算以招标文件中的工程量清单为依据进行的工程造价的确定与控制的总称,工程量清单计价以清单中的计价工程细目作为基本单元。

2.4 任务实施

2.4.1 计算工程量,编制"报价原始数据表"

(1)工程量拆分的原因

由于工程量清单是业主或其委托的造价工程师参考现行《公路工程国内招标文件范本》中工程细目划分原则,依据"成品、实体、净数量"的原则,将图纸中的比较细的工程量根据《招标文件(技术规范)》中的"计量与支付"细则汇总编制的。因此,清单中的每个计价工程细目的综合度比较大。比如"结构混凝土"的工程细目是分"基础结构"、"下部结构"、"上部结构"、"附属结构"的不同部位及不同混凝土强度等级汇总的工程量,且不含灌注桩桩身混凝土、预制上部结构混凝土、桥面铺装混凝土。作为投标报价人员首先要将清单计价工程细目"还原",找到计价工程细目与图纸中的设计工程量之间的对应关系("一"对"多"的关系)。另外,还要将工程量调整成能套用工程定额的程度,因为属于同一结构部位(如下部结构)的同一强度等级混凝土结构所需的工料机消耗不同(比如"C30 圆柱式墩身混凝土"与"C30 盖梁混凝土"),事实上在预算定额中对不同分项结构工程(如墩身混凝土和盖梁混凝土)分别编列定额子目。

工程量拆分的目的是在对每个计价工程细目进行单价分析时列算的预算工程量,包括在图纸设计工程量基础上综合得到的工程实体工程量,又包含计价范围内必要的施工措施工程量,列出的这两种工程量都必须与定额子目口径一致,这也正是贯彻了造价计算的"不重不漏"原则。

但要明确并不是每一个项目都要进行分解,只有对那些综合项目分解才有意义,才是必要的。所谓综合项目,就是清单中一个编号项目中,含有两个及两个以上的定额子目。

总之,工程量清单拆分的目的,从总体上来说是为了计算出相对准确的综合单价。

(2)拆分的方法量计算工程量,编制"报价原始数据表"

分解的依据是计量与支付细则、招标图纸、拟采用的施工方案、工料机消耗量标准等因素。

工程量清单复核无误以后,接着应以工程量清单的每一个工程细目作为一个项目,根据招标图纸、拟定的施工方案、预算定额、技术规范计量与支付,考虑其由几个定额细目组成,并计算这几个定额细目的工程量。在拆分工程量时需注意初始清单工程量、预期计量和预算工程量的关系。

按四种工程量确定的时间先后顺序,最先确定设计工程量,其次是报价工程量,最后是预算工程量和预期计量工程量。编制"报价原始数据表"。

2.4.2 以工程量清单所列计价工程细目为单元,初编"08-2表"

根据已填好的"报价原始数据表",确定每个需进行单价分析的计价工程细目作为 08-2 表的编制单元。分别在每个编制单元的 08-2 表中填列:

(1)编制范围、工程名称。

(2)工程项目(定额子目所在"定额项目表"名称)、工程细目(预算定额子目名称)、定额单位、工程数量、定额表号。

(3)各定额子目工料机名称、单位、定额消耗量及基价等栏。如果某材料或机械台班的定额消耗量需进行抽换(换算),应以抽换后的定额工料机名称及数量等数据填入,并对定额基价进行同步调整。当然,根据新的公路工程造价计价办法,"定额基价"不作为其他工程费或间接费的取费基数,也可在 08-2 表中不显示"定额基价"的信息。

(4)将各定额子目"工程数量"与"定额"相乘,得到"工料机数量"。

2.4.3 工料机基础单价分析

根据初编 08-2 表可知本工程用到了哪些工料机,然后进行工料机基础单价分析,将分析结果汇总到 07 表(工料机单价汇总表),再由 07 表传递到 08-2 表用以计算工料机费。

2.4.4 计算其他工程费、间接费综合费率,编制 04 表

根据工程类别和工程所在地区,取定各项费率,将其他工程费及间接费综合费率计算出来,列于"其他工程费及间接费综合费费率表"(04)表中。其中:

$$\text{其他工程费综合费率(I)} = \text{冬季施工增加费费率} + \text{雨季施工增加费费率} + \text{夜间施工增加费费率} + \text{沿海地区施工增加费费率} + \text{安全文明施工措施费费率} + \text{临时设施费费率} + \text{施工辅助费费率} + \text{工地转移费费率}$$

$$\text{其他工程费综合费率(II)} = \text{高原地区施工增加费费率} + \text{风沙地区施工增加费费率} + \text{行车干扰工程施工费费率}$$

$$\text{规费综合费率} = \text{养老保险费费率} + \text{失业保险费费率} + \text{医疗保险费费率} + \text{住房公积金费率} + \text{工伤保险费费率}$$

$$\text{企业管理费综合费率} = \text{企业管理费基本费率} + \text{主副食运费补贴费率} + \text{职工探亲路费费率} + \text{职工取暖补贴费率} + \text{财务费用费率}$$

2.4.5 计算各计价工程细目的直接工程费、其他工程费、间接费、利润、税金、建安费合计等费用,完成 08-2 表的编制

(1)将 07 表的单价填入 08-2 表中的单价栏,由单价与数量相乘得出人工费、材料费和机械使用费的"金额","金额=工、料、机各项的单价×定额×工程数量",并可纵向计算出各定额子目直接工程费,横向汇总计算出各种工料机的"数量"与"金额"合计值。

(2)将 04 表中各费率填入 08-2 表中的相应栏目,并以相应项目的直接工程费(或人工费与施工机械使用费之和)×规定费率计算,具体计算如下:

其他工程费(I)=直接工程费×其他工程费综合费率(I)

其他工程费(II)=(人工费+施工机械使用费)×其他工程费综合费率(II)

(3)规费按相应项目的人工费×规费综合费率计算。

(4)企业管理费按相应项目的直接费×企业管理费综合费率计算。

(5)利润按相应项目的(直接费+间接费-规费)×利润率计算。

(6)税金按相应项目的(直接费+间接费+利润)×综合税率计算。

2.4.6 建筑安装工程费通过03表计算

(1)将08-2表中各计价工程细目编制单元的直接工程费、其他工程费、间接费、利润、税金、建筑安装工程费等数据汇总填入03表的相应单元格中。

(2)横向合计各计价工程细目编制单元的直接工程费、其他工程费、间接费、利润、税金得到"建安费合计",再以"建安费合计"除以各计价工程细目"预期计量工程量",得到各计价工程细目"综合单价"。

(3)纵向合计各计价工程细目的直接工程费、其他工程费、间接费、利润、建安费,得到整个工程的直接工程费、其他工程费、间接费、利润、税金、建安费合计,完成03表。

2.4.7 编制工程量清单及汇总表

将03表中各计价工程细目对应的"综合单价"与工程量清单工程细目表中的"(清单)工程量"对应相乘得到"合价",再将有关合价汇总,并依据工程量清单说明计算其他有关费用,最后得到各章投标金额和工程量清单汇总表的"投标价"。工程量清单表见表4-12,投标报价汇总表见表4-13。

工程量清单表

表4-12

合同段:某小桥清单报价 标表2

子目号	子目名称	单位	数量	单价	合价
	第400章 桥梁、涵洞				
403—1	基础钢筋				
—a	光圆钢筋	kg	568.000	4.81	2732
—b	带肋钢筋	kg	2360.000	4.81	11352
403—2	下部结构钢筋				
—a	光圆钢筋	kg	2694.000	4.97	13389
—b	带肋钢筋	kg	6450.000	4.97	32057
403—3	上部构造钢筋				
—a	光圆钢筋	kg	14977.000	4.90	73387
—b	带肋钢筋	kg	32370.000	4.90	158613
410—1	基础C25混凝土	m³	285.000	245.59	69993
410—2	下部结构混凝土				
—a	轻型桥台C30混凝土	m³	261.000	441.89	115333
—b	柱式桥墩C30混凝土	m³	68.000	535.94	36444
410—3	上部构造C45混凝土	m³	342.000	715.03	244540
411—2	先张法预应力钢绞线	kg	3141.000	9.67	30373
415—2	C45混凝土桥面铺装	m³	114.000	5477.14	624394
417—3	型钢伸缩缝	m	64.000	480.78	30770
	第400章 合计 人民币 1443378元				

投标报价汇总表 表4-13

合同段:某小桥清单报价 标表1

序号	章次	科 目 名 称	金额(元)
1	400	桥梁、涵洞	1443378
2		第100章至第700章合计	1443378
3		已包含在清单合计中的材料、工程设备、专业工程暂估价合计	
4		清单合计减去材料、工程设备、专业工程暂估价合计	1443378
5		计日工合计	
6		暂列金额(不含计日工总额)	
		投标报价	1443378

2.4.8 实物指标计算

编制预算时还必须编制工程项目的实物消耗量指标,这可通过02表和12表的计算完成。

(1)将09表和10表、11表中的人工、材料、机械消耗量及机械实物消耗量汇总编制辅助生产工料机单位数量表(12表)。

(2)由12表的辅助生产工料机单位数量及机械台班实物消耗量分别与辅助生产的材料数量及机械台班数量相乘得到辅助生产工料机及机械实物量总数量。

(3)汇总08-2表中人工、主要材料、机械台班数量。

(4)计算各种增工数量(冬、雨、夜增工;临时设施用工指标等)。

(5)合计上面(2)、(3)、(4)项中的各项数据得出工程预算的实物数量,并计算定额材料的场外运输损耗数量,即得到02表。

2.4.9 标底价格与投标报价的计算过程基本一致,由下述步骤构成:

(1)计算分部分项工程数量和工程单价。

(2)计算各章节清单合计=$\sum$分部分项工程量×分部分项工程单价。

分部分项工程单价由人工费、材料费、机械费、其他工程费、间接费、利润、税金等组成,并考虑风险费用。

(3)清单合计=$\sum$各章节清单合计。

(4)暂估价小计=$\sum$暂估价。

其中暂估价项目包括材料暂估价、工程设备暂估价和专业工程暂估价。

(5)计日工小计=$\sum$计日工工程量×计日工单价。

单价的构成与分部分项工程单价构成类似。

2.5 归纳总结

在内部计算价确定之后,如何确定对外报价呢?

(1)将内部计算价(即各分项的单价)与行情价进行比较。作为比较的行情价,应是主要竞争对手的价格。比较时,主要是对相同的分项项目的单价进行比较、分析。同一个国家特别是同一个行业编制的标书,其工程数量清单的分项及其内容往往是相同的,有的连编号也是固定不变的,比较时只考虑施工条件的差异,例如,工程量大小不同,材料运距不同,工程难易程度不同等。工程量大而集中,工作效率可以提高;零打碎敲,效率大大降低,成本也就高了。材料运费差较多,就应测算运距增加或减少对价格的影响。工程难易程度不同,如清理场地,有草密集与松散之差,有地形简单与复杂之别,石方工程也有开挖难易之分。此外,交通条件、交通干扰,地区性气候差异也都会对单价有所影响。因此,不能机械地对比。在单价分析对比的基础上,还应对总价进行对比。而且还应预估竞争对手在本次投标中可能采取的策略,即根据获得新工程的迫切性和有利、不利条件,预估其报价水平是否提高或降低。此外,还要预测新的竞争对手,这是所谓"知彼"。

(2)进一步分析自己的初步报价,看是否还有潜力,或者有多大风险。

①施工方案、施工计划是否切实可行。万一出现不利情况,如因天气或其他原因耽误工期,是否可通过必要的加班把工期追回。

②施工机械设备配备是否留有余地。万一机械出了故障,是否有可能尽快修复或就近租用填补空缺。

③选用的施工定额是否有偏高偏低的情况。

④工、料、机和待摊费用的取费是否都有依据,是否可靠。

⑤有否漏项或重复计算之处。

通过逐项分析检查,可以预估风险和潜力大小。

(3)测算一下其他效益指标

①资金占用率

预估需要投入的资金,包括投入已有的施工设备和需要增购的施工设备,还包括需要投入周转金(用于购买工程材料,支付人工费、临时设施及其他间接费)。计算产值资金占用率,对于道路工程,资金占用比例是很高的,特别是在一个新地区开辟的第一个项目,全部新购施工设备,仅固定资金就可能达到甚至超过合同总额,这就要衡量一下公司是否有能力或是否值得投入这样一大笔资金,特别是需要新投入的资金较多时,更要考虑其效益。

②资金回收额

计算本工程可回收的资金额(固定资产折旧费、流动资金回收率、资金贷款利息、利润、上缴管理费等),并预估全部回收时间,以分析资金回收速度。

③资金利润率

预估可获得的利润额与投入资金的比率,评价承接的项目是否符合公司经营的要求。

通过对初步报价的效益评估和潜力(或风险)的分析,同时与市场行情价格比较,再根据公司投标策略,决定是否调整报价,以及调整报价的幅度。

2.6 知识扩展

2.6.1 公路工程投标的步骤

公路工程投标程序见图 4-16。

(1)研究招标文件

资格预审合格,取得了招标文件,即进入投标实战的准备阶段。首要的准备工作是仔细认真地研究招标文件,充分了解其内容和要求,以便安排投标工作的部署,并发现应提请招标单

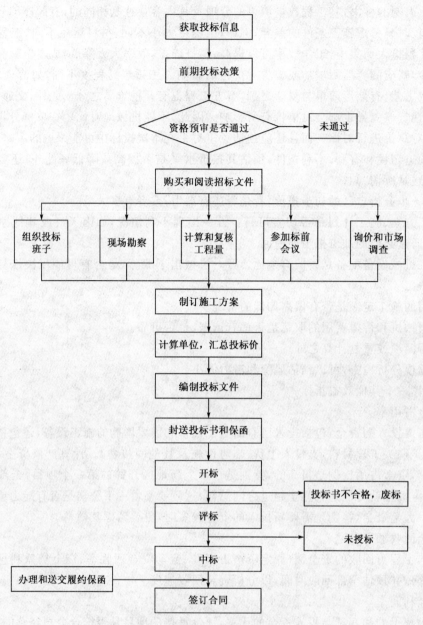

图 4-16 公路工程投标程序图

位予以澄清的疑点。

(2)投标信息的收集与分析

在投标竞争中,投标信息是一种非常宝贵的资源,正确、全面、可靠的信息,对于投标决策起着至关重要的作用。投标信息包括影响投标决策的各种主观因素和客观因素,主要有:

①主观因素:

a.企业技术方面的实力。即投标者是否拥有各类专业技术人才、熟练工人、技术装备以及类似工程经验,来解决工程施工中所遇到的技术难题。

b.企业经济方面的实力。包括垫付资金的能力、购买项目所需新的大型机械设备的能力、支付施工用款的周转资金的多少、支付各种担保费用以及办理纳税和保险的能力等。

c.管理水平。指是否拥有足够的管理人才、运转灵活的组织机构、各种完备的规章制度、完善的质量和进度保证体系等。

d.社会信誉。企业拥有良好的社会信誉,是获取承包合同的重要因素,而社会信誉的建立不是一朝一夕的事,要靠平时的保质、按期完成工程项目来逐步建立。

②客观因素:

a.业主和监理工程师的情况。指业主的合法地位、支付能力及履约信誉情况,监理工程师处理问题的公正性、合理性、是否易于合作等。

b.项目的社会环境。主要是国家的政治经济形势,建筑市场是否繁荣,竞争激烈程度,与建筑市场或该项目有关的国家的政策、法令、法规、税收制度以及银行贷款利率等方面的情况。

c.项目的自然条件。指项目所在地及其气候、水文、地质等对项目进展和费用有影响的一些因素。

d.项目的社会经济条件。包括交通运输、原材料及构配件供应、水电供应、工程款的支付、劳动力的供应等各方面条件。

e.竞争环境。竞争对手的数量,其实力与自身实力的对比,对方可能采取的竞争策略等。

f.工程项目的难易程度。如工程的质量要求,施工工艺难度的高低,是否采用了新结构、新材料,是否有特种结构施工,以及工期的紧迫程度等。

(3)资格预审

能否通过资格预审是承包商投标过程中的第一关。

①应注意资格预审有关资料的积累工作,资料随时存入计算机内,并予整理,以备填写资格预审表格之用。公司的过去业绩与公司介绍最好印成精美图册,此外,每竣工一项工程,宜请该工程业主和有关单位开予证明工程质量良好等的鉴定信,作为业绩的有力证明。

如有各种奖状或ISO9000认证证书等,应备有彩色照及复印件。总之,资格预审所需资料应平时有目的地积累,不能临时拼凑,避免因达不到业主要求,失去一次机会。

②填表时宜重点突出,除满足资格预审要求外,还应能适当地反映出本企业的技术管理水平、财务能力和施工经验。

③在本企业拟发展经营业务的地区,平时注意收集信息,发现可投标的项目,并做好资格预审的准备。当认为本公司某些方面难以满足投标要求时,应考虑与适当的其他施工企业组成联营公司来参加资格预审。

④资格预审表格呈交后,应注意信息跟踪工作,发现不足之处,及时补送资料。

只要参加一个工程招标的资格预审,就要全力以赴,力争通过预审,成为可以投标的合格投标人。

(4)调查研究与现场考察

进行现场考察应从以下几个方面调查了解:

①自然地理条件。主要指施工现场的地理位置、地形、地貌、用地范围;气象、水文情况;地质情况;地震设防烈度;洪水、台风及其他自然灾害情况等。

②市场情况。主要指材料、施工机械设备、燃料、动力和生活用品的供应状况;价格水平与变动趋势;劳务市场状况;银行利率和外汇汇率等情况。

③施工条件。主要包括施工场地四周情况,临时设施、生活住地如何安排;供排水、供电、道路条件、通信设施现状;引接或新修供排水线路、电源、通信线路和道路的可能性和最近的线

路与距离；附近现有工程情况；环境对施工的限制等。

④其他条件。主要指交通运输条件，如运输方式、运输工具与运费；编制报价的有关规定；工地现场附近的治安情况等。

⑤业主情况。主要指业主的资信情况，包括资金来源与支付能力、履约情况、业主信誉等。

⑥竞争对手情况。主要指竞争对手的数量、资质等级、社会信誉、类似工程的施工经验及各竞争对手在承揽该项目竞争中的优势与劣势等。

(5)计算和复核工程量

招标文件中都附有工程量表，投标者应该根据图纸仔细核算工程量，检查是否有漏项或工程量是否正确。如果发现错误，则应通知招标者要求更正。招标者一般是在标前会议上或以招标补充文件的形式予以答复。作为投标者，未经招标者的同意，招标文件不得任意修改或补充，因为这样会使业主在评标时失去统一性和可比性。

当工程量清单有错误，尤其是对投标者不利的情况，而投标者在标书递交之前又未获通知予以更正时，则投标者可在投标书中附上声明函件，指出工程量中的漏项或其中的工程量错误，施工结算时按实际完成量计算；如果是在施工合同签订后才发现工程量清单有错误，招标者一般不允许中标者与业主协商变更合同(包括补充合同)。

有时招标文件中没有工程量清单，而仅有招标用图纸，需要投标者根据设计图纸自行计算工程量，投标者则可根据自己的习惯或招标文件中给定的工程量编制方法，分项列出工程量表。

工程量的大小是投标报价的最直接依据。复核工程量的准确程度，将在如下两个方面影响承包商的经营行为：其一是根据复核后的工程量与招标文件提供的工程量之间的差距，而考虑相应的投标策略，决定报价尺度；其二是根据工程量的大小采取合适的施工方法，选择适用、经济的施工机具设备、投入适量的劳动力人数等。为确保复核工程量准确，在计算中应注意以下方面：

①正确划分分部分项工程项目，与公路预算定额项目一致。

②按一定顺序进行，避免漏算或重算。

③以工程设计图纸为依据。

④结合已定的施工方案或施工方法。

⑤进行认真复核与检查。

在核算完全部工程量表中的细目后，投标者应按大项分类汇总主要工程总量，以便获得对这个工程项目施工规模的全面和清楚的概念，并用以研究采用合适的施工方法，选择适用和经济的施工机具设备。

(6)编制施工规划

①施工规划的内容，一般包括施工方案和施工方法、施工进度计划、施工机械、材料、设备和劳动力计划以及临时生产、生活设施。

②制定施工规划的依据是设计图纸、规范，经复核的工程量，招标文件要求的开工、竣工日期以及对市场材料、机械设备、劳动力价格的调查。

③编制的原则是在保证工期和工程质量的前提下，如何使成本最低，利润最大。

(7)投标报价计算

公路工程投标报价是影响投标人投标成败的关键因素，因此正确合理地编制投标报价非常重要。投标报价是指投标人计算、确定和报送招标工程投标总价的工作。

(8) 投标文件的编制

①投标文件中必须采用招标文件规定的文件表格格式。填写表格时应根据招标文件的要求,否则在评标时就认为放弃此项要求。重要的项目或数字,如质量等级、价格、工期等如未填写,将作为无效或作废的投标文件处理。

②所编制的投标文件"正本"只有一份,"副本"则按招标文件前附表要求的份数提供。正本与副本不一致,以正本为准。

③投标文件应打印清楚、整洁、美观。所有投标文件均应由投标人的法定代表人签署,加盖印章及法人单位公章。

④对报价数据应核对,消除算术计算错误。对各分项、分部工程的报价及报价的单方造价、全员劳动生产率,单位工程一般用料和用工指标、人工费和材料费等的比例是否正常等应根据现有指标和企业内部数据进行宏观审核,防止出现大的错误和漏项。

⑤全套投标文件应当没有涂改和行间插字。如投标人造成涂改或行间插字,则所有这些地方均应由投标文件签字人签字并加盖印章。

⑥如招标文件规定投标保证金为合同总价的某一百分比时,投标人不宜过早开具投标保函,以防泄漏自己一方的报价。

⑦编制投标文件过程中,必须考虑开标后如果进入评标对象时,在评标过程中应采取的对策。

(9) 投标文件的递送

递送投标文件也称递标。是指投标商在规定的投标截止日期之前,将准备妥的所有投标文件密封递送到招标单位的行为。

所有的投标文件必须经反复校核,审查并签字盖章,特别是投标授权书要由具有法人地位的公司总经理或董事长签署并盖章;投标保函在保证银行行长签字盖章后,还要由投标人签字确认。然后按投标须知要求,认真细致地分装密封包装起来,由投标人亲自在截标之前送交招标的收标单位;或者通过邮寄递交。邮寄递交要考虑路途的时间,并且注意投标文件的完整性,一次递交,不可因迟交或文件不完整而作废。

有许多工程项目的截止收标时间和开标时间几乎同时进行,交标后立即组织当场开标。迟交的标书即宣布为无效。因此,不论采用什么方法送交标书,一定要保证准时送达。对于已送出的标书若发现有错误要修改,可致函发紧急电报或电传通知招标单位,修改或撤销投标书的通知不得迟于招标文件规定的截标时间。总而言之,要避免因为细节的疏忽与技术上的缺陷使投标文件失效或不利于中标。

至于招标者,在收到投标商的投标文件后,应签收并通知投标商已收到其投标文件,并记录收到日期和时间;同时,在收到投标文件到开标之前,所有投标文件均不得启封,并应采取措施确保投标文件的安全。

(10) 准备备忘录提要

招标文件中一般都明确规定,不允许投标者对招标文件的各项要求进行随意取舍、修改或提出保留,但是在投标过程中,投标者对招标文件反复深入地进行研究后,往往会发现很多问题,这些问题大体可分为三类:

第一类是对投标者有利的,可以在投标时加以利用或在以后提出索赔要求的,这类问题投标者一般在投标时是不提的。

第二类是发现的错误明显对投标者不利的,如总价包干合同工程项目漏项或是工程量偏少,这类问题投标者应及时向业主提出质疑,要求业主更正。

第三类是投标者企图通过修改某些招标文件的条款或是希望补充某些规定,以使自己在合同实施时能处于主动地位的问题。

上述问题在准备投标文件时应单独写成一份备忘录提要,但这份备忘录提要不能附在投标文件中提交,只能自己保存。第三类问题留待合同谈判时使用,也就是说,当该投标使业主感兴趣,业主邀请投标者谈判时,再把这些问题根据当时情况,一个一个地拿出来谈判,并将谈判结果写入合同协议书的备忘录中。

总之,在投标阶段除第二类问题外,一般少提问题,以免影响中标。

2.6.2 公路工程投标报价决策

(1)投标决策的内容

决策是指为实现一定的目标,运用科学的方法,在若干可行方案中寻找满意的行动方案的过程。

投标决策即是寻找满意的投标方案的过程。其内容主要包括如下三个方面:

①针对项目招标决定是投标或是不投标。一定时期内,企业可能同时面临多个项目的投标机会,受施工能力所限,企业不可能实现所有的投标机会,而应在多个项目中进行选择;就某一具体项目而言,从效益的角度看有盈利标、保本标和亏损标,企业需根据项目特点和企业现实状况决定采取何种投标方式,以实现企业的既定目标,诸如:获取盈利,占领市场,树立企业新形象等。

②倘若去投标,决定投什么性质的标。按性质划分,投标有风险标和保险标。从经济学的角度看,某项事业的收益水平与其风险程度成正比,企业需在高风险的高收益与低风险的低收益之间进行抉择。

③投标中企业需制定如何采取扬长避短的策略与技巧,达到战胜竞争对手的目的。投标决策是投标活动的首要环节,科学的投标决策是承包商战胜竞争对手,并取得较好的经济效益与社会效益的前提。

(2)项目决策分析

投标人要决定是否参加某项目工程的投标,首先要考虑当前经营状况和长远经营目标;其次要明确参加投标的目的;然后分析中标可能性的影响因素。

建筑市场是买方市场,投标报价的竞争异常激烈,投标人选择投标与否的余地非常小,或多或少地存在着经营状况不饱满的情况。一般情况下,只要接到招标人的投标邀请,承包人都积极响应参加投标。这主要是基于以下考虑:首先,参加投标项目多,中标机会也多;其次,经常参加投标,在公众面前出现的机会也多,能起到广告宣传的作用;第三,通过参加投标,可积累经验,掌握市场行情,收集信息,了解竞争对手的惯用策略;第四,投标人拒绝招标人的投标邀请,可能会破坏自身的信誉,从而失去以后收到投标邀请的机会。

当然,也有一种理论认为有实力的投标人应该从投标邀请中选择那些中标概率高、风险小的项目投标,即争取"投一个、中一个、顺利履约一个"。这是一种比较理想的投标策略,在激烈的市场竞争中很难实现。

投标人在收到招标人的投标邀请后,一般不采取拒绝投标的态度,但有时投标人同时收到多个投标邀请,而投标资源有限,若不分轻重缓急地把投标资源平均分布,则每一个项目中标的概率都很低。这时承包人应针对各个项目的特点进行分析,合理分配投标资源,投标资源一般可以理解为投标编制人员和计算机等工具,以及其他资源。不同的项目需要的资源投入量不同,同样的资源在不同的时期不同的项目中价值也不同。投标人必须积累大量的经验资料,通过归纳总结和动态分析,才能判断不同工程的最小最优投标资源投入量。通过最小最优投标资源投入量的分析,可以取舍投标项目。对于投入大量的资源,中标概率仍极低的项目,应果断地放弃,以免浪费投标资源。

(3)投标报价策略

投标时,根据投标人的经营状况和经营目标,既要考虑自身的优势和劣势,也要考虑竞争的激烈程度,还要分析投标项目的整体特点,按照工程的类别、施工条件等确定报价策略。

①生存型报价策略。如投标报价以克服生存危机为目标而争取中标时,可以不考虑其他因素。第一,由于社会、政治、经济环境的变化和投标人自身经营管理不善,都可能造成投标人的生存危机,这种危机首先表现在由于经济原因,投标项目减少;第二,政府调整基建投资方向,使某些投标人擅长的工程项目减少,这种危机常常是危害到营业范围单一的专业工程投标人;第三,如果投标人经营管理不善,会存在投标邀请越来越少的危机,这时投标人应以生存为重,采取不盈利甚至赔本也要夺标的态度,只要能暂时维持生存渡过难关,就会有东山再起的希望。

②竞争型报价策略。投标报价以竞争为手段,以开拓市场、低盈利为目标,在精确计算成本的基础上,充分估计各竞争对手的报价目标,用有竞争力的报价达到中标的目的。投标人处在以下几种情况下应采取竞争型报价策略:经营状况不景气,近期接收到的投标邀请较少;竞争对手有威胁性;试图打入新的地区;开拓新的工程施工类型;投标项目风险小,施工工艺简单、工程量大、社会效益好的项目;附近有本企业其他正在施工的项目。

③盈利型报价策略。这种策略是投标报价充分发挥自身优势,以实现最佳盈利为目标,对效益较小的项目热情不高,对盈利大的项目充满自信。下面几种情况可以采用盈利型报价策略,如投标人在该地区已经打开局面、施工能力饱和、信誉度高、竞争对手少、具有技术优势并对招标人有较强的名牌效应、投标人目标主要是扩大影响,或者施工条件差、难度高、资金支付条件不好、工期质量等要求苛刻、为联合伙伴陪标的项目等。

(4)投标报价分析决策

①报价分析。初步报价提出后,应当对这个报价进行多方面分析。分析的目的是探讨这个报价的合理性、竞争性、盈利及风险,从而做出最终报价的决策。分析的方法可以从静态分析和动态分析两方面进行。

a.首先,进行报价的静态分析。先假定初步报价是合理的,再分析报价的各项组成及其合理性。

b.其次,进行报价的动态分析。通过假定某些因素的变化,测算报价的变化幅度,特别是这些变化对报价的影响。对工程中风险较大的工作内容,采用扩大单价,增加风险费用的方法来减少风险。

c.最后,进行报价的决策。

②报价决策的依据。作为决策的主要资料依据应当是投标人自己的造价人员编制的计算书及分析指标,其他信息只作参考。因此,投标人应以自己的报价资料为依据进行科学分析,做出恰当的投标报价决策,才不会落入市场竞争的陷阱。

③在利润和风险之间做出决策。由于投标情况纷繁复杂,计价中碰到的情况并不相同,很难事先预料。一般说来,报价决策并不是干预造价工程师的具体计算,而是应当由决策人与造价工程师一起,对各种影响报价的因素进行恰当的分析,并做出果断的决策。不仅要对计价时

提出的各种方案、价格、费用、分摊系数等予以审定和进行必要的修正,决策人还要全面考虑期望的利润和承担风险的能力。风险和利润并存于工程中,投标人应当尽可能避免较大的风险,采取措施转移、防范风险并获得一定的利润。降低投标报价有利于中标,但会降低预期利润、增大风险。决策者应当在风险和利润之间进行权衡并做出选择。

④根据工程量清单做出决策。招标人在招标文件中提供的工程量清单,是按未进行图纸会审的图纸和规范编制的,投标人中标后随工程的进展常常会发生设计变更,从而发生价格的变更。有时投标人在核对工程量清单时,会发现工程量有漏项和错算的现象,为投标人计算综合单价带来不便,增大投标报价的风险。但是在投标时,投标人必须严格按照招标人的要求进行。如果投标人擅自变更,招标人将拒绝接受该投标人的投标书。因此,有经验的投标人即使确认招标人的工程量清单有错项、漏项、施工过程中定会发生变更及招标条件隐藏着的巨大的风险,也不会正面变更或减少条件,而是针对招标人的错误采取不平衡报价等技巧,为中标后的索赔留下伏笔。或者利用详细说明、附加解释等十分谨慎地附加某些条件提示招标人注意,降低投标人的投标风险。也可以书面报告招标人,请招标人审核,决定是否变更工程量或工程项目。

⑤低报价中标的决策。低报价中标是实行清单计价后的重要因素,但低价必须强调"合理"二字。报价并不是越低越好,不能低于投标人的个别成本,不能由于低价中标而造成亏损,这样中标的工程越多亏损就越多。决策者必须是在保证质量、工期的前提下,保证预期的利润并考虑一定风险的基础上确定最低成本价。因此,决策者在决定最终报价时要慎之又慎。低价虽然重要,但不是报价唯一因素,除了低报价之外,决策者可以采取策略或投标技巧战胜对手。投标人可以提出能够让招标人降低投资的合理化建议或对招标人有利的一些优惠条件来弥补报高价的不足。

2.6.3 公路工程投标技巧

(1)开标前的投标技巧

①不平衡报价法。不平衡报价指在总价基本确定的前提下,如何调整内部各个子项的报价,以期既不影响总报价,又在中标后投标人可尽早收回垫支于工程中的资金和获取较好的经济效益。但要注意避免不正常的调高或压低现象,避免失去中标机会。

②多方案报价法。有时招标文件中规定,可以提一个建议方案;或对于一些招标文件,如果发现工程范围不很明确,条款不清楚或很不公正,或技术规范要求过于苛刻时,则要在充分估计风险的基础上,按多方案报价法处理。即是按原招标文件报一个价,然后再提出如果某条款作某些变动,报价可降低的额度。这样可以降低总价,吸引发包人。投标者这时应组织一批有经验的设计和施工工程师,对原招标文件的设计和施工方案仔细研究,提出更理想的方案以吸引发包人,促成自己的方案中标。这种新的建议可以降低总造价或提前竣工或使工程运用更合理。但要注意的是对原招标方案一定也要报价,以供发包人比较。

增加建议方案时,不要将方案写得太具体,保留方案的技术关键,防止发包人将此方案交给其他承包人,同时要强调的是,建议方案一定要比较成熟,或过去有这方面的实践经验。

因为投标时间往往较短,如果仅为中标而匆忙提出一些没有把握的建议方案,可能会引起很多后患。

③突然袭击法。由于投标竞争激烈,为迷惑对方,有意泄露一些假情报,如不打算参加投标,或准备投高标,表现出无利可图不干等假相,到投标截止之前几个小时,突然前往投标,并压低投标价,从而使对手措手不及而败北。

④低投标价夺标法。此种方法是非常情况下采用的非常手段。比如企业大量窝工,为减少亏损;或为打入某一建筑市场;或为挤走竞争对手保住自己的地盘,于是制定了严重亏损标,力争夺标。若企业无经济实力,信誉不佳,此法也不一定会奏效。

⑤先亏后盈法。对大型分期工程,在第一期工程投标时,可以将部分间接费分摊到第二期工程中去,少计算利润以争取中标。这样在第二期工程投标时,凭借第一期工程的经验、临时设施以及创立的信誉,比较容易拿到第二期工程。但第二期工程遥遥无期时,则不宜这样考虑,以免承担过高的风险。

⑥开口升级法。把报价视为协商过程,把工程中某项造价高的特殊工作内容从报价中减掉,使报价成为竞争对手无法相比的"低价"。利用这种"低价"来吸引发包人,从而取得了与发包人进一步商谈的机会,在商谈过程中逐步提高价格。当发包人明白过来当初的"低价"实际上是个钓饵时,往往已经在时间上处于谈判弱势,丧失了与其他承包人谈判的机会。

利用这种方法时,要特别注意在最初的报价中说明某项工作的缺项,否则可能会弄巧成拙,真的以"低价"中标。

⑦联合保标法。在竞争对手众多的情况下,可以采取几家实力雄厚的承包商联合起来的方法来控制标价,一家出面争取中标,再将其中部分项目分包给其他承包商,或轮流相互保标。但此种报价方法实行起来难度较大,一方面要注意到联合保标几家公司间的利益均衡,又要保密,否则一旦被业主发现,会有被取消投标资格的可能。

(2)开标后的投标技巧

投标人通过公开开标这一程序可以得知众多投标人的报价,但低报价并不一定中标,需要综合各方面的因素、反复考虑,并经过议标谈判,方能确定中标者。所以,开标只是选定中标候选人,而非已确定中标者。投标人可以利用议标谈判施展谈判技巧,从而改变自己原投标书中的不利因素而成为有利因素,以增加中标的机会。

从招标的原则来看,投标人在标书有效期内,是不能修改其报价的。但是,某些议标谈判可以例外。在议标谈判中的投标技巧主要有:

①降低投标价格。投标价格不是中标的唯一因素,但却是中标的关键性因素。在议标中,投标者适时提出降价是议标的主要手段。需要注意的是:其一,要摸清招标人的意图,在得到其希望降低标价的暗示后,再提出降低的意愿。因为,有些国家的政府关于招标的法规中规定,已投出的投标书不得改动任何文字。若有改动,投标即告无效。其二,降低投标价要适当,不得损害投标人自己的利益。

②补充投标优惠条件。除中标的关键因素——价格外,在议标谈判的技巧中,还可以考虑其他许多重要因素,如缩短工期,提高工程质量,降低支付条件要求,提出新技术和新设计方案,以及提供补充物资和设备等,以此优惠条件争取得到招标人的赞许,从而争取中标。

2.7 实训项目

(1)某市(注:具体地点和其他条件由学生自定)拟修建一座预应力混凝土连续刚构大桥,大桥主要工程的工程量清单见表 4-14,试计算工程量清单单价和合价,并将计算结果列入清单表格中。

(2)某市(注:具体地点和其他条件由学生自定)拟修建隧道,隧道主要工程的工程量清单见表 4-15,试计算工程量清单单价和合价,并将计算结果列入清单表格中。

工程量清单表

表 4-14

合同段：××预应力混凝土连续刚构大桥

子目号	子目名称	单位	数量	单价	合价
第 400 章　桥梁、涵洞					
	钻孔灌注桩				
405-1	水中钻孔灌注桩（桩径 120cm）	m	560.00		
405-2	陆地钻孔灌注桩（桩径 120cm）	m	2060.00		
403-1	基础钢筋				
-a	光圆钢筋	kg	65900		
-b	带肋钢筋	kg	152490		
403-2	下部结构钢筋				
-a	光圆钢筋	kg	238700		
-b	带肋钢筋	kg	458600		
403-3	上部构造钢筋				
-a	光圆钢筋	kg	93800		
-b	带肋钢筋	kg	589588		
410-1	基础 C25 混凝土	m³	1718.3		
410-2	下部结构混凝土				
-a	轻型桥台 C30 混凝土	m³	186.8		
-b	柱式桥墩 C30 混凝土	m³	568.9		
-c	空心桥墩 C30 混凝土	m³	628.4		
410-3	上部构造连续刚构 C45 混凝土	m³	1178.6		
410-6	桥头搭板现浇 C30 混凝土	m³	98.0		
411-5	后张法预应力钢绞线	kg	156480		
411-6	后张法预应力钢筋	kg	25680		

工程量清单

表 4-15

第 500 章　隧道

细目号	项目名称	单位	数量	单价（元）	合价（元）
502-1	洞口、明洞开挖				
-a	挖土方	m³	450		
-b	挖石方	m³	230		
502-4	洞门建筑				
-a	浆砌片石	m³	234		
-b	现浇混凝土	m³	456		

续上表

细目号	项 目 名 称	单位	数量	单价(元)	合价(元)
－c	光圆钢筋	kg	26800		
－d	带肋钢筋	kg	56000		
503－1	洞身开挖				
－a	挖土方	m^3	56220		
－b	挖石方	m^3	43800		
503－1	超前支护				
－a	注浆小导管	m	4822		
－b	超前锚杆	m	3422		
清单 第500章小计 人民币					

项目五　公路工程施工结算与竣工决算

【项目描述】

绥化至北安高速公路,位于黑龙江省中部,共分为 15 个合同段。本工程为 A3 合同段,绥化至通肯河段,起讫点桩号为 K64+000—K84+000;合同段内主线长 20km,有平面交叉六座,通道箱涵洞十五座,路面结构为水泥混凝土路面和改性沥青混凝土路面,另外还有线外涵、改沟、改路工程、防护、通讯管线及绿化工程。

本段路基采用整体式断面,双向四车道,平原微丘高速公路标准,路基宽 26m,基本为借土填筑路段。主要工程数量:

路基土石方工程:路基挖方(包括淤泥)315950m³,路基填土方(包括填前压实)1567840m³,砂垫层 138149m³。

路面工程:水泥稳定砂砾碎石底基层 545518m²、水泥稳定级配碎石基层 568124m²、透层 534371m²、黏层 954909m²、封层 534371m²。100mm 厚基层 22468m²、150mm 厚基层 4416m²、耐磨层 26812m²、AC-16 改性中粒式沥青混凝土 502895m²、AC-20 改性中粒式沥青混凝土 452014m²、AC-25 粗粒式沥青混凝土 505526m²、沥青混凝土桥面铺装 8562m²。20cm 厚水泥混凝土面板 11290m²、22cm 厚水泥混凝土面板 20023m²、26cm 厚钢筋混凝土面板 4095m²。

涵洞:涵洞 30 座。其中 1-ϕ1.0 圆管涵 157.76 延米,1-ϕ1.0 波纹钢管涵 151.4 延米,1-ϕ2.0 波纹钢管涵 8.0 延米,1-1.25×1.25 盖板涵 284.22 延米,1-4.0×2.0 盖板涵 27.58 延米,1-4.0×2.5 盖板涵 36.76 延米,1-4.0×3.0 盖板涵 39.88 延米,1-5.0×3.5 盖板涵 33.94 延米,1-6.0×4.0 盖板涵 108.04 延米。

根据任务要求,对该项目进行施工结算和竣工决算。

【项目分析】

公路工程施工结算主要是施工单位(承包人、承包商)与建设单位(发包人、业主)在项目实施期间和竣工验收通过后进行的工程价款结算,其中包括工程费用、设备费用、索赔费用、奖励费用等;以便于施工活动的正常开展和连续实施,整个项目实施结束,根据项目审计结果,还要进行竣工结算。

任务1　工程费用结算的编制与申报

1.1　相关知识

下面主要提供工程结算的相关知识,工程量清单计价、公路工程定额、公路工程概预算编制办法、公路工程施工组织设计、公路工程合同范本、公路工程验收规范等知识参照其他任务学习。

1.1.1 工程价款的主要结算方式

现行公路工程项目工程价款结算根据不同情况,可采取多种方式。

(1) 按月结算

实行旬末或月中预支,月终结算,竣工后清算的方法。跨年度竣工的工程,在年终进行工程盘点,办理年度结算。现行建筑安装工程价款结算中,相当一部分实行这种按月结算。

(2) 竣工后一次结算

公路工程项目或单项工程全部建筑安装工程建设期在 12 个月以内,或者工程承包合同价值在 100 万元以下的,可以实行工程价款每月月中预支,竣工后一次结算。

(3) 分段结算

当年开工当年不能竣工的单项工程或单位工程按照工程形象进度,划分不同阶段进行结算。分段结算可以按月预支工程款。分段的划分标准,由各部门、自治区、直辖市、计划单列市规定。

(4) 目标结款方式

在工程合同中,将承包工程的内容分解成不同的控制界面,以业主验收控制界面作为支付工程价款的前提条件。也就是说,将合同中的工程内容分解成不同的验收单元,当承包人完成单元工程内容并经业主验收后,业主支付构成单元工程内容的工程价款。

目标结款方式下,施工单位要想获得工程价款,必须按照合同约定的质量标准完成界面内的工程内容;要想尽早获得工程价款,施工单位必须充分发挥自己组织实施能力,在保证质量的前提下,加快施工进度。这意味着若施工单位拖延工期,则建设单位可通过推迟付款,增加施工单位的财务费用、运营成本,降低施工单位的收益,客观上使施工单位因延迟工期而遭受损失。同样,当施工单位积极组织施工,提前完成控制界面内的工程内容,则施工单位可提前获得工程价款,增加承包收益,客观上施工单位因提前工期而增加了有效利润。同时,因施工单位在界面内质量达不到合同约定的标准从而建设单位不予验收,施工单位也会因此而遭受损失。可见,目标结款方式实质上是运用合同手段、财务手段对工程的完成进行主动控制。

目标结款方式中,对控制界面的设定应明确描述,便于量化和质量控制,同时要适应项目资金的供应周期和支付频率。

(5) 结算双方约定的其他结算方式

施工单位在采用按月结算工程价款方式时,要先取得各月实际完成的工程数量,并按照工程量清单法,计算出已完工程造价。实际完成的工程数量,由施工单位根据有关资料计算,并编制"已完工程月报表",再根据"已完工程月报表"编制"工程价款结算账单",与"已完工程月报表"一起,分送建设单位和经办银行,据以办理结算。

施工单位在采用分段结算工程价款方式时,要在合同中规定工程部位完工的月份,根据已完工程部位的工程数量计算已完工程造价,编制"已完工程月报表"和"工程价款结算账单"。

对于工期较短、能在年度内竣工的单项工程或小型建设项目。可在工程竣工后编制"工程价款结算账单",按合同中工程造价一次结算。

"工程价款结算账单"是办理工程价款结算的依据。"工程价款结算账单"中所列应收工程款应与"已完工程月报表"中的工程造价相符,"工程价款结算账单"除了列明应收工程款外,还应列明应扣预收工程款、预收备料款、建设单位供给材料价款等应扣款项,算出本月实收工程款。

为了保证工程按期收尾竣工,工程在施工期间,不论工程大小,其结算工程款,一般不得超过承包工程价值的95%,结算双方可以在5%的幅度内协商确定尾款比例,并在工程承包合同中说明。施工单位如已向建设单位出具履约保函或有其他保证的,也可以不留工程尾款。

1.1.2 工程预付款的支付

公路工程施工单位承包工程,一般都实行包工包料,这就需要有一定数量的备料周转金。在工程承包合同条款中,一般要明文规定建设单位在开工前拨付给施工单位预算一定限额的工程预付备料款。此预付款构成施工单位为该承包工程项目储备主要材料、构配件所需的流动资金。

按照有关规定,实行工程预付款的,双方应当在专用条款内约定发包方向承包方预付工程款的时间和金额,开工后按约定的时间和比例逐次扣回。预付时间应不迟于约定的开工日期前7天。发包方不按约定预付,承包方在约定预付时间7天后向发包方发出要求预付的通知,发包方收到通知后仍不能按要求预付,承包方可在发出通知7天后停止施工,发包方应从约定应付之日起向承包方支付应付款的贷款利息,并承担违约责任。

工程预付款仅用于承包方支付施工开始时与本工程有关的动员费用。如承包方滥用此款,发包方有权收回。在承包方向发包方提交金额等于预付款金额(发包方认可的银行开出)的银行保函后,发包方按规定的金额和规定的时间向承包方支付预付款,在发包方全部扣回预付款之前,该银行保函将一直有效。当预付款被发包方扣回时,银行保函金额相应递减。

(1)工程预付款的限额

工程预付款额度,各地区、各部门的规定不完全相同,主要是保证施工所需材料和构件的正常储备。一般是根据施工工期、建安工作量、主要材料和构件费用占建安工作量的比例以及材料储备周期等因素经测算来确定。

①在合同条件中约定。业主根据工程的特点、工期长短、市场行情、供求规律等因素,招标时在合同条件中约定工程预付款的百分比。

②公式计算法。公式计算法是根据主要材料(含结构构件等)占年度承包工程总价的比重,材料储备定额天数和年度施工天数等因素,通过公式计算预付备料款额度的一种方法。其计算公式是:

工程预付款金额=(工程总价×材料比重)×材料储备定额天数/年施工天数;

工程预付款比率=(工程预付款数额/工程总价)×100%。

式中,年度施工天数按365天日历天计算;材料储备定额天数由当地材料供应的在途天数、加工天数、整理天数、供应间隔天数、保险天数等因素决定。

(2)预付款的扣回

建设单位拨付给施工单位预算的预付款属于预支性质,到了工程实施后,随着工程所需主要材料储备的逐步减少,应以抵充工程价款的方式陆续扣回。扣款的方法:

①可以从未施工工程尚需的主要材料及构件的价值相当于预付款数额时起扣,从每次结算工程价款中,按材料比重扣抵工程价款,竣工前全部扣清。其基本表达公式是:

$$T = P - (M/N) \tag{5-1}$$

式中:T——起扣点,即预付备料款开始扣回时的累计完成工程量金额;

M——预付款限额;

N——主要材料所占比重;

P——承包工程价款总额。

②也可以在承包方完成金额累计达到合同总价的一定比例后,由承包方开始向发包方还款,发包方从每次应付给承包方的金额中扣回工程预付款,发包方至少在合同规定的完工期前将工程预付款逐次扣回。

在实际经济活动中,情况比较复杂,有些工程工期较短,就无需分期扣回。有些工程工期较长,如跨年度施工,预付款可以不扣或少扣,并在次年预付款中调整,多退少补。具体地说,跨年度工程,预计次年承包工程价值大于或相当于当年承包工程价值时,可以不扣回当年的预付款,如小于当年承包工程价值时,应按实际承包工程价值进行调整,在当年扣回部分预付款,并将未扣回部分转入次年,直到竣工年度,再按上述办法扣回。

1.1.3 工程进度款的支付

(1)工程进度款的组成

公路工程施工单位在结算工程价款时,应计算已完工程的工程价款。若合同中的工程造价是施工单位在工程投标时中标的标函中的标价,则可以直接计算已完工程价款;若合同中的工程造价不是施工单位在工程投标时中标的标函中的标价,只能根据合同中的工程造价计算。为了简化计算手续,可先计算合同工程造价与中标的标函中的标价比率,再根据这个比率乘以已完工程预算成本,算出已完工程价款。其计算公式如下:

$$某项工程已完工程价款 = 该项工程已完工程量 \times 相应工程量清单单价 \times$$
$$(合同工程造价/中标的标函中的标价)$$

至于合同变更收入,包括因建设单位改变合同规定的工程内容或因合同规定的施工条件变动等原因,调整工程造价而形成的工程结算收入,依据合同规定办理。

索赔款是因建设单位或第三方的原因造成,由施工单位向建设单位或第三方收取的用于补偿不包括在合同造价中的成本的款项。因发生索赔款而形成的收入,亦应在工程价款结算时作为工程结算收入。

奖励款指工程达到或超过规定的标准时,建设单位同意支付给施工单位的额外款项,也应在工程价款结算时作为工程结算收入。

(2)工程进度款支付的程序

公路工程施工单位在施工过程中,按逐月(或形象进度、控制界面等)完成的工程数量计算各项费用,向建设单位办理工程进度款的支付。

《建设工程施工合同(示范文本)》关于工程款的支付也作出了相应的约定:在确认计量结果后14天内,业主应向承包人支付工程款(进度款)。业主超过约定的支付时间不支付工程款(进度款),承包人可向业主发出要求付款的通知,业主接到承包人通知后仍不能按要求付款。可与承包人协商签订延期付款协议,经承包人同意后可延期支付。协议应明确延期支付的时间和从计量结果确认后第15天起计算应付款的贷款利息。业主不按合同约定支付工程款(进度款),双方又未达成延期付款协议,导致施工无法进行,承包人可停止施工,由业主承担违约责任。

以按月结算为例,现行的中间结算办法是,施工单位在旬末或月中向建设单位提出预支工程款账单,预支一旬或半月的工程款,月终再提出工程款结算账单和已完工程月报表,收取当月工程价款,并通过银行进行结算。按月进行结算,要对现场已施工完毕的工程逐一进行清点,资料提出后要交监理工程师和建设单位审查签证。为简化手续,多年来采用的办法是以施工单位提出的统计进度月报表为支取工程款的凭证,即通常所称的工程进度款。工程进度款的支付步骤见图5-1。

图 5-1 工程进度款支付步骤图

(3)工程进度款的计算

公路工程进度款的计算,主要涉及两个方面:一是工程量的计量;二是单价的计算方法。

①工程量的确认。根据有关规定,工程量的确认应做到:

a.承包方应按约定时间,向工程师提交已完工程量的报告。工程师接到报告后7天内按设计图纸核实已完工程量(以下称计量),并在计量前24h通知承包方。承包方为计量提供便利条件并派人参加。承包方不参加计量,发包方自行进行,计量结果有效,作为工程价款支付的依据。

b.工程师收到承包方报告后7天内未进行计量,从第8天起,承包方报告中开列的工程量即视为已被确认,作为工程价款支付的依据。工程师不按约定时间通知承包方,使承包方不能参加计量,计量结果无效。

c.工程师对承包方超出设计图纸范围和因自身原因造成返工的工程量,不予计量。

②单价的计算。单价的计算方法,主要根据由业主和承包人事先约定的工程价格的计价方法决定。目前一般来讲,工程价格的计价方法可以分为工料单价和综合单价两种方法。所谓工料单价法是指单位工程分部分项的单价为直接成本单价,按现行计价定额的人工、材料、机械台班的消耗量及其预算价格确定,其他直接成本、间接成本、利润、税金等按现行计算方法计算。所谓综合单价法是指单位工程分部分项工程量的单价是全部费用单价,既包括直接成本,也包括间接成本、利润、税金等一切费用。二者在选择时,既可采取可调价格的方式,即工程价格在实施期间可随价格变化而调整,也可采取固定价格的方式,即工程价格在实施期间不因价格变化而调整,在工程价格中已考虑价格风险因素并在合同中明确了固定价格所包括的内容和范围。实践中采用较多的是可调工料单价法和固定综合单价法。

a.工程价格的计价方法。可调工料单价法和固定综合单价法在分项编号、项目名称、计量单位、工程量计算方面是一致的,都可按照国家或地区的单位工程分部分项进行划分、排列,包含了统一的工作内容,使用统一的计量单位和工程量计算规则。所不同的是,可调工料单价法将工、料、机再配上预算价作为直接成本单价,其他直接成本、间接成本、利润、税金分别计算;因为价格是可调的,其材料等费用在竣工结算时按工程造价管理机构公布的竣工调价系数或按主材计算差价或主材用抽料法计算,次要材料按系数计算差价进行调整。固定综合单价法是包含了风险费用在内的全费用单价,故不受时间价值的影响。由于两种计价方法的不同,因此工程进度款的计算方法也不同。

b.工程进度款的计算。当采用可调工料单价法计算工程进度款时,在确定已完工程量后,可按以下步骤计算工程进度款:

(a)根据已完工程量的项目名称、分项编号、单价得出合价。

(b)将本月完成全部项目合价相加,得出清单计价小计。

(c)按规定计算主材差价或差价系数。

(d)累计本月应收工程进度款。

③工程进度款支付

国家工商行政管理总局、建设部颁布的《建设工程施工合同(示范文本)》中对工程进度款支付作了如下详细规定：

a. 工程款(进度款)在双方确认计量结果后 14 天内,发包方应向承包方支付工程款(进度款)。按约定时间发包方应扣回的预付款,与工程款(进度款)同期结算。

b. 符合规定范围的合同价款的调整,工程变更调整的合同价款及其他条款中约定的追加合同价款,应与工程款(进度款)同期调整支付。

c. 发包方超过约定的支付时间不支付工程款(进度款),承包方可向发包方发出要求付款通知,发包方收到承包方通知后仍不能按要求付款,可与承包方协商签订延期付款协议,经承包方同意后可延期支付。协议需明确延期支付时间和从发包方计量结果确认后第 15 天起计算应付款的贷款利息。

d. 发包方不按合同约定支付工程款(进度款),双方又未达成延期付款协议,导致施工无法进行,承包方可停止施工,由发包方承担违约责任。

e. 工程进度款支付时,要考虑工程保质金的预留,以及在施工过程中发生的安全施工方面的费用、专利技术及特殊工艺涉及的费用、文物和地下障碍物涉及的费用。

1.1.4 工程竣工结算

(1)工程竣工结算的概念

竣工结算是指一个单位工程或单项工程完工,经建设单位及工程质量监督部门验收合格,在交付使用前由施工单位根据合同价格和实际发生的增加或减少费用的变化等情况进行编制,并经建设单位或其委托方签认的,以表达该项工程最终造价为主要内容,作为结算工程价款依据的经济文件。

竣工结算也是公路工程建设项目建筑安装工程中的一项重要经济活动。正确、合理、及时地办理竣工结算,对于贯彻国家的方针、政策、财经制度,加强建设资金管理,合理确定、筹措和控制建设资金,快速优质完成建设任务,具有十分重要的意义。

(2)工程竣工结算的依据

工程竣工结算应由承包人编制,业主审查,双方最终确定。公路工程竣工结算的编制应依据下列资料：

①合同文件。

②竣工图纸和工程变更文件。

③有关技术核准资料和材料代用核准资料。

④工程计价文件、工程量清单、取费标准及有关调价规定。

⑤双方确认的有关签证和工程索赔资料。

(3)工程竣工结算的程序

公路工程竣工结算的程序可按以下三种方式进行：

①一般工程结算程序。见图 5-2 所示。

②竣工验收一次结算程序,见图 5-3 所示。

③分包工程结算程序,见图 5-4 所示。

(4)工程竣工结算的办理

①工程竣工结算办理规定

公路工程竣工结算的办理应符合下列规定：

a. 工程接收证书颁发后,承包人向监理递交竣工结算报告及完整的结算资料,双方按照协

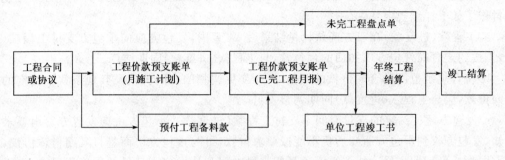

图 5-2 一般工程结算程序

图 5-3 竣工验收一次结算程序图

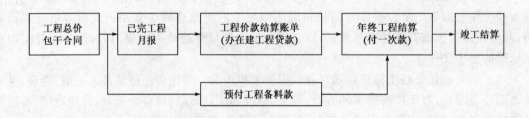

图 5-4 分包工程结算程序图

议书约定的合同价款及专用条款约定的合同价款调整内容,进行工程竣工结算。

b.监理收到承包人递交的竣工结算报告及结算资料后 14 天内进行核实,给予确认或提出修改意见。送业主审核,业主收到后 14 天内审核完毕,通知经办银行向承包人支付工程竣工结算价款。

c.业主收到竣工结算报告及结算资料后 28 天内无正当理由不支付工程竣工结算价款,应按专用条款的约定支付逾期付款违约金。

d.工程竣工验收报告经业主认可后 28 天内,承包人未向业主递交竣工结算报告及完整的结算资料,造成工程竣工结算不能正常进行或工程竣工结算价款不能及时支付,业主要求交付工程的,承包人应当交付;业主不要求交付工程的,承包人承担保管责任。

e.业主、承包人对工程竣工结算价款发生争议时,按争议的约定处理。

②工程竣工结算办理原则

公路工程竣工结算的办理遵从以下原则:

a.以单位工程或施工合同约定为基础,对工程量清单报价的主要内容,包括项目名称、工程量、单价及计算结果,进行认真的检查和核对,若是根据中标价订立合同的应对原报价单的主要内容进行检查和核对。

b.在检查和核对中若发现有不符合有关规定,单位工程结算书与单项工程综合结算书有不相符的地方,有多算、漏算或计算误差等情况时,均应及时进行纠正调整。

c.工程项目由多个单位工程构成的,应按建设项目划分标准的规定。将各单位工程竣工结算书汇总,编制单项工程竣工综合结算书。

d.若工程项目是由多个单项工程构成的项目,实行分段结算并办理了分段验收计价手续的,应将各单项工程竣工综合结算书汇总编制成建设项目总结算书,并撰写编制说明。

(5)工程竣工结算的审核

工程竣工结算是施工单位向建设单位提出的最终工程造价。对于国家计划建设项目来说,竣工结算是施工单位向国家提出的最终工程造价。因此,必须本着负责的精神,力求做到符合实际、符合规定、兑现合同,所以结算一定要经过审核程序。建设工程项目竣工结算审核的内容包括工程量、材料价、直接费、套定额、总表等。

①竣工结算的审核程序。

a.自审:结算初稿编定后,施工单位内部先组织校审。

b.建设单位审:自审后编印成正式结算书送交建设单位审查;建设单位也可委托有相应资质的工程造价咨询单位审查。

c.造价管理部门审:建设单位与施工单位协商无效时,可以提请造价管理部门裁决。

②竣工结算的审核方法。

a.高位数法:着重审查高位数,诸如整数部分或者十位以前的高位数。单价低的项目从十位甚至百位开始查对,单价高总金额大的项目从个位起查对。

b.抽查法:抽查建设项目中的单项工程,单项工程中的单位工程。抽查的数量,可以根据已经掌握的大致情况决定一个百分率,如果抽查未发现大的原则性的问题,其他未查的就不必再查。

c.对比法:根据历史资料,用统计法编写出各种类型建筑物分项工程量指标值。用统计指标值去对比结算数值,一般可以判断对错。

d.造价审查法:结算总造价对比合同造价(或设计预算、计划投资额)。对比相差的大小一般可以判断结算的准确度。

1.1.5 最终结清

缺陷责任期终止证书签发后,承包人可按专用合同条款约定的份数和期限向监理提交最终结清申请单,并提供相关证明材料。

监理收到承包人提交的最终结清单后的14天内,审核并提出业主应支付给承包人的价款送业主审核并抄送承包人。业主应在收到后14天内审核完毕,由监理向承包人出具经业主签认的最终结清证书。

业主应在监理出具最终结清证书后的14天内,将应付款支付给承包人。

1.2 任务描述

1.2.1 项目情况综述(详见项目描述)

1.2.2 项目施工组织概述

根据招标文件有关资料和标前会业主要求,全段必须保证在2011年10月31日竣工通车,包括路基、桥涵及路面工程。工期紧、任务重,且经过三个雨季、两个冬季,必须合理安排工期,精心组织施工,确保该目标的实现。

整个工程分三个阶段进行施工,即施工准备阶段、主体工程施工阶段和收尾配套阶段。

(1)施工准备阶段

自 2009 年 5 月 1 日开始至 2009 年 6 月 10 日,主要完成征地拆迁、人员和机械设备进场及临时工程的修建,试验室、混凝土和级配碎石拌和站建设,完成技术交底和路线控制桩交接及复测、路基基底地质复核、桥位施工放样、施工图纸审核、制定实施性施工组织设计及其他施工技术准备工作。

(2)主体工程施工阶段

自 2009 年 6 月 11 日至 2011 年 9 月 25 日,主要进行路基、涵洞、路面、路基附属工程等的施工,主体工程完工。

(3)收尾配套阶段

自 2011 年 9 月 26 日至 2011 年 10 月 10 日,主体工程完工后进行相关配套完善,清理现场等工作,达到竣工要求。

分项工程施工进度安排见下表 5-1。

分项工程施工进度安排表   表 5-1

序号	分项工程名称	开 工 时 间	竣 工 时 间	累计时间(有效工作时间)
一	施工准备	2009.5.1	2009.6.10	40(40)天
二	路基工程	2009.6.11	2011.7.10	759(481)天
(1)	地基处理	2009.7.1	2011.5.30	699(330)天
(2)	路基土石方	2009.6.21	2011.7.10	749(410)天
三	涵洞工程	2009.6.21	2011.6.30	739(350)天
四	通道工程	2009.6.21	2011.6.30	739(350)天
五	路面基层	2009.7.20	2011.7.30	740(310)天
六	路面面层	2009.8.1	2011.8.10	740(300)天
七	路基防护	2009.8.1	2011.9.20	781(350)天
八	竣工收尾	2011.9.26	2011.10.10	15(15)天

1.2.3 项目工程量清单(详见表 5-2～表 5-6)

工程量清单汇总表   表 5-2

合同段:绥化至北安高速公路项目 A3 合同段

序号	科 目 名 称	金额(元)
1	第 100 章至第 700 章合计	259296778
2	第 100 章　总则	12041159
3	第 200 章　路基	98850538
4	第 300 章　路面	143331759
5	第 400 章　桥梁、涵洞	5073322
6	已包含在清单合计中的专项暂定金额小计	1850042

续上表

序号	科 目 名 称	金额(元)
7	清单合计减去专项暂定金额	257446736
8	计日工合计	7778903
9	不可预见费(暂定金额)	12964839
10	投标价	280040520

工 程 量 清 单　　　　　　表 5-3

合同段:绥化至北安高速公路项目 A3 合同段

细目号	细目名称	单位	数量	单价	合价
	第 100 章　总　则				
101-1	保险费		1.000	779563.64	779564
-a	按合同条款规定,提供建筑工程一切险	元	1.000	775563.64	775564
-b	按合同条款规定,提供第三方责任险	元	1.000	4000.00	4000
102-1	竣工文件	元	1.000	120000.00	120000
102-2	施工环保费	元	1.000	1500000.00	1500000
103-1	临时道路修建、养护与拆除(包括原道路的养护费)	元			469343
-a	临时道路				469343
1	新建便道	km	4.200	97483.83	409432
2	整修便道	km	6.200	6000.00	37200
1	整修便道	km	6.200	6000.00	37200
3	便涵	座	6.000	3785.18	22711
103-2	临时工程用地	m²	180000.000	10.00	1800000
103-3	临时供电设施的架设、维修及拆除	元			640497
103-4	电讯设施的提供、维修与拆除	元	1.000	90000.00	90000
103-5	供水与排污设施	元	1.000	500000.00	500000
104-1	承包人驻地建设	元	1.000	3600000.00	3600000
108-1	安全生产费	元	1.000	2541755.00	2541755
	第 100 章　总　则　合计　人民币 12041159 元				

工 程 量 清 单　　　　　　表 5-4

合同段:绥化至北安高速公路项目 A3 合同段

细目号	细目名称	单位	数量	单价	合价
	第 200 章　路　基				
202-1	清理与掘除				5247759
-a	清理现场	m³	579220.000	8.66	5016045
-b	砍伐树木	棵	8015.000	28.91	231714
203-1	路基挖方				2677062
-a	挖土方	m³	162492.000	7.64	1241439

续上表

细目号	细目名称	单位	数量	单价	合价
	第200章 路 基				
-c	挖除非适用材料(包括淤泥)	m³	132723.000	9.52	1263523
-d	挖土方(分离、天桥引道、连接道等)	m³	20735.000	8.30	172100
204-1	路基填筑(包括填前压实)				47738047
-a	换填土	m³	116663.000	13.62	1588950
-b	利用土方	m³	138544.000	9.87	1367429
-e	借土填方	m³	983014.000	22.07	21695119
1	重型压实	km			
-g	结构物台背回填	m³	35835.000	8.56	306748
-h	借土填方(分离、天桥引道、连接道等)	m³	293784.000	16.57	4868001
-i	生石灰	t	99510.000	180.00	17911800
205-1	软土地基处理				16031282
-b	砂垫层、砂砾垫层	m³	138149.000	60.96	8421563
-f	塑料排水板	m	165814.000	6.14	1018098
-m	水泥搅拌桩	m	47560.000	107.63	5118883
-k	土工格栅	m²	72406.000	20.34	1472738
207-1	M7.5浆砌片石边沟				1776903
-a	盖板式矩形浆砌片石	m	2805.000	241.31	676875
-b	矩形浆砌片石	m	1780.000	205.29	365416
-c	梯形浆砌片石	m	3296.000	222.88	734612
207-4	M10浆砌片石急流槽	m			5290
-a	边坡急流槽	m³	19.500	271.28	5290
207-5	路基盲沟(含软透水管)	m			1132634
-a	沟深120cm,底宽60cm	m	3805.000	297.67	1132634
207-7	土质排水沟				427087
-a	土质排水沟(底宽及高均为0.6m)	m	29971.000	14.25	427087
207-8	边沟盖板				797171
-a	盖板混凝土	m³	359.000	671.71	241144
-b	盖板钢筋	kg	61430.000	5.83	358137
-c	现浇混凝土	m³	317.000	624.26	197890
208-1	种草、铺草皮	m²			8068865
-a	植紫穗槐	m²	230539.000	35.00	8068865
208-2	浆砌片石护坡				2612500
-c	M7.5浆砌片石基础	m³	12438.700	210.03	2612500
208-3	预制混凝土块护坡				5524984
-e	混凝土预制C20	m³	1671.600	2032.53	3397577
-f	混凝土预制C25	m³	2038.000	1043.87	2127407

续上表

第 200 章 路 基					
细目号	细目名称	单位	数量	单价	合价
216—1	取土场复垦				6810954
—a	表土剥离土方	m³	80091.000	8.26	661552
—b	恢复土方	m³	80091.000	8.33	667158
—c	种草	m²	42046.000	14.65	615974
—d	植树	棵	61088.000	79.66	4866270
第 200 章 路 基 合计 人民币 98850538 元					

工程量清单

表 5-5

合同段：绥化至北安高速公路项目 A3 合同段

第 300 章 路 面					
细目号	细目名称	单位	数量	单价	合价
302—2	砂砾垫层				1220875
—a	厚 200mm	m²	97670.000	12.50	1220875
304—1	底基层				15110849
—c	水泥稳定砂砾(5％水泥＋75％砂＋20％碎石,厚 20cm)	m²	545518.000	27.70	15110849
304—2	水泥稳定土基层				33128506
—a	4％水泥稳定级配碎石(厚 20cm)	m²	4227.000	33.86	143126
—d	4％水泥稳定级配碎石(厚 36cm)	m²	528128.000	60.00	31687680
—h	6％水泥稳定砂砾(厚 20cm)	m²	35769.000	36.28	1297699
307—1	透层	m²	534371.000	9.09	4857432
307—2	黏层	m²	954909.000	3.03	2893374
307—3	封层	m²	534371.000	11.65	6225422
309—3	泥结碎石路面				459279
—a	基层(厚 100mm)	m²	22468.000	13.09	294106
—b	基层(厚 150mm)	m²	4416.000	19.31	85273
—c	磨耗层(厚 30mm)	m²	26812.000	2.98	79900
310—1	改性沥青混合料				73183999
—b	改性沥青混凝土 AC-16 中粒式(厚 5cm)	m²	502895.000	42.09	21166851
—d	改性沥青混凝土 AC-20 中粒式(厚 6cm)	m²	452014.000	50.36	22763425
—f	沥青混凝土 AC-25 粗粒式(厚 7cm)	m²	505526.000	55.67	28142632
—g	沥青混凝土桥面铺装	m²	8562.000	129.77	1111091
311—1	水泥混凝土面板				4041660
—a	厚 20cm	m²	12290.000	101.96	1253088
—b	厚 22cm	m²	20023.000	112.16	2245780
—d	钢筋混凝土厚 26cm	m²	4095.000	132.55	542792

续上表

细目号	细目名称	单位	数量	单价	合价
312-1	培土路肩	m³	35093.000	20.65	724670
312-2	中央分隔带回填土	m			387069
-b	填土	m³	20556.000	18.83	387069
312-5	混凝土预制块缘石	m			904944
-a	镶边石	m³	1439.000	628.87	904944
313-6	路肩排水沟				193679
-d	碎石盲沟	m³	1889.000	102.53	193679
第300章 路 面 合计 人民币 143331759元					

工程量清单　　　　　　　　　　　　　　　　表5-6

合同段：绥化至北安高速公路项目A3合同段

第400章 桥梁、涵洞					
细目号	细目名称	单位	数量	单价	合价
419-1	钢筋混凝土圆管涵				323627
-a	1-ϕ1.0	m	157.760	2051.39	323627
420-2	钢筋混凝土箱涵				4545245
-b	1-1.25×1.25	m	284.220	3529.19	1003066
-k	1-4.0×2.0	m	27.580	11656.52	321487
-l	1-4.0×2.5	m	36.760	12749.64	468677
-m	1-4.0×3.0	m	39.880	8040.53	320656
-p	1-5.0×3.5	m	33.940	17293.98	586958
-q	1-6.0×4.0	m	108.040	17071.46	1844401
420-4	波纹钢管涵				204450
-a	1-ϕ1.0	m	151.400	1234.33	186878
1	波纹钢管	t	6.309	7500.00	47318
-b	1-ϕ2.0	m	8.000	2196.53	17572
1	波纹钢管	t	0.552	7500.00	4140
第400章 桥梁、涵洞 合计 人民币 5073322元					

1.2.4 合同主要条款

本合同条款规定该项目采用按月结算价款的方式，每月完成工程数量，经监理验收合格并签认数量后，于25日前上报总监审核，总监签认通过后报建设单位办理价款结算事宜，计算数值为清单价的90%，剩余10%为质保金。奖励、处罚和变更设计等随工程结算一起进行。

1.2.5 现在需要完成的工作任务

某路面公司 2010 年 8 月份完成路面工程量如下:水泥稳定砂砾(5%水泥+75%砂+20%碎石,厚 20cm)36000m^2、透层 35000m^2、黏层 63600m^2、封层 35620m^2。沥青混凝土 AC-25 粗粒式(厚 7cm)33700m^2。

计算该月应该申报路面工程的结算金额,并向监理及建设单位出具相应结算资料和报表。

1.3 任务分析

计算已完工程的工程数量,填写已完工程月报表,并经监理签认;在清单内查询子目的清单单价;利用清单单价与已完工程合格数量造表计算实体工程的价款费用,填写工程价款结算账单;除了列明应收工程款外,还应列明应扣预收工程款、预收备料款、建设单位供给材料价款等应扣款项,算出本月实收工程款。除此之外,还要查看有无需要补充的工作内容及项目(特别是临建修建、养护、摊销等有关费用的提取),按照相应计算方法计取相关费用。

1.4 任务实施

根据施工进度和现场完成工作情况,计算已完工程数量;与监理核对工程数量;对应工程子目,在清单内查询子目单价;利用清单单价与已完工程合格数量,填表计算实体工程的价款费用;查看本月第一章的工作内容及项目(特别是临建修建、养护、摊销等有关费用的提取),按照相应计算方法计取相关费用。详见表 5-7~表 5-12。

1.5 归纳总结

工程结算要全面掌握工程项目的一切情况,包括投标文件、施工合同、工程变更、施工进度、计价要求、结算要求等,不同项目结算方式差异较大,结算内容基本相同。主要应该掌握工程项目的结算程序及结算所需要的基本资料,按照监理及建设单位要求进行编制。还要注意结算的实效性和意外情况的结算要求。

公路工程施工结算,是合同双方按完成的合格工程量或工作量,依据协定的计价条款及有关规定,合理确定造价并办理支付的过程。公路工程施工结算按要求、作用、时间的不同可分为期中结算(按月结算)和竣工结算两种;按照结算对象、内容的不同可分为施工单位对建设单位结算和项目内部结算两种。

竣工决算是建设项目建设全过程的最后一个程序,是全面考核建设工作,检查设计、工程质量是否符合要求,审查投资使用是否合理的重要环节,是投资成果转入生产或使用的标志。竣工决算是建设工程经济效益的全面反映,是项目法人核定各类新增资产的价值,办理其交付使用的依据。它是由建设单位编制的反映建设项目实际造价和投资效果的文件。

1.6 项目实训

由授课教师给定任务条件编制某高速公路分项工程概预算表(参见表 5-7~表 5-12)。

某高速公路工程量清单月支付报表

合同段：A3 合同段
截止日期：2010 年 08 月 25 日
支表-1
表 5-7
第 1 页 共 1 页

支付编号	项目内容	单位	合同数量 A	审定数量 B	单价（元）C	合同金额（元）D=A×C	累计完成占审定（%）E=F/B	到本期末完成 数量 F=H+J	到本期末完成 金额（元）G=I+K	到上期末完成 数量 H	到上期末完成 金额（元）I=H×C	本期完成 数量 J	本期完成 金额（元）K=J×C
300	路面					143331759							
304-1	底基层					15110849							
-c	水泥稳定砂砾（5%水泥+75%砂+20%碎石,厚20cm）	m²	545518.00	545518.00	27.70	15110849	73.251478	399600	11068920	363600	10071720	36000	997200
307-1	透层	m²	534371.00	534371.00	9.09	4857432	73.170138	391000	3554190	356000	3236040	35000	318150
307-2	黏层	m²	954909.00	954909.00	3.03	2893374	72.635194	693600	2101608	630000	1908900	63600	192708
307-3	封层	m²	534371.00	534371.00	11.65	6225422	72.163347	385620	4492473	350000	4077500	35620	414973
310-1	改性沥青混合料					73183999							
-f	沥青混凝土AC-25粗粒式（厚7cm）	m²	505526.00	505526.00	55.67	28142632	66.010452	333700	18577079	300000	16701000	33700	1876079
本页 第300章 小计									3799110				
总计 第300章 转入支表-2									3799110				

制表：　　　　　　　　　　　　　高级驻地：　　　　　　　　　　　　　总监办审核：

表 5-8

某高速公路月支付报表

合同段：A3 合同段
业　主：某省高速公路建设集团公司
驻地监理：
承 包 人：
截止日期：2010 年 08 月 25 日

支表-2
合 同 总 价(元)：
变更增减金额(元)：
变更后总价(元)：
第 1 页　共 1 页

	项目内容	合同金额、审定金额及变更金额(+,-)				到本期末完成(元)	到上期末完成(元)	本期完成(元)	备注
		合同金额	审定金额	变更费用增减(+,-)	变更后总金额				
100	总则	12041159	12041159	0	12041159	9632927	8830183	802744	
200	路基	98850538	98850538	0	98850538	79080430	72490395	6590035	
300	路面	143331759	143331759	0	143331759	88111909	84312799	3799110	
400	桥梁、涵洞	5073322	5073322	0	5073322	4058658	3720436	338222	
600	安全设施及预埋管线	0	0	0	0	0	0	0	
700	绿化及环境保护	0	0	0	0	0	0	0	
	暂定金额(10%)	185004	185004	0	185004	148003	135670	12333	
	社会主义劳动竞赛基金(1%)	0	0	0	0	0	0	0	
	小计					181031927	169489483	11542444	
	奖金							0	
	违约罚金							0	
	扣回质量进度考评金(1%)							0	
	价格调整							0	
	索赔金额							0	
	合计							11542444	
	动员预付款(10%)							0	
	扣回动员预付款							0	
	材料设备预付款							0	
	扣回材料设备预付款							0	

续上表

项目内容	合同金额、审定金额及变更金额（＋，－）			到本期末完成（元）	到上期末完成（元）	本期完成（元）	备注
	合同金额	审定金额	变更费用增减（＋，－）	变更后总金额			
农民工工资保证金（2%）						0	
返还农民工工资保证金						0	
保留金（10%）						1154244	
实际支付						10388200	

高级驻地：　　总监理工程师：　　工程审核：　　分管副处长：　　财务审核：　　财务主管：

绥北高速公路A3合同段项目计量情况汇总表

表 5-9
单位：元

章号	名称	合同金额 A	变更实际金额 B	变更后合同金额 C=A+B	累计已计量金额 D	累计实际完成产值 E	差额 F=E-D	备注
第100章	总则	12041159	0	12041159	9630000	9632927	2927	
第200章	路基土石方工程	98850538	0	98850538	79000000	79080430	80430	
第300章	路面工程	143331759	0	143331759	88111909	88111909	0	
第400章	桥梁工程	5073322	0	5073322	4058000	4058658	658	
	××桥							
	…							
第500章	隧道工程							
	××隧道							
	…							
	合计				180799909	180883924	84015	

计量工程师：　　　　　　　　　　主管领导：

注：1. 本表于每月25日前报公司项目管理部；
2. 本表适用于公路、铁路项目；
3. 实际完成金额与报公司调度产值应一致。

××项目分章节计量统计表

表 5-10

编号	项目名称	单位	合同数量	修正变更后数量			已计量									实际完成									本月未完成超计量			本月已完成未计量			备注
				变更数量	单价	总额	上月末累计			本月			本月末累计			上月末累计			本月			本月末累计			数量	金额	占合同比例(%)	数量	金额	占合同比例(%)	
							数量	金额	占合同比例(%)	数量	金额	占合同比例(%)	数量	金额	占合同比例(%)	数量	金额	占合同比例(%)	数量	金额	占合同比例(%)	数量	金额	占合同比例(%)							
*	章节名称																														
**	清单项目名称																														
***	其中:分细部部位1																														
***	分细部部位2																														
***	分细部部位3																														
	合计																														

计量工程师:　　　　　　　　　　　　　　　　　　　　　　　　　　主管领导:

注:1.本表于每月25日前报公司项目管理部;
2.本表适用于公路、铁路项目;
3.实际完成金额与公司调度产值应一致;
4.本表中合同数量和变更数量由项目工程部提供,计合部复核,总工审核完成。

×××合同段变更一览表

表 5-11

变更令号	变更原因及内容	变更等级	清单号	项目名称	单位	单价	原设计		变更增减		变更后		备注
							数量	金额（元）	数量	金额（元）	数量	金额（元）	
	较详细的叙述												

计量工程师：　　　　　　　　　　　　　　　　主管领导：

×××项目索赔汇总表

表5-12

序号	索赔事件编号	索赔事由	索赔数量	索赔单价	索赔金额	索赔事件首发时间	索赔事件是否结束	资料上报日期	后续资料上报日期	业主态度	备注

计量工程师： 主管领导：

注：1. 初次上报此表时请按索赔事件发生日期、金额大小进行编号，并详细对索赔事由及和业主态度进行说明（本表如不方便可在Word中对索赔项目进行详细说明）；
2. 后续上报时请在备注一栏中详细说明索赔进展，需要公司哪些人员协助等（本表如不方便可在Word中对索赔项目进行详细说明）；
3. 本表每月25前上报项目管理部。

任务2 项目内部结算的编制与审核

2.1 相关知识

2.1.1 公路工程内部结算的办理遵从以下原则

(1)以分部工程或施工协议约定为基础,对工程量清单报价的主要内容,包括项目名称、工程量、单价及计算结果,进行认真的检查和核对。

(2)在检查和核对中若发现有不符合有关规定,分部工程结算书与单位工程综合结算书有不相符的地方,有多算、漏算或计算误差等情况时,均应及时进行纠正调整。

(3)工程项目由多个协作队构成的,应按单位工程划分标准的规定。将各单位工程竣工结算书汇总,编制综合结算书。

(4)若工程是由多个分部工程构成的项目,实行分段结算并办理了分段验收计价手续的,应将各单位工程竣工综合结算书汇总编制成单项工程总结算书,并撰写编制说明。

2.1.2 工程内部结算的审核

建设工程项目内部结算审核的内容包括工程量、套定额、汇总表等。

竣工结算的审核程序:

(1)自审:结算初稿编定后,协作队内部先组织校审。

(2)施工单位审:自审后编印成册送交施工单位审查。

主要审查项目、内容、工程数量、结算单价、结算汇总表等。

2.2 任务描述

某劳务队分包某工程局绥化至北安高速公路施工任务,主要承担30座涵洞的施工任务。其中1-ϕ1.0圆管涵157.76延米,1-ϕ1.0波纹钢管涵151.4延米,1-ϕ2.0波纹钢管涵8.0延米,1-1.25×1.25盖板涵284.22延米,1-4.0×2.0盖板涵27.58延米,1-4.0×2.5盖板涵36.76延米,1-4.0×3.0盖板涵39.88延米,1-5.0×3.5盖板涵33.94延米,1-6.0×4.0盖板涵108.04延米。根据双方施工协议,劳务队主要组织劳动力展开施工,机具设备、材料、测量工作等由某工程局提供,每月进行一次价款结算,月底上报,月初发放,结算数额根据完成工程数量,按照工程清单中人工费的90%计算。

2010年9月统计完成工程量为1-ϕ1.0圆管涵27.76延米(折合),1-1.25×1.25盖板涵24.22延米(折合),1-5.0×3.5盖板涵13.94延米(折合),1-6.0×4.0盖板涵15.04延米(折合),请计算该月该工程局向该劳务队结算的工程费用(含人工、材料、机械费用合同价为3937862元)。

2.3 任务分析

统计并计算劳务队施工完成工程数量,结合现场进度和完工情况的记录,填写已完工程月报表;查询预算中的人工费计价依据;计算合格工程的结算款,填写工程价款结算账单。除此

劳务分包计量及支付台帐

表5-13

项目名称:绥北高速A3合同段涵洞工程(分包)
金额单位:元

序号	劳务分包方名称	合同签订人或现场负责人	劳务合同总价	本期计量支付					开累计量支付				备注
				计量金额	扣款金额	扣留质保金	本期应付	本期实付	超欠金额	计量金额	扣款金额	扣留质保金	开累应付	开累实付	超欠金额

注:上方合并表头 — 实际列如下

序号	劳务分包方名称	合同签订人或现场负责人	劳务合同总价	计量金额	扣款金额	扣留质保金	本期应付	本期实付	超欠金额	计量金额	扣款金额	扣留质保金	开累应付	开累实付	超欠金额	备注
1	××劳务公司	李××	3937862	523040.1	421490.21	10154.94	101549.43	91394.49	0	0	0	0	0	0	0	

预算部门: 财务部门: 项目经理:

备注:本表为支表5的汇总表
1. "扣款金额"指包含在合同单价中由我方供应的材料、机使、水电费用及其他应由乙方承担的扣款项等;
2. "扣款金额"中不包括扣留质保金额。

之外,还要查看有无需要补充的工作内容及项目(特别是临时用工等有关费用的提取),按照相应计算方法计取相关费用,算出本月内部实收入工程款额。

2.4 任务实施

根据施工单位技术部门和监理签认的工程数量进行列项计算;在清单有关费用表中查找项目价格,依据施工协议套用相应价格;填表计算内部结算费用;汇总结算费用;编制内部结算说明,装订成册,根据施工协议上报施工单位审批。详见表5-13~表5-21。

已完工程数量清方表   表5-14

年 月

合同编号: 期 号:
劳务分包方: 工点名称:

支付编号	工程项目或费用名称(支付项目名称)	单位	设计数量	本月完成数量	本年完成数量	开累完成数量	剩余工程数量	备注
								表中完成数量必须附详细的计算过程

计算人: 质检工程师: 工程部长:
总工程师: 劳务分包方负责人: 年 月 日

已完变更增减工程数量清方表　　　　　　　　　　　　　表 5-15

年　月

合同编号：　　　　　　　　　　　　　　　　　　　　　　　期　号：
劳务分包方：　　　　　　　　　　　　　　　　　　　　　　工点名称：

支付编号	工程项目或费用名称（支付项目名称）	单位	变更增减工程数量	本月完成数量	本年完成数量	开累完成数量	剩余工程数量	备注

变更原因	
变更内容	

变更增减数量草图	工程数量计算式
	计算人签字
原设计图号	工程部长签字
变更图号	项目总工签字

制表：　　　　　劳务分包方负责人：　　　　　　　　　　　　　　　　年　月　日

项目五　公路工程施工结算与竣工决算

表 5-16

已完工程验工计价单
2009 年 10 月

合同编号：××线 A3 标·涵洞·通道 09-020 号　　　　　　　　　　　　合同价值：
施工单位：×××县××劳务有限责任公司　　　　　　　　　　　　工点名称：涵洞（一工区）　　期号：1

支付编号	工程项目或费用名称（支付项目名称）	单位	单价（元）	合同数量 数量	合同数量 价值（元）	本期计价 数量	本期计价 价值（元）	年累计价 数量	年累计价 价值（元）	开累计价 数量	开累计价 价值（元）	剩余工程 数量	剩余工程 价值（元）	备注
四	K72+471.2 暗涵													
1	基底片石混凝土处理	m³	40			193.80	7752	193.80	7752	193.80	7752			
2	合基础混凝土 C15	m³	70			155.30	10871	155.30	10871	155.30	10871			
3	支撑梁混凝土	m³	80											
4	合身 C20 混凝土	m³	130			71.50	9295	71.50	9295	71.50	9295			
5	铺装 C25	m³	50											
6	帽石 C25 混凝土	m³	160											
7	合帽 C25 混凝土	m³	130											
8	片石混凝土八字墙基础	m³	180											
9	合身混凝土墙身	m³	130											
10	M7.5 浆砌片石隔水墙	m³	待定											
11	片石混凝土铺砌	m³	180			270.00	135	270.00	135	270.00	135			
12	钢筋加工	kg	0.5											
13	现浇盖板 C30	m³	110											
14	外模竹胶板	m²	12											
15	墙身加固方木	m²	8											
16	脚手架	m²	6											
17	涵洞抽水	台班	185											
21	小计	元					28053		28053		28053			

制表：　　　　　　　　　　　审核：　　　　　　　　　　　劳务队伍负责人：　　　　　　　　　　　　　年　月　日

注：1. 本表审核栏必须有人签字，制表与审核不得由同一人承担，变更增减数量依此表单独计列；
　　2. 本计价单附件共计　　页。

表 5-17

已完工程验工计价单
2009 年 12 月

合同编号：××线 A3 标-涵洞,通道 09-020 号
施工单位：×××县××劳务有限责任公司
合同价值：
工点名称：涵洞工程
期号：2
工区：（一工区）

支付编号	工程项目或费用名称（支付项目名称）	单位	单价（元）	合同数量		本期计价		年累计价		开累计价		剩余工程		备注
				数量	价值（元）	数量	价值（元）	数量	价值（元）	数量	价值（元）	数量	价值（元）	
四	K72+471.2 暗涵													
1	基底片石混凝土处理	m³	40				0	193.80	7752	193.80	7752	0	0	
2	台基础混凝土 C15	m³	70				0	155.30	10871	155.30	10871	0	0	
3	支撑梁混凝土	m³	80			2.45	196	2.45	196	2.45	196	0	0	
4	台身 C20 混凝土	m³	130			183.90	23907	255.40	33202	255.40	33202	0	0	
5	铺装 C25	m³	50				0					0	0	
6	帽石 C25 混凝土	m³	160									0	0	
7	台帽 C25 混凝土	m³	130			53.28	6926	53.28	6926	53.28	6926	0	0	
8	混凝土八字墙基础	m³	40			11.15	446	11.15	446	11.15	446	0	0	
9	混凝土八字墙身	m³	130			17.80	2314	17.80	2314	17.80	2314	0	0	
10	M7.5 浆砌片石隔水墙	m³										0	0	
11	C15 混凝土洞口铺砌	m³	40			6.00	240	6.00	240	6.00	240	0	0	
12	C15 混凝土洞身铺砌	m³	40			24.00	960	24.00	960	24.00	960	0	0	
13	钢筋加工	kg	0.5			711.40	356	981.40	491	270.00	491	0	0	
14	现浇盖板 C30	m³	110				0					0	0	
15	C15 混凝土水渠	m³	140			18.50	2590	18.50	2590	18.50	2590	0	0	
16	台背涂刷防水	m²	4.2			313.74	1318	313.74	1318	313.74	1318	0	0	
17	外横竹胶板	m²	12			360.00	4320	360.00	4320	360.00	4320	0	0	
18	墙身加固方木	m²	8			291.11	2329	291.11	2329	291.11	2329	0	0	
19	脚手架	m²	6			291.11	1747	291.11	1747	291.11	1747	0	0	依据合同及补充协议
20	涵洞抽水	台班	185			7.00	1295	7.00	1295		1295	0	0	
21	小计	元					48944		76997		76997		0	

制表：　　　　　　审核：　　　　　　劳务队伍负责人：　　　　　　年　　月　　日

注：1．本表审核栏必须有人签字，制表与审核不得由同一人承担，变更增减数量依此表单独计列；
2．本计价单附件共计　　　页。

表 5-18

已完工程验工计价汇总表

年　月

序号	项　　目	单位	变更后合同价值	上年开累计价	本期计价	年累计价	开累计价	剩余工程
一	×××劳务分包方	元						
1	×××号合同	元						
(1)	DK××××+×××工程	元						
	DK××××+×××工程	元						
	……							
二	×××劳务分包方	元						
1	×××号合同	元						
(1)	DK××××+×××工程	元						
	DK××××+×××工程	元						
	……							
	合计	元						

合同编号：
劳务分包方：

制表：　　　　审核：　　　　部门负责人：

表 5-19

甲方供应材料扣款清单

年　月

期　　号：
工点名称：

序号	材料名称	单位	单价（元）	本期		开累	
				数量	金额（元）	数量	金额（元）

制表：　　　　物设部长：　　　　劳务分包方负责人：　　　　年　月　日

注：本表分合同、分工点填写。

机械设备租赁扣款清单

表 5-20

年　月

合同编号：　　　　　　　　　　　　　　　　　　期　号：

劳务分包方：　　　　　　　　　　　　　　　　　工点名称：

序号	机械名称	单位	单价（元）	本　期		开　累		备　注
				数量	金额(元)	数量	金额(元)	

制表：　　　　　物设部长：　　　　　劳务分包方负责人：　　　　　年　月　日

注：本表分合同、分工点填写。

工程价款支付申请表   表 5-21

年   月

劳务分包方：　　　　　　分编号：　　　　　　签发（签字盖章）：
合同编号：　　　　　　　总编号：

序号	部门	费用名称	本期 金额（元）	开累 金额（元）	部门审核签字	备注
一	计合部	已完工程计价				
		扣质保金				
二	物设部	扣水、电费				
		材料扣款				
		扣机械使用费				
三	安质部	安全罚款				
		质量罚款				
四	试验室	扣试验费				
五	公安	扣治安管理费				
六		其他扣款				
1						
2						
七	财务部	应付工程款				
		实际支付				

项目经理审批：

制表：　　　　　　审核：　　　　　　劳务分包方负责人：

表 5-22

工 程 量 清 单

工程名称：××高速公路 A3 合同段　　　　　　　　　　　　　　　　　　　　第　页共　页

支付编号	支付项目名称	单位	数量	单价	合价（元）	工作内容	费用组成	备注
						K22+471.2 暗涵（数量均为暂定）		
1	基底片石混凝土处理	m³	124.17	40	4967	基底整平、摊平、振捣、整型等一切与此有关的作业	人工费、小型机具费、二、三项料费、水电费等	
2	台基础混凝土 C15	m³	72.71	70	5090	基坑整修、模板安拆、保养维护、灌注混凝土、捣固及养生	人工费、小型机具费、二、三项料费、水电费等	
3	支撑梁混凝土	m³	1.63	80	130	模板安拆、保养维护、灌注混凝土、捣固、养生、沉降缝设置等	人工费、小型机具费、二、三项料费、水电费等	
4	台身 C20 混凝土	m³	133.5	130	16965	模板安拆、保养维护、灌注混凝土、捣固、养生、沉降缝设置等	人工费、小型机具费、二、三项料费、水电费等	
5	铺装 C25	m³	0.5	50	0	模板安拆、保养维护、灌注混凝土、捣固及养生	人工费、小型机具费、二、三项料费、水电费等	
6	帽石 C25 混凝土	m³	0.5	160	80	模板安拆、保养维护、灌注混凝土、捣固及养生	人工费、小型机具费、二、三项料费、水电费等	
7	台帽 C25 混凝土	m³	30.2	130	3926	模板安拆、保养维护、灌注混凝土、捣固及养生	人工费、小型机具费、二、三项料费、水电费等	
8	片石混凝土八字墙基础	m³	9.7	180	1746	模板安拆、保养维护、灌注混凝土、捣固及养生	人工费、机使费、材料费等为完成此项工作的全部费用	

项目五　公路工程施工结算与竣工决算

续上表

支付编号	支付项目名称	单位	数量	单价	合价(元)	工作内容	费用组成	备注
9	C15混凝土八字墙墙身	m³	13.9	130	1807	模板安拆、保养维护、灌注混凝土、捣固及养生	人工费、机使费、材料费、小型机具费、二、三项料费、水电费等	
10	M7.5浆砌片石隔水墙	m³		待定				方案未确定
11	铺砌片石混凝土	m³	34.9	180	6282	模板安拆、保养维护、灌注混凝土、捣固及养生	人工费、机使费、材料费等为完成此项工作的全部费用	
12	钢筋加工	kg	1023.35	0.5	512	场内运输、钢筋加工制作(焊接)绑扎(焊接)成型	人工费、小型机具费、二、三项料费、水电费等	
13	现浇盖板C30	m³		110	0	模板安拆、保养维护、灌注混凝土、捣固及养生	人工费、机使费、材料费、小型机具费、二、三项料费、水电费等	
14	外模竹胶板	m²	188.58	12	2263	材料进出场	材料周转费	
15	墙身加固方木	m²	188.58	8	1509	材料进出场	材料周转费	
16	脚手架	m²	188.58	6	1131	材料进出场	材料周转费	
17	涵洞抽水	台班	7	185	1295	抽水、防护、看守等	人工费、机使费等为完成此项工作的全部费用	
18	生产临设	项						待核定
19	小计	元			47703			

甲方代表：　　　　　　　　　　　　　　　　　　　　　乙方代表：

2.5 归纳总结

内部结算主要依据内部施工协议,认真列项计算核实工程数量,按照双方协商价格进行计价,最后要求列表计算汇总结算费用。注意计算要紧紧围绕施工协议,做好日常签认工作,及时进行工作验收,结算要量价有据,尽早办理。结算表格按照施工单位要求或其认可的表格进行,便于核对和审查。

2.6 项目实训

某协作队与某工程局绥北高速项目经理部签订了 A3 标段 K72+471.2 涵洞工程分包合同,工程量单见表 5-22,甲方供应材料见表 5-23,包工包料,不考虑物价上涨因素,工程完工后一次进行计算工程价款,施工中没有变更签证,试计算完工后价款结算额。

甲方供应材料一览表 表 5-23

工程名称:××高速公路 A3 合同段　　　　　　　　　　第 1 页共 1 页

序 号	材料名称	规格型号	单 位	单 价	备 注	额定损耗率
	钢材		吨	4600	暂定	1.5%
	成品混凝土					
		普通 C15	m³	253	暂定	1.0%
		普通 C25	m³	273	暂定	1.0%
		普通 C30	m³	288	暂定	1.0%

甲方代表:　　　　　　　　　　乙方代表:

任务 3　工程竣工决算的编制

3.1 相关知识

竣工验收和竣工决算是建设项目建设全过程的最后一个程序,是全面考核建设工作,检查设计、工程质量是否符合要求,审查投资使用是否合理的重要环节,是投资成果转入生产或使用的标志。竣工验收对保证工程质量,促进建设项目及时投产,发挥投资效益,总结经验教训都有重要作用。

竣工决算是建设工程经济效益的全面反映,是项目法人核定各类新增资产的价值,办理其交付使用的依据。通过竣工决算,一方面能够正确反映建设工程的实际造价和投资结果;另一方面可以通过竣工决算与概预算的对比分析,考核投资控制的工作成效,总结经验教训,积累技术经济方面的基础资料,提高未来建设工程的投资效益。竣工决算是由建设单位编制的反映建设项目实际造价和投资效果的文件。

3.1.1 工程建设项目竣工决算

建设项目竣工决算是指所有建设项目竣工后,建设单位按照有关规定对新建、改建和扩建工程建设项目,在竣工验收阶段编制的竣工决算报告。竣工决算是以实物数量和货币指标为计量单位,综合反映竣工项目从筹建开始到项目竣工交付使用为止的全部建设费用、建设成果和财务情况的总结性文件,是竣工验收报告的重要组成部分。

(1)竣工决算的编制程序

建设项目竣工决算的编制,一般应在已编制好的工程竣工图表文件,并经交工验收各标段的质量达到合格以上的工程时,才能进行工程竣工决算的编制工作。根据工程竣工决算的实践,一般可按以下程序进行编制。

①熟悉竣工图表资料,核对已结算的工程量,竣工图与施工现场、竣工图与竣工验收表,三者要一一对应,各种工程量的计算方法是否符合合同文件的规定,竣工图表资料是否符合国家《基本建设项目档案资料管理暂行规定》的要求。

②认真审查施工过程中的设计变更、索赔的处理是否有不符合有关规定之处,签证手续是否齐全。对于有问题和不符合规定之处,应在进行决算编制之前全部解决。

③认真审查竣工结算是否与竣工图表资料、合同文件相符,如果不相符,必须查明原因,认真分析,彻底解决后才能进行工程决算编制。

④统计汇总设计和实际完成的主要工程量,分析和比较两者存在的差异和主要原因,以及水泥、钢材和木材等主要材料的数量。

⑤摘取各种实物量、财务数据等资料,填入各种相应的竣工决算表内,编制竣工平面图和竣工决算说明书,同时对竣工平面图和竣工决算说明书进行认真复核。

(2)竣工决算报告的组成

竣工决算报告是考核交通基本建设项目投资效益,反映建设成果的文件,是确定交付使用财产价值,办理交付使用手续的依据。建设单位要有专人负责有关资料的收集、整理、分析、保管工作。项目建完后,要组织工程技术、计划、财务、物资、统计等有关部门的人员共同编制项目竣工决算报告。设计、施工、监理等单位应积极配合建设单位做好竣工决算报告的编制工作。

根据《交通基本建设项目竣工决算书报告编制办法》的规定,公路工程项目的竣工决算报告由以下四部分组成:即竣工决算报告的封面、目录;竣工工程平面示意图;竣工决算报告说明书;竣工决算表格等。

①竣工决算报告的封面、目录

竣工决算报告的封面可按以下要求进行填写:"主管部门"填写需上报竣工决算报告的主管部门或单位;"建设项目名称"填写批准的项目初步设计文件中的项目名称;"建设项目等级"是指"大中型"或"小型";"建设性质"是指建设项目属于新建、改建、扩建、续建等内容;"级别"是指中央级或地方级的建设项目。

②竣工工程平面示意图

公路建设项目竣工平面示意图可按经过施工实际修改后的工程设计平面图进行绘制,独立的公路桥梁项目可按桥位平面图进行绘制。

③竣工决算报告说明书

竣工决算报告说明书是竣工决算报告的重要组成部分,主要内容包括:工程项目概况及组织管理情况;工程建设过程和工程管理工作中的重大事件、经验教训;工程投资支出和财务管理工作的基本情况(包括主要会计事项处理原则,财产物资清理及债权债务清偿情况;基建结余资金、基建收入等的上交分配情况;主要技术经济指标的分析、计算情况等);工程遗留问题等。

④工程竣工决算表格

工程竣工决算报告表分为决算审批表、工程概况专用表和财务通用表。竣工决算报告按照建设项目类型分为公路建设项目、桥梁隧道建设项目、内河航运建设项目、港口(码头)建设项目和不能归入上述四类的其他建设项目等分别编报。编制竣工决算报告时,必须填制本类项目工程概况专用表和全套财务通用表。

(3)工程竣工决算的作用

①竣工决算是综合、全面地反映竣工项目建设成果及财务情况的总结性文件。它采用货币指标、实物数量、建设工期和种种技术经济指标综合、全面地反映建设项目自开始建设到竣工为止的全部建设成果和财务状况。

②竣工决算是办理交付使用资产的依据,也是竣工验收报告的重要组成部分。建设单位与使用单位在办理交付使用资产的验收交接手续时,通过竣工决算反映了交付使用资产的全部价值,包括固定资产、流动资产、无形资产和递延资产的价值。同时,它还详细提供了交付使用资产的名称、规格、数量、型号和价值等明细资料,是使用单位确定各项新增资产价值并登记入账的依据。

③竣工决算是分析和检查设计概算的执行情况,考核投资效果的依据。竣工决算反映了竣工项目计划、实际的建设规模、建设工期以及设计和实际的生产能力,反映了概算总投资和实际的建设成本,同时还反映了所达到的主要技术经济指标。通过对这些指标计划数、概算数与实际数进行对比分析,不仅可以全面掌握建设项目计划和概算执行情况,而且可以考核建设项目投资效果,为今后制订基建计划,降低建设成本,提高投资效果提供必要的资料。

(4)工程竣工决算的审查

公路工程建设项目竣工决算编制完成后,在建设单位或委托咨询单位自查的基础上,应及时上报主管部门并抄送有关部门审查,必要时,应经有相应资质的社会审计机构组织的外部审查。大中型建设项目的竣工决算,必须报交该建设项目的批准机关审查,并抄送省、自治区、直辖市财政厅、局和财政部审查。

①竣工决算审查的内容

公路工程建设竣工决算一般由建设主管部门会同建设银行进行会审。重点审查以下内容:

a. 根据批准的设计文件,审查有无计划外的工程项目。

b. 根据批准的概预算或包干指标,审查建设成本是否超标,并查明超标原因。

c. 根据财务制度,审查各项费用开支是否符合规定,有无乱挤建设成本、扩大开支范围和提高开支标准的问题。

d. 报废工程和应核销的其他支出中,各项损失是否经过有关机构的审批同意。

e. 历年建设资金投入和结余资金是否真实准确。

f. 审查和分析投资效果。

②竣工决算审查的程序

公路工程建设项目竣工决算的审查一般按照以下程序进行:

a. 建设项目开户银行应签署意见并盖章。

b. 建设项目所在地财政监察专员办事机构应签署审批意见并盖章。

c. 主管部门或地方财政部门签署审批意见。

3.1.2 新增资产价值的确定

工程建设项目竣工投入运营后,所花费的总投资形成相应的资产。根据现行的财务制度和企业会计准则,新增资产按照资产的性质不同,可分为固定资产、流动资产、无形资产、递延资产和其他资产五大类。

(1)新增固定资产的含义

①新增固定资产的概念

新增固定资产是指通过投资活动所形成的新的固定资产价值。包括已经建成投入生产或交付使用的工程价值和达到固定资产标准的设备、工具、器具的价值及有关应摊入的费用。它是以价值形式表示的固定资产投资成果的综合性指标,可以综合反映不同时期、不同部门、不同地区的固定资产投资成果。

公路工程的新增固定资产价值主要包括:已投入生产或交付使用的建筑安装工程造价;达到固定资产标准的设备工具、器具的购置费用;增加固定资产价值的其他费用,如建设单位管理费、施工机构转移费、项目可行研究费、勘察设计费、土地征用及拆迁补偿费、联合试运转费等。

②新增固定资产价值的计算

新增固定资产价值的计算是以独立发挥生产能力或服务能力的单项工程为对象的,当单项工程建成,经有关部门验收、鉴定合格,正式移交生产或使用,即应计算新增固定资产价值。一次交付生产或使用的工程,一次性计算新增固定资产价值,分期分批交付生产或使用的工程,应分期分批计算新增固定资产价值。

在进行新增固定资产价值的计算时,应当注意以下几个问题。

a. 为了提高产品质量、改善劳动条件、保护环境等而建设的附属工程和辅助工程,只要工程全部建成,正式验收或交付使用就要计入新增固定资产价值。

b. 单项工程中不构成生产系统,但能独立发挥效益的非生产性工程,如住宅、食堂、医务室、托儿所、生活服务网点等,在建成并交付使用后,要计入新增固定资产价值。

c. 凡购置达到固定资产价值标准而不需要安装的设备、工器具,应在交付使用后,计入新增固定资产价值。

d. 属于新增固定资产价格的其他投资,应随同受益工程交付使用的同时一并计入。

(2)交付使用财产成本的计算

公路交通工程交付使用财产成本费用,应按下列内容进行计算。

①路基、路面、桥梁、隧道、管线、建筑物、构筑物、沿线设施等固定资产的成本费用,主要包括建筑安装工程成本和应分摊的待摊投资。

②动力设备、通风设备、监控设备、收费系统等固定资产的成本,主要包括需要安装设备的采购成本、设备的安装成本、设备基础、支柱等的建筑工程和应分摊的待摊费用。

③运输设备及其他不需要安装的设备、工器具、家具等固定资产和流动资产的成本,一般仅计算采购成本,不分摊待摊投资。

(3)待摊投资的分摊方法

待摊投资是建设单位在基本建设过程中发生的共同性费用,一般不能由某一项交付使用的资产负担,而应由各项交付使用资产和移交给其他单位的未完工程共同负担。在各项交付使用资产中,除了不需要安装的设备和工具、器具、家具以及购置的现成房屋等一般不分摊待摊投资外,建筑安装工程、需要安装的设备以及"其他投资"在交付使用时,均应按一定比例分摊。

①按概算数的比例分摊,即按照设计概算中所列的建筑安装工程投资、需要安装设备投资和其他投资中应负担待摊投资的部分以及应分摊待摊投资计算出预定分配率,进行分摊的方法。

②按实际数的比例分摊,即按照上期结转和本期发生的建筑安装工程投资、需要安装设备投资和其他投资中应负担待摊投资的部分以及应分摊的待摊投资计算出实际分配率,进行分摊的方法。

增加固定资产的其他费用,如果是属于整个建设项目或两个以上的单项工程的,在计算新增固定资产价值时,应在各单项工程中按比例分摊。在一般情况下,建设单位管理费应按建筑工程、安装工程、需要安装设备价值的总额作等比例分摊;而土地征用费、勘察设计费等,则只按建筑工程造价分摊。

(4)新增流动资产价值的确定

新增流动资产是指新增加的在一年内或者超过一年的一个营业周期内变现或者运用的资产,主要包括现金及各种存款、存货、应收及预付款等。在确定流动资产价值时,应按以下原则进行处理:

①货币性资金即现金、银行存款和其他货币资金(包括在外埠存款、还未收到的在途资金、银行汇票和本票等资金)。货币性资金一律按实际入账价值核定计入流动资产。

②应收和应预付款包括应收工程款、应收销售款、其他应收款、应收票据及预付分包工程款、预付分包工程备料款、预付工程款、预付备料款、预付购货款和待摊费用。其价值的确定,一般情况下按应收和应预付款项的企业销售商品、产品或提供劳务时的实际成交金额或合同约定金额入账核算。

③各种存货是指建设项目在建设过程中耗用而储存的各种自制和外购的各种货物,包括各种器材、低值易耗品和其他商品等。其价值确定:外购的,按照买价加运输费、装卸费、保险费、途中合理损耗、入库前加工整理或挑选及缴纳的税金等项计价;自制的,按照制造过程中发生的各项实际支出计价。

(5)新增无形资产价值的确定

①无形资产的计价原则

a.投资者按无形资产作为资本金或者合作条件投入时,应按照评估确认或合同协议约定的金额进行计价。

b.凡是购入的无形资产,应按照实际支付的价款进行计价。

c.企业自创并依法申请取得的无形资产,应按照开发过程中的实际支出进行计价。

d.企业接受捐赠的无形资产,应按照发票账单所持金额或者同类无形资产市场价进行作价。

e.无形资产计价入账后,应在其有效使用期内分期摊销。即企业为无形资产支出的费用,应在无形资产的有效期内得到及时补偿。

②无形资产的计价方法

a.专利权的计价。专利权一般分为自创和外购两类。

自创专利权的价值为开发过程中的实际支出,主要包括专利的研制成本和交易成本。

研制成本包括直接成本和间接成本。直接成本是指研制过程中直接投入发生的费用,在公路工程中主要包括材料费用、工资费用、专用设备费、资料费、咨询鉴定费、协作费、培训费和差旅费等;间接成本是指与研制开发有关的费用,在公路工程中主要包括管理费、非专用设备折旧费、应分摊的公共费用及能源费用等。

交易成本是指在交易过程中的费用支出。主要包括技术服务费、交易过程中的差旅费及管理费、手续费、税金。由于专利权是具有独占性并能带来超额利润的生产要素,因此,专利权转让价格不按成本估价,而是按照其所能带来的超额收益计价。

b. 非专利技术的计价。非专利技术具有使用价值和价值,使用价值是非专利技术本身应具有的,非专利技术的价值在于非专利技术的使用所能产生的超额获利能力,应在研究分析其直接和间接的获利能力的基础上,准确计算出其价值。

如果非专利技术是自创的,一般不作为无形资产入账,自创过程中发生的费用,按当期费用处理。

对于外购非专利技术,应由法定评估机构确认后再进行估价,通常采用收益法进行估价。

c. 商标权的计价。如果商标仅是自创的,一般不作为无形资产入账,而将商标设计、制作、注册、广告宣传等发生的费用直接作为销售费用计入当期损益。只有当企业购入或转让商标时,才需要对商标权计价。商标权的计价一般根据被许可方新增的收益确定。

d. 土地使用权的计价。根据取得土地使用权的方式不同,土地使用权可分为以下几种计价方式。

当建设单位向土地管理部门申请土地使用权,并为土地使用支付一笔出让金时,土地使用权作为无形资产进行核算。

当建设单位获得土地使用权是通过行政划拨的,这种土地使用权就不能作为无形资产进行核算。

在将土地使用权有偿转让、出租、抵押、作价入股和投资,按规定补交土地出让价款时,才作为无形资产进行核算。

(6) 递延资产及其他资产价值的确定

递延资产是指不能全部计入当年损益,应在以后年度内较长时期摊销的除固定资产和无形资产以外的其他费用支出,包括开办费、租入固定资产的改良支出,以及摊销期在一年以上的长期摊销费用等。

① 开办费

开办费是指施工单位在筹建期间实际发生的各项费用。开办费主要包括筹建期间人员的工资、办公费、职工培训费、印刷费、注册登记费、调研费、法律咨询费,以及不计入固定资产和无形资产等各种支出等。

根据新财务制度的规定,除了筹建期间不计入资产价值的汇兑净损失外,开办费从企业开始生产经营月份的次月起,按照不短于 5 年的期限平均摊入管理费用。

② 租入资产改良工程支出的计价

施工单位从其他单位或个人租入的固定资产,所有权属于出租人,但施工单位依合同享有使用权。通常双方在协议中规定,租入企业应按照规定的用途使用,并承担对租入固定资产进行修理和改良的责任,即发生的修理和改良的全部支出由承租方负担,对租入固定资产的大修理支出,不构成固定资产价值,其会计处理与自有固定资产的大修理支出无区别。对租入固定资产实施改良,因有助于提高固定资产的效用和功能,应当另外确认一项资产。

由于对租入固定资产的所有权不属于承租施工单位,不宜增加租入固定资产的价值,而作为递延资产进行处理。租入固定资产改良及大修理的支出,应当在租赁期内分期平均摊销。

③ 长期摊销费用

长期摊销费用是指开办费和租入固定资产改良支出以外的其他递延资产。主要包括一次性预付的经营租赁款,向金融机构一次性支付的债券发行费用,以及摊销期在一年以上的固定资产大修理费支出等。

长期摊销费用的摊销期限均在一年以上,这与待摊费用不同。待摊费用的摊销期限不超过一年,所以将其放于流动资产项目下。

3.2 任务描述

绥北高速公路于2010年10月工程竣工通车,各施工标段的竣工结算已经完成,现在需要对整个项目进行竣工决算的编制,要求严格执行《交通基本建设项目竣工决算书报告编制办法》。

3.3 任务分解

收集相关决算资料,招标文件、投标文件、施工合同、工程签证、工程变更、工程索赔、工程结算、设备结算、主材结算,与决算相关的国家文件(如材料信息价,国家计价新政策、新规定、材料价差系数等);进行竣工图表的收集;进行工程结算合计审定,进行竣工结算,材料设备结算,进行甲方建设管理费用计算,设计费、监理费等甲方发生所有费用计算。进行工程财务决算,设备及甲方其他费用的财务决算。汇总整个财务项目决算,编制竣工决算报告,进行两算对比,并进行项目经济分析和后评价。

3.4 任务实施

搜集前期招标相关资料、施工过程中的相关资料、竣工资料;学习《交通基本建设项目竣工决算书报告编制办法》;编制竣工决算;写出项目实施情况和经济效益分析;装订成册;上报投资管理部门。

3.5 归纳总结

掌握程序、学会方法,内容齐全、资料完整、数据准确、分析到位。

3.6 项目实训

由授课教师提供某公路工程完整的前期资料和施工资料,独立完成该工程竣工决算的编制工作。

参 考 文 献

[1] 交通部公路资料定额站. 公路工程工程量清单计量规则, 北京:人民交通出版社, 2005.
[2] 文德云. 公路工程施工招标投标文件编制示例, 北京:人民交通出版社, 2004.
[3] 雷书华、陈志君. 公路工程预算与工程量清单清单计价, 北京:人民交通出版社, 2008.
[4] 陆其春. 公路工程造价, 北京:人民交通出版社, 2009.
[5] 高正军. 公路工程概预算手册, 长沙:湖南大学出版社, 2008.
[6] 王清池、秦骧远. 公路工程招标与投标指南, 北京:人民交通出版社, 2009.
[7] 邢凤岐、徐连铭. 公路工程定额应用与概、预算编制示例, 北京:人民交通出版社, 2008.
[8] 杜成贵. 公路工程造价细节解析与示例, 北京:机械工业出版社, 2007.
[9] 王元庆, 等. 造价管理信息化, 北京:人民交通出版社, 2008.
[10] 王首绪, 等. 公路施工组织及概预算, 北京:人民交通出版社, 2007.
[11] 交通运输部. 公路工程基本建设项目概算预算编制办法, 北京:人民交通出版社, 2008.
[12] 交通运输部. 公路工程预算定额, 北京:人民交通出版社, 2008.
[13] 交通运输部公路定额站. 公路工程施工定额, 北京:人民交通出版社, 2009.
[14] 交通运输部. 公路工程机械台班费用定额, 北京:人民交通出版社, 2008.
[15] 交通运输部. 公路工程标准施工招标文件(2009年版), 北京:人民交通出版社, 2009.